天商法学与心理学教改文集

（2020卷）

张涛 主编

姚海娟 王璐 副主编

天津社会科学院出版社

图书在版编目（CIP）数据

天商法学与心理学教改文集.2020卷／张涛主编；
姚海娟，王璐副主编.--天津：天津社会科学院出版社，
2021.11

ISBN 978-7-5563-0788-3

Ⅰ.①天… Ⅱ.①张…②姚…③王… Ⅲ.①法学教
育-教学改革-高等学校-文集②应用心理学-教学改革
-高等学校-文集 Ⅳ.①D92-4②B849-4

中国版本图书馆 CIP 数据核字（2021）第 249900 号

天商法学与心理学教改文集（2020 卷）
TIANSHANG FAXUE YU XINLIXUE JIAOGAI WENJI（2020JUAN）

出 版 发 行：	天津社会科学院出版社
地　　　址：	天津市南开区迎水道 7 号
邮　　　编：	300191
电话/传真：	（022）23360165（总编室）
	（022）23075303（发行科）
网　　　址：	www.tass-tj.org.cn
印　　　刷：	北京建宏印刷有限公司

开　　　本：	787×1092 毫米　1/16
印　　　张：	21.5
字　　　数：	335 千字
版　　　次：	2021 年 12 月第 1 版　2021 年 12 月第 1 次印刷
定　　　价：	70.00 元

目　　录

一流课程建设与教学改革

特色专业建设与教学改革

应用转型专业建设与教学改革

课程思政建设与教学改革

基层教学组织建设与改革

实验室建设与实践教学改革

"三全育人"理论与实践

一流课程建设与教学改革

我们需要一本什么样的法理学教科书

马　驰①

从教学或者教科书的角度来说,提升法理学的品质,证明法理学知识的价值,吸引学生学习的注意力,是法理学发展的重要环节。法理学的基本特征是理论性,这种理论性导致法理学教学并非法学导论,因而也不是法学中的初阶课程,而法理学的弱实践性,也与法学中的其他知识大相径庭。因为理论性,法理学教科书的编写应当做到四个方面的侧重,即侧重于经典的法理学问题,侧重于学术史上的大师与经典,侧重于严格的学术论证,侧重于可读性。

一、导言

法理学在中国正在经历着一场危机。这场危机至少体现在两个方面:其一,就法理学研究来说,由于种种原因,法理学正在失去法学内外其他研究者的尊重;②其二,就法理学教学来说,至少与其他部门法学相比,如果不是国家统一法律资格考试依旧将法理学视为考试大纲的内容,很难说目前国内的法理学教学对学生有着基于知识自身的吸引力——"大而无用"是常被提到的评价。如何"拯救法理学"是任何一个中国法理学研究者和教育者都必须严肃思考的问题。③

---

① 马驰,天津商业大学法学院副教授,法学博士。
② 徐爱国:《中国法理学的"死亡"》,《中国法律评论》2016 年第 3 期。
③ 陈景辉、雷磊、郑玉双、刘红臻、翟小波、马驰五位老师从不同方面对这一危机的回应,参见《中国法律评论》2018 年第 3 期。

或许可以认为,法理学在中国产生危机的实质在于它无法有效地供给独特而有价值的知识,因此推动法理学研究水平的提升应当是化解危机的根本之道。但另一方面,从教学或者教科书的角度来说,提升法理学的品质,证明法理学知识的价值,吸引学生学习的注意力,应当也是可能的。特别是,考虑到法理学研究中各种缺陷问题实际上已经不可避免地传导到了法理学教学中,即便抛开法理学研究的危机意识,为学生撰写一部好教科书,依然是国内众多法科学生的福音。因此,本文的讨论将集中在这一点上:我们需要一本什么样的法理学教科书。

二、理论性:法理学教科书的基本定位

法理学领域任何严肃的思考者乃至观察者,均不会否认法理学具有其他学科不具备的理论性。但如何理解这种理论性,则是一个见仁见智的问题。在我看来,就法理学教科书而言,理论性应当从如下几个方面来理解:

(一)法理学不是法学导论

尽管在程度上有所差异,但中国法理学教学至今无法彻底摆脱的认识是,法理学是法学导论,至少包含有法学导论,因此在学生系统学习其他部门法知识之前,最好学习一下法理学,以便于他们将来更好地学习部门法学。这种看法建立在对法理学知识的错误认识,乃至法理学与其他部门法知识之关系的错误认识基础上。① 无法在此彻底详考这些错误,我这里仅以法律概念为例,简要证明之。

认为法理学包含有法学导论,这一观点的重要依据是(如果说不是全部依据的话),一些诸如权利和义务、法律渊源、法律行为、法律关系、法律责任之类的法律概念是法学中通用的,因此学生们必须首先掌握一般概念(例如法律责任概念),才能在部门法中掌握具体概念(例如刑事法律责任)。这一观点是站不住脚的。没有迹象表明,人们必须通过认识一般概念,才能认识个别概念或个别事物。毋宁是,从具体到一般才是初学者认识事物的规律。人们不需要通过了解什么是哺乳动物,才能理解和认识一只猫。在法学中,类似法律责任这样的一般法律概念对部门法或法律实践没有直接的帮助,一般法律概念是抽象而困难的,

① 田夫:《法理学"指导型"知识生产机制及其困难》,《北方法学》2014 第 6 期。

它指向的是法律的一般性质,而与部门法或法律实践没有直接关联。①

如果法理学不是法学导论,那么法理学教科书就应该与法学导论教科书相区分,这自然对法理学教科书的内容提出了要求。与此同时,理论性在这里的意思是,作为一门有一定难度的理论课程。它不是法学教育的入门或基础,反而是其拔高或提升。那种为了照顾学生的认知水平,有意简化甚至曲解法理学教学内容的教科书,自然无法称职。反过来,教科书内容的难度较大,本身不会构成教科书的缺陷。只是说,如果法理学教科书能够做到深入浅出将不失为某种优点。

（二）法理学不直接指引法律实践

人们时常在不同的意义上主张,法学是一门实践学科。不难确定的是,至少就国内本科的法学教育来说,学生们所学习的知识需要有一定的实践指向,要帮助他们在将来可能从事的特定法律职业中解决具体的问题。部门法学的教学乃至法学教育中的其他教学环节(例如各种实践教学)看起来很容易满足这个要求,至少指向了这个目标。但强调理论性的法理学却是另类的。法理学中的知识与法律实践有关联,但这种关联是间接的而非直接的。或者说,法理学的知识"涉及"法律实践,却不可能"指导"法律实践。②

这里,我们需要明确地区分技能、方法与价值。法理学不能直接指导法律实践,意味着这种知识无法提供某种技能,哪怕它看起来很像是技能。以法律推理为例,在法理学中介绍法律推理,并非是要学生能够在法律实践中运用法律推理,将之作为处理司法案件的技能。毋宁是,这些教学内容只是看待和认识司法裁判过程的方法,其中也包含有"好的法律推理"的标准和价值取向。在我看来,法理学教学此时所能容纳的是方法或价值,它帮助学生选择看待问题的视角和方式,潜移默化地形成法学的思维,传导法律人和法学的价值追求。

如果法理学不具有实践导向,或者最多只具有弱的实践导向,一本看起来不涉及指导法律实践的法理学教科书并不会因此就是一本糟糕的教科书。甚至相

---

① 马驰:《作为概念理论的法理学及其实践意义》,《中国法律评论》2018 第 3 期。
② 马驰:《作为概念理论的法理学及其实践意义》,《中国法律评论》2018 第 3 期。

反，那种总是力图指导法律实践的法理学教科书才可能是不高明的。因此，对于教科书的编写者来说，重要的不是让自己的作品在将来帮助学生处理具体的法律问题，而是用法理学理论的逻辑，来展现法理学自身的理论价值。

三、法理学教科书的四个侧重

基于法律特殊的理论性，法理学教科书的编写应当与部门法学或法学其他知识的教科书大异其趣。具体说来，我认为重点应当考虑如下几个方面：

第一，侧重于经典的法理学问题。

法理学中存在着许多经典问题。例如，法律概念中，道德性是否是其必要条件，实效是否是其必要条件？构成法律的要素有哪些？它们之间如何区别？法律的内容受制于法院或法官的活动吗？如何理解法律的权威性？法律推理或法律解释有何特点？其中存在一套独特的方法吗？存在一套通行于各部门法学的一般法律概念吗？如何理解法律权利？如何理解法律义务和法律责任？存在遵守法律的一般义务吗？法律分配社会公共产品的一般正义原则何在？法律干涉个人生活的基本原则何在？刑罚如何被正当化？法治的价值何在？它是否具有特殊性……就法律现象来说，这些问题是终极的，法律人乃至普通公民，在其职业或公共生活中，总会以某种方式遇到，并且必须以某种方式加以回答，无论是自觉还是不加反思的回答。在这个意义上，每个法律人乃至关注公共生活的普通公民，客观上都需要某种法理学知识。

对于法理学教科书来说，重要的是要展示这些问题的魅力与价值。作为理论思辨，法理学问题暗含于法律现象或社会公共生活，在很多情况下，人们无法意识到这些问题的存在和价值。特别是作为青年学生，对法律现象或社会公共生活一知半解，需要一部教科书，引导其进入法理学相关问题的思考中。因此，一部好的法理学教科书，非但要配备上述经典问题，还要不断地证明，这些问题是重要的，思考乃至解决这些问题，具有极大的理论价值。否则，法理学教科书的内容就会变成庸人自扰式的独角戏，变成遭人厌烦的片面说教。

第二，侧重于学术史上的大师与经典。

理论知识与实践知识的重大差异之一在于：由于前者并不指向某个明显的实践问题，因此其问题的阐发非常依赖学术史上知名学人的论述；同时由于问题的艰涩,学术史上所能提供的现成答案并不多,一些大师的论述因此也就时常被回顾和提及。由此,便形成了来自大师们论述的经典文献。对于法理学教学来说,重视这些大师论述与经典问题无疑十分重要。引导学生通过学习学术史上大师们的原典和著述,也就是让学生们与大师一道思考,既学习了法理学中的重要内容,也知晓了其中的方法与规矩。

必须将法理学学术史上的经典纳入法理学教科书中,更为重要的是,应当考虑以何种方式来纳入。一种不太令人满意的做法是——在教科书最后一部分,简单地将相关参考文献全部罗列出来。① 这样的做法,很可能让学生望而却步,失去阅读经典著作的机会和勇气。在我看来,更为可取的方法是:(1)教科书的正文要体现经典文献的内容。教科书不是专业的学术著作,没有必要总在其中体现教科书编写者自己独创的学术见解。在教科书中,论述和引用学术大师的经典观点,是让学生感受经典最为直接的方法。(2)严格控制经典文献的数量。教科书的阅读对象是学生,而不是学界同行,编写者没有必要通过文献来完成严格的学术论证,也就没有必要将相关内容所涉及的全部文献开列出来。文献数量众多,只会让更重要、更经典的文献淹没在那些不那么重要、不那么经典的文献中。不仅如此,在开列经典文献时,最好能够写明页码,而不是简单地提到文献的名称。事实上,由于经典文献时间久远或是文献作者的侧重点或写作方法等原因,让多数学生阅读整本文献,时常是不现实或低效率的。

第三,侧重于严格的学术论证。

作为理论知识,法理学不能教会学生具体的实操技能,更不能被理解为需要学生记诵的教条,而要以教会学生思考问题的方式,以形成自己独特的观点为己任。法理学与自然科学不同,它的理论无法诉诸外部对象和外部世界,凭借观察、实验、证实或证伪等手段来解决。虽然与法律相关,法理学命题的正确与否,也不能诉诸法律或政治权威来解决(毋宁相反,法律或政治权威涉及的理论问题需要法理学来解决)。法理学中的判断只有"有道理"(reasonable)和"没道理"(unreasonable),"可接受"(acceptable)和"不可接受"(unacceptable),以及相应的程度区分。换句

---

① 张文显:《法理学》,高等教育出版社 2011 版,第 356 页。

话说,检验法理学理论或命题的唯一手段就是逻辑手段,就是看该命题是否受到了很好的支持与论证,是否被置于与其他相关命题的逻辑关系中,是否被整合到某种更大的知识框架中。正是在这个意义上,我们可以说,论证是法理学本性的必然要求,法理学不仅要提出观点,还要对观点提供支持,并且对可能出现的异议进行反驳。在这个意义上,论证甚至比命题或观点还要重要。

因此,法理学教科书不能被写成操作指南或教条,而是要展示相关问题上严格的学术论证。教科书的编写者,应当在其教科书中大致展现学术大师对各种经典问题的主要回答,并重构对这些回答给出的各种正面论证和其反论证,进而引导学生深入理解,在过程中感受、领悟、锻炼学生的思维与智慧。这里,应当特别注意学术争议和学术论辩。对于法理学中的各种问题来说,虽然不必像相对主义者那样认定其中不包含任何争论,却也必须承认,任何一个所谓答案,并不能特别容易地被证成。这意味着,在法理学中,争议是无处不在的。不能因为答案的不确定就在教科书中简单地让学生接受某种"标准答案",倒不如说,需要展示出各种答案的正面论证和其可能遭受到的批评或反驳,甚至引导学生不断地质疑和反思某个看似正确和权威的观点。此时,教科书编写者的任务不是要急于提出自己的见解,而是尽量展示那些相互冲突的观点论证和反论证,哪怕他们并不同意这些观点。因为,重点不在于观点,而在于如何形成观点。不仅如此,一部高水平的法理学教材应当致力于通过展示论证,重构出某个理论的基本样态和它受到的主要批评,以便于学生理解某个观点,对比多个观点,形成自己的观点,在此,应当是见识教材编写者学术修养和水平的地方。

第四,侧重于可读性。

教科书的读者是学生,而不是业内同仁。这导致了哪怕处理同一个主题,教科书的写法也将在很大程度上区别于学术专著。因此,教科书的编写者,应当以学生更易接受和清晰的方式,拉近法理学知识与学生的距离,否则,教科书的价值就不复存在了。对于法理学教科书来说,这并非是一个容易处理的课题。法理学的理论性经常会成为法理学教科书阅读的"拦路虎"。这种障碍主要体现在两个方面,其一是法理学所处理的问题对于学生来说是"无聊"的;其二是法理学的理论是"艰深"的。就此,需要编写者多动脑筋,在不丧失其他优点的情况下,

尽可能地增加教科书的可读性。对此,我认为可以考虑如下几个方面:

第一,借由典型案例引出相关问题。法理学不直接指导实践,却未必与实践无关。很多时候,教材编写者要善于抓住法律实践或公民公共生活中转瞬即逝的理论反思,将之以典型案例的形式固定至教科书,引导学生进入法理学的讨论中。在桑德尔教授的《公正:应当如何是好》①这本书,作者对每个理论问题的处理均以某个事例为开头,这些事例基本上来自人们并不陌生的日常生活和公共生活,利用这些事例,作者迫使读者们不断思考什么样的做法或立场才是恰当的。在法理学教科书中,也应当通过各种事例加深读者对问题的理解。例如,关于守法义务,可以用"苏格拉底之死"这个著名的事例引出相关问题;关于刑罚的正当性,可以用古代酷刑和刑罚的成本来引出。

第二,有针对性地批评某些法学中的所谓常识,引发读者的兴趣。例如,在中国法学中,"权利与义务是对应的",似乎是常识。但权利与义务真的是对应的吗?民法中的各种撤销权是权利,它对应什么样的权利?只要学生对此产生了怀疑,就可以导入有关权利的类型理论或语义理论了。

第三,巧妙运用示意图或漫画等方式,直观表示法理学知识。同样表示艰深的理论思想,在希尔贝克的《西方哲学史》中,作者不失适宜地使用了一些简单明了的示意图,来表达哲学家们精深的思想②;帕尔玛的《伦理学导论》则大量使用了漫画③。如果法理学教科书的编写者能够有意识地引入这些方法,他们的教科书将变得没那么枯燥和困难。

四、结语

一本好教科书的价值,有时并不亚于一本好的学术专著。当法理学的发展陷入瓶颈时,耐下心来,编写一本出色的教材,不失为另一种尝试。如果这篇小文能够为法理学教科书的设计提供一些思路,哪怕微不足道,本文的写作目的也就达到了。

---

① 桑德尔:《公正:应当如何是好》,朱慧玲译注,中信出版社 2011 年版。
② 希尔贝克等:《西方哲学史》,童世俊译注,上海译文出版社 2012 年版,第 440 页。
③ 帕尔玛:《伦理学导论》,黄少婷译注,上海社会科学出版社 2011 年版,第 8 页。

面向大一新生的法理学教学

李　静①

　　法理学课程是法学本科的专业基础课,我国自20世纪70年代末恢复法学本科教育以来,通常都是将其作为必修课在第一学期开设。这种模式根源于20世纪50年代对苏联模式的移植,最初课程定名为法学基础理论(也有称国家与法的基本理论),后更名为法理学。随着我国法学教育改革的深入,法理学课程改革也得到关注,包括本校在内的一些学校已经进行了一些改革尝试。改革中遇到的问题很多,本文试图从改革面临的困境出发,讨论如何做好面对大一新生的法理学教学。

一、大一开设法理学课程的困境

　　是否应该面向大一新生开设法理学课程,这是多年来摆在法理学教师面前的一个难题,接受过系统法学教育的人都有过把法理学作为接受法学教育入门课程的经历,这种经历回忆起来通常并不美妙,上课时对老师的讲解不知所云,过后几乎没有留下什么印象,更多的对于法理学的理解是来自高年级时学习诸多部门法课程后的自我领悟,以及自学式的阅读经典。

　　从我们自己曾经的教育经历以及通过对学生的了解调查,我们发现在大一第一学期开设法理学课程的困境主要表现为:

---

①　李静,天津商业大学法学院教授,法学硕士。

（一）知识结构的困境

我们知道，所谓学习，实际上是一个将旧知识与新知识相联通的过程，也就是一个对旧有知识结构的扩张或提升的过程，这也就意味着，对新知识的掌握，必须以相应的已有知识体系为基础，并要求学习者具备沟通新旧知识的能力。

法理学作为理论法学的分支学科，是以法的一般属性作为研究对象的，作为知识体系，其内容都是关于法的一般属性的回答，包括法的特征、法的本质、法的作用等。抽象知识来自具象，法的一般性知识来源于对于具体法律认识的抽象。也就是说，法理学是以全部的具体法律知识为认知基础。然而，大一新生完全不具备对于法律具体知识的了解，在这种知识结构基础上要求学生去理解"一般的法"以及相关原理，的确勉为其难。对事物的抽象本身就是一个困难的事情，要求抽象者对认识对象具备全面且足够深刻的理解，正如奥古斯丁所说的："时间究竟是什么？假使人家不问我，我像很明了；假使要我解释起来，我就茫无头绪。"①事实上，我们在教学过程中也经常遭遇学生的质疑：我连具体的法律见得都很少，如何理解法律的一般属性？能够提出这种问题的应该还都是一些善于学习的学生，这样的学生追求对于知识的真正理解并能将其内化为能力。而大多数学生，他们往往不明白怎样才算理解了知识。对于这些同学而言，上法理学课如同置身云里雾里，老师的话简直是不知所云。如同有些同学在座谈时所说的："好像每一句话都懂，但所有的内容联系起来，到底在讲什么却不知道。"

（二）思维方式困境

我国现有的基础教育，仍然将知识结构分为文科知识与理科知识。基于这种传统的知识划分，学生往往形成一种认识，逻辑思维仅限于理科知识的学习，或者说，只有面对符号，他们才开始运用逻辑思维来对待，而面对文字，则多采用记忆背诵，或者全凭感性来对待。许多学生甚至在进入大学很长时间后，仍然存在着"文科等于文学"的理解。这些误解，造成学生面对法学知识，仍然运用感性思维来对待。

在法理学教学过程中，我们发现，学生喜欢对问题不假思索地回答"我觉

---

① ［古罗马］奥古斯丁：《忏悔录》，向云常译注，华文出版社2003年版，第22页。

得"，但如果教师追问为什么，学生则会一脸茫然。这种想当然的思维模式来自对法学内在逻辑性的忽略、轻视，其危害在于让学生无法深入到法理学的问题中去，甚至可以说，无法开展真正的法理学学习。不懂得质疑、不懂得问为什么，这是大一新生基于中学阶段养成的记忆知识学习模式所形成的思维缺陷。

（三）社会认识程度的困境

法学问题的合逻辑性并不意味着所有法律问题都可以通过简单的逻辑推理获得。法律作为社会关系的调整器，对其调整方式、效果等的理解有赖于对社会关系本身的理解。正如卡多佐所说的，法律职业就是"在这一狭窄的选择范围内来寻求社会正义"[1]。社会关系中人们如何行为、如何在行为中获得利益；该行为对相对方、第三人乃至社会的影响；该社会关系的相邻关系对该社会关系产生何种影响，是否会影响到该关系下人们的行为选择以及利益关系等。这些都是理解一项法律制度所必须了解的。

法理学的学习对于社会关系认识程度的要求则更高，一方面，对部门法学抽象的法理学，其他部门法学对于社会关系理解的要求自然都适用于法理学学习；另一方面，法理学不同于部门法学之处还在于——其思维的逻辑起点往往还要超出法律自身。大多数法理学问题都如此，例如法的本质、法的作用、法的价值等，这些问题都是以哲学观念或者社会关系作为逻辑起点的。

刚刚完成基础教育的大一新生，除了家庭，几乎没有观察社会的窗口。在高考的压力下，许多家长还会刻意将这个窗口屏蔽。在这种社会知识完全空白的背景下，法律规范对于许多学生而言仅仅具有一般汉语意义，无法转换为一种社会关系状态。而法理学要求学生在理解法律规范所设定的社会关系状态后，进而去评价这种设定，并理解其中的一般原理。我们在法理学教学过程中发现：举例比原理本身给学生带来的困扰更大。这并不是因为原理比举例更容易理解，而是因为对例子，学生还在试图理解，可对原理，学生实际上已经放弃了理解或者选择了庸俗化的理解。

二、大一新生开设法理学课程的必要性

前面我们所说的困境并非今天才显现出来，也并非个别学校所面临的问题，

---

[1]　[美]本杰明·卡多佐：《论司法过程的性质》，苏力译注，商务印书馆 2005 年版，第 85 页。

因此,我们可能会问,为何不取消大一新生的法理学课程呢?

(一)本科阶段必须开设法理学吗

正如我们前面所谈到的,法理学课程尽管名称曾经有所变化,但不变的是这门承载法律一般性知识与理论的课程,作为核心课的地位从未被撼动过。

1. 法理学课程的重要地位取决于我国法学教育的功能定位

我国法学教育的功能定位存在着职业教育与通识教育之争,曾经一度职业教育的呼声高涨。然而,无论是我国高等教育迅速发展的现状还是国家对法学教育的需求,通识教育都应该是今后法学本科教育的基本功能定位。从我国高等教育的发展现状看,规模的扩张已经使本科教育得到空前的发展,职业教育无法对应大量法学毕业生的就业出路;从国家近年来对法学教育的需求看,2018—2022 年教育部法学教育指导委员会将建设新文科,将培养全面的法治人才作为法学本科教育的工作目标。这都证明法学本科教育功能应该定位为法学通识教育。

这种功能定位使得我国法理学教学不可能像那些普通法系国家那样,仅仅是供少数有着理论兴趣和人文关怀的学生选修的课程。在职业教育的目标定位下,要培养一个初级的法律从业者并不需要对法律这一范畴做整体上的理解与把握。而在通识教育的功能定位下,超越法律的技术层面,从法律之外构建观察法律的平台与视角;跳出分割成部门的法律,从整体上理解与把握法律;全面培养学生的法律思维、法律意识、法治理念;脱离对法律的静态考察,全面考察法律的动态运行过程,理解运行中的法律,这些都需要法理学课程来担当。

2. 我国的成文法体系也是促成法理学课程不可或缺的重要因素

成文法体系最大的特点是体系化,这种由部门法有机结合组成的体系化结构在一定程度上具有形式上的一致性和内容上的分割性;对形式上的一致性认识通常是由法理学担当,否则就会形成学习过程的重复性和浪费,内容上的分割性也只有通过法理学来实现认识上的整合。法理学课程担负着提供法学一般性知识和整合个别知识的职能。

成文法体系下法律规范的抽象化特点也是法理学课程不可或缺的原因之一。成文法体系中的法律规范是一种对于社会秩序的预设,不同于普通法系作为决疑结果的规范模式。作为秩序预设的成文法规范，是将事物进行抽象进而形成特定范畴，并将其与已经形成的处置结果范畴相关联的结果，这些特定范畴的内涵与外延都需要借助解释来获得。法理学课程一方面提供范畴的一般性解释，另一方面，提供特定情形下解释的方法以及解释的逻辑前提。

（二）必须在大一开设法理学课程吗

如果法理学必须开设，面向大一新生又面临诸多困难，是否可以改变开设的时间呢？这种教改实践我们曾经开展过一段时间，将法理学课程放置在第五甚至第六学期开设。从理论上说，这种改革似乎很有道理，符合认识规律——理性认识来自感性认识，抽象来自具体，理论来自实践。学生在学习了一些部门法课程之后，既获得对法律的感性认识，也获得具体的法学知识，甚至接触到了一些法律实践。此时接受法理学课程，学生具备了理解的基础和能力。

然而，在教改实践中我们遇到的实际问题是部门法课程教学上的障碍。如前所述，在成文法体系中存在着一些共性的概念范畴，这些是法理学的固有内容。法理学课程拖后，使得每一门部门法课程缺失了法学基本概念的基础。而等到法理学讲授这些内容时，已经成了"夹生饭"，学生不再作为新知识接受，却又没有真正理解这些内容。因此，我们得出结论：法理学课程完全推迟也是不可取的。

三、面向大一新生的法理学课程教学改革路径

（一）课程体系改革

面对上述困境及必要性，出路只有一个——对法理学课程进行拆分。

1. 课程体系与学科体系的关系

拆分法理学课程教学内容，遇到的一个问题是法理学学科体系的完整性。课程体系与学科体系尽管是不同的概念，但事实上法学教育中的绝大多数课程体系都是与相应的学科体系相互对应。法理学作为一个较为成熟的法学分支学科，具有自己相对完整的学科体系，法理学的学科体系主要由本体论、功能与价值论、运行论、发展论等构成，无论如何拆分，都有可能损害体系的完整性。

我们认为，学科体系与课程体系尽管相互关联，但毕竟属于不同概念范畴。学科体系的使命在于对学科研究对象之规律的完美揭示，而课程体系的使命则

取决于特定条件下的教育整体目标。作为普通商科院校的法学本科教育,应用型复合型人才是主要的培养目标,从这一培养目标出发,让学生完整掌握法理学学科体系似乎显得不那么重要,法理学课程教学的主要任务应该是培养学生的专业思维与技能,特别是提供专业思维工具。因此我们可以抛开学科体系完整性的束缚,从教学需求和学生的实际接受能力出发对法理学课程内容做出合理拆分。

2. 如何拆分教学内容

拆分法理学教学内容,已经有许多院校进行了尝试。一种是简单地按照原来学科体系的顺序加以拆分,将法的本体和法的功能与价值作为第一部分放在第一学期,其他部分拖后,这种拆分意义不大,仅仅解决压缩专业课课时的目的;第二种是在第一学期提供法理学全部内容的缩略版、简易版,如付子堂教授主编的《法理学初阶》、舒国滢教授主编的《法理学导论》、卓泽渊教授主编的《法学导论》等。这种改革的优点在于满足了学科体系的完整性,但由于内容上是法理学学科体系的全部,因此,一方面,授课时难易程度的拿捏和深入浅出的叙事方式对教师教学经验和学科功力是一个考验;另一方面,对学生而言,是在压缩了的课时内接受法理学的全部内容,尽管相对浅显,但单位课时的信息总量是成倍增大了。而拆分后在高年级做深入阐释时,内容上的相似性也容易形成"夹生饭"的效果。

我们认为,法理学课程体系如何拆分应该充分考虑所在学校的具体情况。上述拆分教材都出自"985院校",也更适合这类学校的培养目标与生源特点。就我们所在的普通商科院校来看,前面我们从培养目标出发讨论了在学科体系之外独立处理课程体系的可能性,从生源特点来看,接受能力的差别阻碍了"初阶"部分的接受。"高阶"部分的本来作用是深化并整合已经接受过的知识,为考研做准备。由于普通商科院校学生考研的比例并不高,这种作用也并不显著。因此,我们采取的拆分原则是:大一新生法理学部分只讲授基本概念以及法的历史发展。前者是基于为其他部门法课程的开设而提供概念工具的考虑,这也体现了法理学课程的基础性特点。我们都知道,越是基础性概念,理解的难度越大,因此,这些概念在大一阶段讲授时,不要求学生深入理解,只把它们作为知识性内容来掌握即可。后者的选择主要是考虑其对知识基础的要求大体上可以与基础教育相衔接,易于理解。

（二）教学方法改革

拆分后的内容对于大一新生来说,理解起来也并不轻松。要让学生能够对这些抽象的内容产生学习兴趣,并尽可能地加深理解,还要实行教学方法创新。

1.日常生活场景教学法

尽管法理学的高度抽象特点使得其理论令人觉得高深莫测,无从理解,但是,任何抽象都来源于具体,日常生活场景教学法就是对高度抽象理论的具体化呈现。通过这种具体化的生活还原,让高深的法理学理论走下神坛,引发学生的兴趣并容易理解。类似的改革已有一些学者进行了尝试,如李拥军教授采用的"故事教学法":"讲授者以一种'故事化'的思维,通过一种'讲故事'的方式将法学知识和理论传授给学生,将零散归于统一,化抽象为通俗,解决法理学课程中的'高''空''杂''难'的问题。"①黄文艺教授主编的《生活中的法理学》也是运用法理学原理来分析社会上发生的一些真实典型事件。

日常生活场景教学法在实施过程中应该注意几个问题:

首先是应该注意生活场景尽量选择社会影响力较大的典型事件、案件,或者学生较为熟悉的生活场景。选择前者能较好地引发学生的兴趣,提高学生的学习注意力;选择后者是因为熟悉场景中的问题更易于理解。例如,近年来的校园霸凌事件,许多学生即使不是亲身经历,但也易于理解。而通过分析校园霸凌事件,几乎所有的法学基本概念都可以从中得到阐释。

其次,要注意避免理论被过度庸俗化。当我们把抽象的理论还原到一个具体生活场景中去时,学生此时真正理解的可能是在这个具体场景中的原理,而不是原理本身,学生可能会简单地将具体场景与理论直接画等号,也可能通过自由发挥式的"举一反三"曲解了原理。对于大一新生,适度的庸俗化实属无奈之举,对同一理论不断加深理解也符合认识规律,但如果教学仅停留在场景与原理的一对一、二对一,就会导致过度庸俗化。要解决这个问题,需要对场景所体现的

---

① 李拥军:《故事教学法在法理学课程中的功用与应用》,《中国大学教育》2017 年第 7 期。

原理要素加以提炼并予以特别强化,同时可以通过反例廓清原理所表达内容的边界。

再次,要特别注意法律元素从日常生活场景中的分离。在部门法课的案例教学中,呈现给学生的案例通常都已经过提炼抽取,只剩下与法律相关、甚至是仅与老师正在教授的内容相关的要素。我们选取的是生活真实场景或事件,对它们的表达通常采用日常用语,事件本身也是法律与非法律问题混杂,因此,要从中达成法理学理论教学的目的,需要注意法律用语与日常用语的转换以及相应的法律问题与非法律问题的剥离,转换与剥离的过程实际上也是对学生法律思维的训练过程。就如校园霸凌事件,它本身并非法律术语,其中按照程度和学生年龄,有些并非法律问题,剩余的法律问题又属于不同类型的法律问题。通过对这一事件的分析,可以让学生对整个法律体系结构、法律体系在社会调整体系中的存在状态有很好的认识。

2. 诘问式教学法

诘问式教学法又叫苏格拉底教学法,就是"用步步追问的方式促使对方不断拷问自己的逻辑"①,以完善其思考过程。通过不断地追问,将问题引向深入。采用诘问式教学法,有利于纠正学生学习习惯与思维习惯的问题。我国基础教育至今仍呈现应试教育的特征,学生在长达 12 年的时间里,即使不采取死记硬背的方式,对学习的理解也就是积累知识。这就导致学生进入大学后仍然满足于由老师提供问题的标准答案,自己的学习任务就是记住答案。很少思考答案怎么来的,更谈不上对答案的质疑。诘问式教学通过不断地追问,在教师的引导下,让学生自己开动脑筋寻找答案,这样既增加了学习的主动性,也符合法理学培养学生法律思维的课程目的。大一学生除了对学习性质存在认识误区,还缺乏严谨的逻辑思维习惯,喜欢直接凭感觉给出答案,下结论,在结论与问题之间缺少必要的论据与论证。诘问式教学通过不断地追问,培养学生言之有据的严谨思维习惯,也培养学生的逻辑思维能力。这是法学专业学生必不可少的思维训练。

---

① 慕凤丽、[加]Jim Hatch:《从历史深处开显现代教育之逻各斯》,《浙江学刊》2016 年第 6 期。

开展诘问式教学需要注意的问题是：首先，要注意为学生的逻辑思维提供必要的前提性知识。一些法理学问题的深入探讨往往需要某些法律知识或社会知识作为推理的前提，大一新生受知识结构的局限，往往无法独立完成推理过程，教师可以随着问题讨论的推进，将知识提供给学生，这个过程也是让学生区分开知识积累和思维训练的过程。其次，要注意照顾到绝大多数学生，这种训练方式的参与性取决于学生自身，往往是一小部分学生跟着问题走，其他学生觉得没事儿干。因此要求教师注意对课堂的掌控，充分调动全班同学参与。

3. 合作学习教学法

合作学习是"以异质小组为基本形式，以小组成员合作性活动为主体，小组目标达成为标准，以小组总体成绩为评价和奖励依据的教学策略体系"①。这种教学方法优势在于：首先，合作式教学可以不受课堂教学时间的限制，让学生在课外开展，从而节省有限的教学时间，提高教学效率；其次，合作式教学是一种非常有效地推动学生自我组织、自主学习的手段。法理学合作式学习可以由教师事先围绕教学内容提供讨论主题，让学生划分不同小组，通过组内分工合作完成资料查阅、发言提纲撰写、课堂主题发言讨论等工作。特别是围绕主题查阅资料的工作，是从高中学习到大学学习的一个重要转变内容，这项工作对于大一新生极为必要。撰写发言提纲也是学生从接受答案到寻找答案的学习过程的转变。

开展合作式教学，提供合适的讨论主题很关键，既要有前沿性，又要充分考虑学生的思维能力和知识基础，同时还要考虑趣味性。其次，对学生的讨论发言要求充分考虑思维训练的教学的目的，不要求新颖性，能做成文献综述就很好，但要求逻辑严谨。

法理学课程的双重性质决定了这门课程必须通过合理的拆分和选择适当的教学手段才能收到理想的教学效果。

---

① 李洁坤、李梓：《基于合作学习的策略研究与实践》，《教育教学论坛》2020年第9期。

对宪法通用教材的几点思考*

付　琳①　崔文俊②

目前,高校法学专业宪法课程的通用教材指马克思主义理论研究和建设工程重点教材——《宪法学》。该教材由许崇德、韩大元、李林任首席专家,编写于2011年,至2020年9月已印刷了36次,是高等院校法学专业《宪法学》课程的指定教材。本文略谈对该教材的几点认识。

一、该教材的最大亮点

自改革开放以来,由于种种原因,我国宪法学教材不同程度地受到了西方自由主义理论的影响,如个别自编教材过于强调宪政、民主、人权的"普世价值"。忽略了西方特定语境下的宪政、民主及人权所具有的特定含义,忽视了人权的特殊性及民主的阶级性;在宪法的原则上,过多地强调两大类型宪法的共通性,忽略了社会主义类型宪法原则的特殊性及与资本主义宪法原则的本质区别。脱离中国国情,盲目照搬西方语境下的自由主义宪法理论,试图用自由主义理论解读中国宪法。马工程《宪法学》(第一版)教材(以下统称该教材)的最大亮点在于:正本溯源,系统清理了西方自由主义宪法理论在中国宪法学领域的影响,重新恢

* 本文系"2020年天津市高等学校本科教学质量与教学改革研究计划项目"——"一流专业建设视角下完善高校基层教学组织的探索与实践"子课题"域外高校基层教学组织的考察与镜鉴"(课题号:A201006902)阶段性成果之一。

① 付琳,天津商业大学法学院教授,法学硕士。
② 崔文俊,天津商业大学法学院讲师,法学博士。

复了马克思主义宪法学理论在宪法学教学中的主导地位,具体表现为如下几点:

第一,第二章阐述了两大类型宪法的本质区别,分析了资本主义民主的局限性并给予比较客观的评价。教材重点分析了社会主义宪法的主要特征,其中将马克思主义政权建设理论独列标题,予以重点阐述。①

第二,第三章将"宪法的指导思想"专列一节予以具体阐述。教材分析了指导思想的含义及其与宪法基本原则、党的指导思想的关系;梳理了我国宪法关于指导思想的具体表述。同时,教材归纳出我国宪法的六大基本原则,其中将坚持中国共产党的领导作为我国宪法的第一根本原则。② 这对创建中国特色宪法学理论是非常有益的。

第三,第四章在介绍资本主义和社会主义政权组织形式之后,从经济基础、阶级本质、组织原则、人民民主的范围和形式这四大方面具体详细地阐述了社会主义国家的民主共和制与资本主义国家的民主共和制的本质区别,重申了民主是有阶级性的马克思主义的基本观点。③

第四,第五章文化制度专列标题,强调了坚持马克思主义在意识形态领域的指导地位的重要性,强调必须坚守马克思主义在意识形态领域的指导地位。对这种指导地位的动摇和放弃,将导致国家和社会失去共同的思想准则,引发思想混乱,甚至导致社会动荡。④

总之,该教材的上述做法是非常值得肯定的。这是一部立足于中国现实,具有鲜明的中国特色的宪法教材。该教材弘扬了具有中国特色的宪法学理论,对于增强学生的"四个自信"无疑具有重要的理论和现实意义。

二、该教材存在的细节问题

当然,该教材也存在需要进一步予以完善的地方。主要表现在以下几个方面:

（一）教材体系有待进一步理顺

该教材体系见表 1:

---

① 宪法学编写组:《宪法学》,高等教育出版社、人民出版社 2011 年版,第 60—61 页。
② 宪法学编写组:《宪法学》,高等教育出版社、人民出版社 2011 年版,第 82—87 页。
③ 宪法学编写组:《宪法学》,高等教育出版社、人民出版社 2011 年版,第 118—119 页。
④ 宪法学编写组:《宪法学》,高等教育出版社、人民出版社 2011 年版,第 178 页。

表 1 《宪法学》(马工程,第一版)教材体系

导论	第一节 宪法学的研究对象和研究方法
	第二节 宪法学的历史发展
	第三节 宪法学的分类和特征
	第四节 学习宪法学的意义和基本要求
第一章 宪法学基本原理	第一节 宪法的概念和本质
	第二节 宪法的分类和渊源
	第三节 宪法的制定、解释和修改
	第四节 宪法的效力和作用
第二章 宪法的历史和发展	第一节 宪法的产生和发展
	第二节 中华人民共和国成立前的宪法
	第三节 中华人民共和国宪法的产生和发展
第三章 宪法的指导思想和基本原则	第一节 宪法的指导思想
	第二节 宪法的基本原则
第四章 国家性质与形式	第一节 国家性质
	第二节 国家形式
	第三节 国家标志
第五章 国家基本制度	第一节 经济制度
	第二节 政治制度
	第三节 文化制度
	第四节 社会制度
第六章 公民的基本权利与义务	第一节 公民基本权利的一般原理
	第二节 公民的基本权利
	第三节 公民的基本义务

续表

第七章　国家机构	第一节　国家机构的一般原理
	第二节　全国人民代表大会及其常委会
	第三节　中华人民共和国主席
	第四节　国务院
	第五节　中央军事委员会
	第六节　地方各级人民代表大会和地方各级人民政府
	第七节　民族自治地方的自治机关
	第八节　人民法院和人民检察院
	第九节　特别行政区政权机关
第八章　宪法的监督	第一节　宪法实施的监督
	第二节　宪法监督
	第三节　我国的宪法监督制度

表 1 是按照从静态到动态的逻辑关系来安排教材内容的。这八章的内容实际是由三大部分组成：宪法是什么；宪法规定哪些内容；如何监督宪法的实施。这三部分内容依次呈现出一种递进的逻辑关系。另外，教材与时俱进，在第五章"国家基本制度"中增写了"社会制度"一节，因应了执政党提出的"经济建设、政治建设、文化建设、社会建设"的"四位一体"重大战略思想。社会建设需要具体的宪法制度作支撑。这是值得肯定的。

仔细考究，上述体系的安排也存在如下问题：

第一，教材第四章中的第三节是"国家形式"，第四节为"国家标志"，其实从严格的意义上讲，国家标志也是国家的形式之一，这两节似乎应合并为一节。

第二，在"国家形式"一节中除了介绍政权组织形式的概念分类及其与国家性质的关系的一般原理外，还集中讲述了我国政权组织形式即人民代表大会制度（以下简称人大制度）的主要特点，但在第五章"国家基本制度"中还专设"政治制度"一节。该节又专题讲述了人大制度的主要内容、历史发展、实质及其优越性。把一个完整的教学内容分成两部分，分别在不同的章节中阐述，这样做是否合适？

第三，第五章第二节在介绍政治制度的概念时，认为"政治制度是指特定的社会中，统治阶级通过组织政权以实现其统治的原则和规则的总和。它由一系列规范政治主体活动的准则、体制、惯例等因素构成，包括国家政权组织形式、国家结构形式、政党制度、选举制度等"。第四章第三节"国家形式"一节，对"政权组织形式"概念的界定，与此大致相同。既然政权组织形式是国家形式之一，在"国家形式"一节中予以介绍就能达到教学目的，为什么又从政治制度的角度介绍人民代表大会制度的另一部分内容？换言之，同一教学内容被安排在不同的章节，这种安排是否合适？

根据上述分析，本文尝试对教材体系做如下调整，见表2。

表2　在《宪法学》第一版基础上调整的全书体系

导论	第一节　宪法学的研究对象和研究方法
	第二节　宪法学的历史发展
	第三节　宪法学的分类和特征
	第四节　学习宪法学的意义和基本要求
第一章　宪法学基本原理	第一节　宪法的概念和本质
	第二节　宪法的分类和渊源
	第三节　宪法的制定、解释和修改
	第四节　宪法的效力和作用
第二章　宪法的历史和发展	第一节　宪法的产生和发展
	第二节　中华人民共和国成立前的宪法
	第三节　中华人民共和国宪法的产生和发展
第三章　宪法的指导思想和基本原则	第一节　宪法的指导思想
	第二节　宪法的基本原则
第四章　国家性质	第一节　国家性质概述
	第二节　我国的国家性质

	第一节　经济制度
	第二节　政治制度——政权组织形式
	第三节　政治制度——国家结构形式
	第四节　政治制度——选举制度
第五章　国家基本制度	第五节　政治制度——政党制度
	第六节　政治制度——民族区域自治制度
	第七节　政治制度——基层群众自治制度
	第八节　文化制度
	第九节　社会制度
	第一节　公民基本权利的一般原理
第六章　公民的基本权利与义务	第二节　公民的基本权利
	第三节　公民的基本义务
	第一节　国家机构的一般原理
	第二节　全国人民代表大会及其常委会
	第三节　中华人民共和国主席
	第四节　国务院
第七章　国家机构	第五节　中央军事委员会
	第六节　地方各级人民代表大会和地方各级人民政府
	第七节　民族自治地方的自治机关
	第八节　人民法院和人民检察院
	第九节　特别行政区政权机关
	第一节　宪法实施的监督
第八章　宪法的监督	第二节　宪法监督
	第三节　我国的宪法监督制度

　　表 2 中,第一章"国家性质"解决的是国家"是什么"的问题。国家性质问题是国家制度的核心和首要问题,是宪法基本制度的基础,所以必须在宪法基本制度之前介绍。这样安排,与第五章"国家基本制度"并不冲突。因为"国家性质"

具有根本制度的意义,"国家基本制度"是国家制度的重要组成部分。如果说,第四章的内容是国家的骨骼的话,第五章"国家基本制度"则是填充骨骼的血肉。换言之,正是依据国家制度的核心即国家性质,宪法对国家的各项基本制度作出具体规定,形成了国家的基本制度。所以将"国家基本制度"列在"国家性质"之后,从逻辑上来说,是说得通的,二者可以构成一种并列关系。表 2 中的第五章仍然按照经济制度、政治制度、文化制度和社会制度的顺序安排教学内容。与表 1 不同的是:表 2 中的第五章将政治制度分为六节,这样做,可以保证教学内容的完整性,但缺点是体量过于庞大。由于"国家标志"的内容较为简单,上表未做专节介绍。

(二)个别内容有待细化、准确

笔者认为,除上述部分章节的设置存在一定的不顺以外,在内容的安排或逻辑方面也存在一定的问题,兹举例如下:

第一,教材在介绍"宪法解释"的概念时,认为宪法解释是指宪法解释机关根据宪法的基本精神和基本原则对宪法规定的含义、界限及其相互关系所作的具有法律效力的说明。显然,教材介绍的是"有权解释"的概念,即狭义的宪法解释。但在介绍"宪法解释的种类"时,认为根据不同的标准,可以把宪法解释分为"有权解释和学理解释"。这里的"学理解释"是前面给定的宪法解释的概念无法涵盖的,二者在逻辑上存在一定的问题。为能含摄"学理解释",应将宪法解释界定为"对宪法规定的含义、界限及其相互关系所作的说明"。这样表述的优点是能将有权解释和学理解释都包含在内。

2. 教材在第一章第三节"宪法的制定"中,宪法的"制定主体是制宪机关"。这里教材将宪法的制定主体和制宪机关混为一谈了。根据宪法学原理,制宪主体是人民或国民,而制宪机关是代表国民具体行使制宪权的机关。二者并非一回事(在有的国家,制宪机关和立法机关可能是一个机关,如我国第一届全国人大第一次全体会议就是制宪机关,同时它也是立法机关,但它并非制宪主体,制宪主体是中国共产党领导下的中国人民。)宪法是制宪机关制定的;法律是立法机关制定的。教材在介绍西耶斯的制宪权理论时,也引用了他的"唯有国民拥有制宪权"的经典名言。如果不介绍清楚,学生在阅读教材时就会产生制定宪法的主体究竟是制宪机关还是人民的疑问。

3. 选举制度是重要的政治制度之一，教材对我国选举制度的介绍略显粗糙。如对选民委托投票应注意的事项，教材没有提及。又如在"选举投票与结果确认"部分，教材仅仅简略提及投票结束后，进入选举结果确定程序，包括确定选举是否有效、代表候选人当选的决定、宣布选举结果等。其实选举结果的确定程序涉及选举法的四个条文（第43—46条）。而教材并没有介绍这四个条文的内容，因而导致该教学内容的不具体。对如何确认本次选举有效、如何确认候选人当选，当选代表的名单谁公布，谁有权最终确认代表资格或确定代表的当选无效等细节问题，教材不应笼统地一笔带过。

4. 教材在介绍全国人大的"会议制度和工作程序"时，认为全国人大的主要工作程序包括：议案的提出；审议工作报告；选举；决定人选，罢免；询问和质询。通俗地讲，程序是指工作的流程或步骤。教材上述介绍的其实是全国人大的具体工作或职能，工作不等于工作程序！全国人大的工作程序是：提出、审议、表决、公布。全国人大在履行自身职能时均应遵循这四大步骤。在全国人大常委会的"主要工作程序"中也存在类似的问题。

5. 教材在介绍特别行政区制度时，应重点强调宪法是特别行政区的宪制基础，是特别行政区制度的总根源。基本法是全国性的法律。关于中央与特别行政区的关系，教材也应详细阐述，重点阐述中央对特别行政区全面管治权，增强"一国"的意识。这部分应向学生介绍的内容较多，如果放在"特别行政区的政权机关"中讲授，有冲淡本专题的主题之嫌，所以将这部分内容移植到国家结构形式中可能是不错的选择。

其他细节问题如教材在第一章"宪法的效力和作用"中出现了"《中华人民共和国反分裂国家法》（简称《反分裂国家法》）"的表述。众所周知，我国法律面前唯一没有冠以国名的就是《反分裂国家法》，类似这样的低级错误似乎不应在教材中出现。

三、结语

总之,该教材尽管在体系及内容安排等方面存在一些值得进一步斟酌的地方,但应该认识到,该教材为恢复马克思主义宪法学理论在中国宪法学中的指导地位做出了重大贡献,为今后宪法学的教学和研究指明了方向。循此方向,如何构建中国特色的宪法学理论,用中国特色的理论,解答中国问题,是宪法学界亟待进一步解决的重大课题。

浅议国际法教学中的融会贯通

冯　洁①

国际法在我国大陆地区被分为三个独立的研究方向，即国际公法、国际私法和国际经济法，其中国际公法如若没有特殊说明，在实践教学中经常被简称为"国际法"，但显然在这种语境下，它并不是指国际法学这个大学科。这种分法最直接的体现是目前的本科法学教学实践中分别设立了"国际公法""国际法私法"和"国际经济法"三门独立的课程，学生在此阶段初步掌握三个方向各自所涵盖的基本内容及其法律调整范围。结束本科学习后，很多学生选择继续深造学习，随之而来的是准备硕士研究生考试，如果一名学生想选择国际法学作为其继续深造学习的方向，则需在"国际公法""国际私法"或"国际经济法"之间选择一个方向备考。通常一个理智的法学生会依据自己的兴趣爱好、三个方向考察内容的难易程度以及往年录取分数的高低等因素进行综合考量，进而作出抉择，最终开启复习、考试和争取"上岸"的艰苦考试之旅。而对于博士研究生而言，一般会延续自己在硕士研究生阶段所选取的研究方向，这样做最显而易见的好处是可以避免浪费已经积淀的学术成本，当然我们不排除由于种种原因转换研究方向的情况存在。但无论硕士研究生，还是博士研究生——无论愿意与否——当他们在自己选取的研究领域奋战到毕业论文顺利答辩，获得相应的毕业资质证书后，发现他们最终获得的官方论断都是毕业于"国际法学"。这种有趣的现象

---

① 　冯洁，天津商业大学法学院讲师，法学博士。

循环至教学领域,可能表现为国际法学某一研究方向的老师所教授的可能恰恰是另外的研究方向,或者更普遍的结果是其在三个研究方向的教授课中"自由切换",此类状况不胜枚举,当然这些都是因需而为。这不是对国际法学为何要分为三个研究方向的否定,也非对老师所选研究方向的质疑,恰恰相反,这是"国际法学"那张官方毕业资质证书现实作用的充分体现。有关国际公法、国际私法和国际经济法这种既"分家"又"融合"的现象在我国大陆学生前往他国留学①时很可能又一次造成困扰。笔者初次准备去往德国留学的必要准备工作之一是寻找本研究方向的导师并请其发出邀请函,当年遍寻该研究所网页也未找到"国际经济法"导师,困惑、思索、比较后发觉该研究所并未设置"国际经济法"专业,而是明白写道:某教授或某教授研究领域为国际贸易法、国际投资法、国际税法、国际金融法或 WTO 等信息。待到落地德国,经询问才知该研究所明确设有国际法和国际私法专业,并无"国际经济法"一词,我们所谓"国际经济法"的研究体现在各个分支方向中,且由于欧洲那片不大的土地上国别林立,各国交往之历史悠久,国际私法尤显重要,此乃后话。

国际公法、国际私法和国际经济法的"分家"状态多体现于上文所述专业设置方面,但由于"三国"②共同的根基在于国与国的交往而产生不同层面的权利义务关系,因此"三国"的"融合"亦体现于研究内容方面。笔者仅从有限的教学经验出发,简单介绍一二。

一、"三国"法律规范的交叉

无论国际公法、国际私法抑或国际经济法,其存在规范制度的前提均离不开国家之间的交往,正如《奥本海国际法》中所说:"许多国家之所以构成社会,是因为他们之间有经常的交往。因此,交往是国际社会存在的一个条件,国际社会如果不具备这个条件就不能存在。"③在国家交往的这个基础上,逐渐产生了国际公

---

① 需说明,因笔者经历所限,此处仅指在德国留学之情况,概其余国家之现状尚有待进一步考证。且近年来为适应高等教育国际化市场的需求,德国若干大学及研究机构亦接受"国际经济法"一词作为其专业名词的表述。

② 此处"三国"是对国际公法、国际私法和国际经济法通称的简化,非专有用语。

③ 劳特派特修订:《奥本海国际法》上卷·平时法(第一分册),王铁崖、陈体强译注,商务印书馆1989 年版,第 200 页。

法规范、国际私法规范和国际经济法规范,但这三个领域内的规范并不是孤立地呈现平行式发展的,相反,由于"三国"共同的产生背景,这些规范往往是呈现网状交叉状态,只是在不同的研究方向内,同样的规范侧重点有所差异。

比如国际公法在涉及国家平等和外交官方行为的规范时,不得不涉及与国家平等密不可分的一个问题,即国家豁免问题,也就是一个国家的法院通常无权管辖另一个主权国家的官方行为或其代表的官方行为,这是国家平等所带来的重要后果,也是国际社会普遍承认的一项古老传统。这个概念的产生与国际公法学者们论述的国家"主权"问题是天然的结合体,当格劳秀斯在他不朽的著作《战争与和平法》一书中指出"凡行为不属于其他人的法律控制,从而不致因其他人意志的行使而使之无效的权利,称为主权"之时起,其已经隐含着主权国家在他国享有豁免权的意义了。不过,很显然,国际公法中对这一问题阐述的出发点和落脚点为国家主权和国家独立。该理论行至今日,已不仅仅是国际公法中的"贵客",它还是国际私法授课中的"常客",并且随着学者对相关理论研究的不断完善,国家豁免理论也陆续出现不同观点,比如相对豁免主义与绝对豁免主义之争,并且以此为基础,更有学者细化出司法管辖豁免、诉讼程序豁免和强制执行豁免的内容。然而国际私法中有关国家豁免的出发点和落脚点在于当国家作为平等主体参与国际民商事诉讼的过程中,如何解决法律适用的问题,也因为这个原因,奥本海及修订者感慨道:"这个规则是否可以正当地视为国际公法的一个规则,还是属于国际私法(法律的冲突)的范围,是不大清楚的。"至于国家豁免在国际经济法的教学中也影影绰绰地出现在对国际经济法主体之一———国家的讲授中。由于国际经济法是一门边缘性综合体,其法律主体包含了自然人、法人、国家和国际组织,因此涉及国际公法、国际私法、国际商法以及各国经济法等多个法律学科,但又并不囊括上述门类法律规范的全部,而只涉及部分。国家在调整跨国经济关系时既以平等主体身份参与横向的社会活动,从而承担相应的权利与义务,又兼具直接管理和监督本国涉外经济活动的身份,从而体现纵向管理者的特征。然而,由于国家豁免规则的存在,国家在以平等主体参与国际经济交往中体现出典型的"双面剑"特征,一方面由于国家这个主体天然地享有主权豁免,其经济活动的范围和种类难免受到诸多限制,甚至国有公司的某些行为需承担的法律后果也受到争议;另一方面,作为平等主体的自然人或法人既渴望与国家进行稳定、长期的、通常是大宗的经济交往,同时又不免因担忧国家享有主权豁免而可能犹豫不前。

二、国际礼让说在"三国"中的交叉

国际礼让学说是广义上国际法中不可逾越的传统内容,尤其在讲授国际公法和国际私法的课程中表现得尤为突出。在涉及国际公法的渊源中不可避免地要提到国际礼让,因为除了条约、国际惯例以及一般法律原则可以比较明确地作为国际公法的渊源外,还有具有争议性、作为辅助渊源的其他渊源,其中国际礼让就是影响国际法发展的一项重要内容。

正如《奥本海国际法(第八版)》中在论述这个问题时所说,国际礼让作为一种"特别因素"影响着国际法的发展。国际礼让在国际法的渊源中之所以重要,是因为一方面国际法之所以存在,是各个国家在彼此交往中,能够在共同同意的基础上遵守有法律拘束力进而具有惯例性质的规则,除此之外,国家之间秉持的礼貌、礼让和善意也构成了对遵守规则外而形成国际法的原因;另一方面虽然国际礼让不是国际法的渊源,但在过去很多时候是国际礼让的规则转化为国际法的规则,并且一直存在这种转变的可能性。同时,在解释礼让的含义时,《奥本海国际法(第八版)》也在注释中明确指出"礼让"的三个含义之一即为"等于国际私法"①。这种"等同于"的理解在涉及国际私法的发展史时体现得淋漓尽致。每当笔者讲授国际私法的发展时,都不可避免地向学生输出一种观念,即国际私法的发展史几乎是国际私法的学说史,而在诸多对国际私法产生重要影响的学说中,国际礼让说当仁不让地列居前列,尽管国际礼让说的出发点过于强调国家主权的重要性以至于产生了国际私法是否属于国际公法一个分支的争议,但这不足以动摇国际礼让说是可以解释法律适用的正当理由之一。

国际私法调整具有涉外性质的国际民商事法律关系,其核心任务是通过国际私法中特有的一类规范——冲突规范——的规定,再结合具体案件的实际情

---

① 劳特派特修订:《奥本海国际法》上卷·平时法(第一分册),王铁崖、陈体强译注,商务印书馆1989 年版,第 24 页。

况,在诸多具有适用可能性的不同国家或法域的规范中寻找到可以规定当事人具体的权利与义务的准据法,从而最终解决法院的法律适用问题。

国际礼让作为国际公法和国际私法的交集体现在两个研究领域中的重要性毋庸置疑,但国际礼让在国际公法和国际私法的内容介绍方面仍存在重点的不同。在国际公法领域介绍国际礼让时不得不提到国家主权理论,这一理论由法国法学家博丹提出。博丹提出这一理论是在 16 世纪,也正是在这一时期出现了最初的以自主权为特征的近现代国家的概念,而在这之前普遍存在的是以统治权为核心特征的采邑制。博丹在提出国家时指出,国家的两大特征为对外的独立性和对内的最高性,前者的独立主要针对那一历史时期所存在的教会统治,而后者的最高性则主要针对之前各封建主的自治性。在这种历史背景下,国家主权概念成为国际公法的核心概念之一。国际公法领域内的国际礼让学说正是学者们建立在强调国家主权独立平等的基础上的,它主要用于调整国家交往过程中的政治、经济、军事、文化等各种关系,着眼于国家意志的体现。而在国际私法领域涉及国际礼让的讲解时,则一般聚焦于荷兰法学家胡伯(Ulrich Huber)提出的相关理论。胡伯在 1689 年发表的《论罗马法与现行法》一文中阐述了与国际礼让相关的主要学术观点,这些观点被后期法学家总结概括为"胡伯三原则"或"胡伯四原则",其中以莫里斯(Morris)总结的三原则影响较为广泛,即原则一,任何主权者的法律必须在共境内行使,并且约束其臣民,而在境外则无效;原则二,凡居住在其境内的,包括常住的与临时居住的人,都可视为该主权者的臣民;原则三,如果每一国家的法律已在其本国的领域内实施,根据礼让,行使主权力者也应让它们在内国境内保持其效力,只要这样做不致损害自己履其臣民的权力或利益。① 显然,该理论的出发点和着眼点在于对法律冲突的解决,而不是国家意志的体现。

---

① 此处对应英文原文为 Ulrich Huber laid down three max-ms as follows:(1) The laws of each state have force within the limits of that government, and bind all subject to it, but not beyond. (2) All persons within the limits of that government, whether they live there permanently or temporarily, are deemed to be subjects thereof. (3) Sovereigns will so act by way of comity that rights acquired within the limits of a government retain their force everywhere so far as they do not cause prejudice to the power or rights of such government or its subjects。

综上，仅以国家豁免规则和国际礼让为例说明国际公法、国际私法和国际经济法相互交叉、但又独立的有趣现象，似有管窥蠡测之嫌，但国际私法和国际经济法中的国际公法因素，抑或以国际公法理论为基础的国际私法趋同化都是国际公法、国际私法和国际经济法并行不悖的证明。

疫情下《经济法概论》课程线上教学的
实践与探索

陈燕玲①

2020 年初突如其来的新冠肺炎疫情,使我校春季学年的教学工作全面地从线下转为线上。由于此前笔者一直没有进行过线上教学,对国内线上教学的资源状况、网络群联方式、视频教学方法的应用等都比较陌生,加之时间紧、班级多,使得这次的线上教学成为一个很大的考验和挑战。为了保质保量地完成特殊情况下的教学工作,笔者通过多种途径学习和掌握了线上教学的方法,按照学校、学院的统一部署和要求开展线上教学,比较圆满地完成了新冠肺炎疫情下多班次、多环节的教学任务。

一、《经济法概论》课程线上教学的准备工作

由于新冠肺炎疫情来势凶猛,在教育部发布线上教学通知后的较短时间内,笔者即针对《经济法概论》课程进行了必要的准备工作,主要包括教学资源的选择、教学计划的调整、教学方法的确定和各专业学生的组织等。

（一）线上教学资源及应用软件的选择

在国内疫情最严重的 2020 年春季学期,笔者讲授了经济学院、生物技术与食品学院、会计学院三个学院共计 20 个班 700 多学生的《经济法概论》课程。如何保证线上授课的教学质量,教学资源的选择应当是首要问题。目前,国内线上

---

① 陈燕玲,副教授,研究方向经济法。

教学可供选择的平台大致有中国大学"慕课"平台、腾讯视频会议、"超星学习通""智慧树""雨课堂"等,这些教学平台各有特点和优势。经过我们《经济法概论》课程组的研究比对,重点考虑到网络平台的稳定性以及承载能力,结合我们的教学工作实际,最后选定了中国大学"慕课"平台上的《经济法概论》课程作为学生在线学习的第一资源。该视频资源案例丰富、法律理论和知识讲解由浅入深,通俗易懂,所讲授的章节内容、难点及重点等与我们的教学大纲及线下教学架构基本一致,十分符合我们线上教学的内容要求。

(二)基于线上模式的教学计划调整

与线下教学相比较,线上教学客观地给学生的经济法律学习带来了一些困难,为了保证线上教学的质量,同时也为了提高学生的线上学习兴趣,笔者结合《经济法概论》的教学特点,分析、调整了课堂教学的内容和顺序。按照原先教学计划,《经济法概论》课程共 32 学时,讲授的章节及顺序是:公司法、合同法、工业产权法、产品质量法和消费者权益保护法等五章内容。考虑到大多数学生线上学习的具体困难,我们尝试性地把工业产权法改为相对好理解的反不正当竞争法。同时,把与学生切身经历和紧密相关的消费者权益保护法提前到第一周来讲。此外,把原计划第三周开始上课的药事管理专业班级,调整为第一周开始上课(原计划第一、二周的实习已无法进行),这样既避免了药事管理专业学生在家无事可做的情况,也将各专业班级的授课进度加以统一,有利于多班次教学工作的开展。

(三)授课学生合班微信群的建立与启用

对于线上教学而言,手机微信是一种普及度极高、信息传输快捷、使用特别方便、稳定性突出的工具,借助手机微信进行线上授课,可以取得比较理想的教学效果。建立《经济法概论》课程微信群的主要目的是方便课堂讨论、答疑及考勤(考勤采取抽查的方式,每节课随机抽查若干人)。为此,笔者在正式授课之前分别组建了 4 个合班的微信群,要求所有同学必须入群。与此同时,为保证必要的教学管理,还建立了包括所有班级班干部的微信联系群,通过这一联系群解决一些教学管理方面的问题。学生微信群建好之后,笔者把《经济法概论》课程的教学计划、教材照片、教学 PPT(演示文稿软件)上传微信群,把学习要求及上课纪律通过微信群发给学生。借助微信群,有不懂的问题学生在微信群可随时问,有些学生想单独提问,还可以加微信或通过电子邮箱,每位学生的问题都能够及时获得解答。

(四)《经济法概论》课程线上教学方法的确定

从提高课堂教学效果的角度看,不同特点的课程应当选择不同的线上教学方式。《经济法概论》课程一个最为突出的特点就是理论必须结合实际,相关经济法律知识必须要解决现实的经济法律问题。为保证《经济法概论》课程的线上教学质量,笔者确定了比较适合《经济法概论》特点的线上教学方式,即观看"中国慕课"视频 + 微信群辅导 + 自学 PPT + 自学教材 + 邮箱(微信)个别答疑,这一教学方式可以被称作复合型线上教学方法。

本文所述的复合型线上教学方法的具体运用,主要环节包括:第一,在开课前把所讲授的教学计划、所学内容、教材的照片、观看的视频的内容及要求、要学习的 PPT 等通过微信群发给学生,要求学生提前预习教学内容。第二,使用五分之一的课堂时间观看"慕课",剩余大部分时间在微信群巩固、讨论所学章节的问题。"慕课"视频要求学生除了在课堂时间观看外,大部分观看内容在课外完成。第三,教师要求学生在课后提交书面的观看视频笔记作业。第四,课后教师把每节微信课堂讨论的内容进行总结,给出正确的结论或答案,并以书面形式发给学生。

二、关于《经济法概论》线上教学流程的具体实践

应当特别指出的是,线上教学不是线下教学的简单移植或随意拼接,而是一种全新的教学模式。这一全新的教学模式需要进行系统性的设计,尤其要注重课程全过程的设计,包括在课前、课中、课后等环节的一系列的设计。由于线上教学是非接触式的,对学生的学习状况不能即时掌握,因此,如何让学生自觉学习是线上教学模式的关键所在。对此,笔者认为,只有激发学生们的学习兴趣,才能把被动的学习转化为主动学习,才能使相对自由的线上教学转变为自觉自律的学习。

(一)基本经济法律知识的"慕课"学习

线上的"慕课"视频资源是学生获取经济法知识的主要渠道,"慕课"视频通过专业教师的系统化讲授,可以使学生掌握基本的经济法知识,以及经济法律案例的分析方法。通过慕课学习,学生对《经济法概论》课程有了初步的了解和认识,形成了基本的知识架构,并在视频观看过程中产生疑问或思考。在相关章节的视频观看前,笔者便把每次观看的重点、难点问题通过微信交给学生,以便他们在观看视频时理解和掌握重点知识或问题。需要说明的是,学生除了利用课堂上有限的时间观看视频外,大部分的视频内容可以利用空余的碎片时间来完成。由于慕课视频资源可以供学生反复观看,这就弥补了有时上课网络不通畅的缺失,同时便于学生自主学习。为了确保每个学生的"慕课"学习,笔者要求学生看完视频后提交电子版的观看笔记,作为书面作业,记入平时成绩。

(二)开展重要理论与实践问题的微信讨论

作为线上复合型教学的必要环节,微信群讨论是学生主动参与教学的"场所",是学生观看"慕课"、自主学习后的课堂反馈。在这一教学环节,教师的引导作用很重要,通常可以起到"画龙点睛"的作用。通过线上讨论,学生可以加深理解和巩固所学的知识,提高学生理论联系实际、解决实际问题的能力。

按照教学过程设计,微信群讨论的内容主要围绕"慕课"视频资源的教学内容进行,同时结合教学大纲和PPT,梳理出基本知识、重点问题、疑难问题和热点问题等进行学习讨论,进一步强化和巩固大纲要求掌握的知识点,提高学生分析问题、解决问题的能力。在形式上,微信群讨论主要采用提问、辨析法律术语、案例分析、选择题练习等方式。

为了使微信群讨论具有计划性和目的性,教师应当在微信讨论课之前设计好所要讨论的内容,然后确定好内容的呈现方式,即哪些内容采用提问、哪些内容采用选择题、哪些内容采用案例分析、哪些内容采用文字呈现、哪些内容采用图表呈现、哪些内容采用语音呈现等。对于每道题大概需要的时间,教师都需要形成一份详尽的纸质教案,以备讨论过程中参照。

由于是隔空讨论,学生打消了面对面时的羞涩,课堂讨论参与踊跃、互动积极。从任课教师的角度看,可以通过众多学生的观点表达,了解他们知识掌握的情况,随时调整教学方案。为了提高参与度,教师在教学过程中要鼓励学生发言,对学生的发言及时做出判断和评价,对于积极发言的学生,在平时成绩上给予加分。此外，每节微信讨论课结束后，教师把整堂课讨论的书面总结发给学生，以便学生复习巩固所学的知识。本次线上授课后发给每位学生的书面总结共计4万多字。

（三）《经济法概论》课程线上教学的课后答疑

对于线上教学而言，教师的课后答疑既是课堂教学的延伸，也是教学过程不可缺少的环节。对于学生来说，课堂上没有搞明白的问题，可以通过课后一对一的答疑来解决。在课后，学生可以利用便捷的网络，不受时间与空间限制，随时向教师提问，用另外一种方式解决课堂学习中的问题。通过答疑，教师也可以发现一些带有普遍性的问题，进而在下次课堂上补充讲解和解答。应当充分肯定的是，线上教学的课后网上答疑，解决了传统线下教学模式师生之间交流互动有限的问题，打破了课堂学习在时间和空间的局限性，方便了学生及时消化和掌握知识。

三、关于《经济法概论》线上教学的反思

（一）《经济法概论》课程线上教学所显示出的亮点

1. 能更加充分地调动学生的主观能动性

对于《经济法概论》课程来说，如何调动每位学生的学习积极性，发掘其潜在的学习能力，是我们多年来教学改革的目标之一。从教学过程中微信讨论课的热度看，学生发言积极性和参与度极高。由于讨论体现了学生的主体性，学生们很乐意参与其中，教师提出问题（有时学生自己提出问题），自己查找资料，自己解决问题，有效地克服了线下教学过程中学生参与人数少、思路单一的缺陷。与线下教学相比较，线上教学答疑解惑的范围更广，实效性、针对性更强，学生的学习主动性被激发出来。

2. 线上的教学资源开阔了学生的知识视野

《经济法概论》课程所选的中国"慕课"视频资源，知识点明确，案例丰富，讲解生动，通俗易懂，页面制作精良，给学生展示了一个开阔的教学场景，使得大多数学生乐于观看。另外，在讨论课上，学生利用现代信息手段和工具，在大众化的平台和网站上游刃有余地高效查询各种资料，获取丰富的法律知识和实践成果，并呈现给其他同学，常常使学生们的学习超越教师所讲授的知识范围。

3. 教师能及时掌握学生的学习状况

在微信讨论课上，学生可以自主地发表观点、回复问题、解答习题，把自己的学习效果呈现在老师面前。借助微信这一快捷的信息反馈渠道，教师快速地发现哪些知识点没有掌握，哪些法律术语还在混淆，哪些法条还不会用等，可以针对所存在的问题及时修正教学内容，解答疑惑，纠正错误的思维方法。在教师和学生的互动过程中，使学生真正掌握到所学习的知识。

（二）《经济法概论》线上教学所存在的难点

1. 教师承受着极大的挑战

线上教学是一个全新的教学模式，教师既要掌握先进的网络技术，又要花费大量的时间设计教学方案，在教学过程中必须密切关注课堂讨论中学生的言论，同时还要全天候地在线解答学生的疑难问题。相对于传统的线下教学，教师要花更多的时间和精力，承受更大的心理压力，这对于习惯了线下课堂教学的老师来说，是一次从未经历过的挑战。

2. 线上教学受网络传输效果的影响较大

线上教学严重依赖网络传输信号，如果网络传输信号不通畅，便直接制约线上教学的效果。在线上授课过程中，有学生由于网络信号不好未能按时上课，尤其是偏远地区的学生，例如班上一位西藏学生，上课30分钟后私信老师，说"刚才网络不好我没有进课堂，现在我站在山上有信号了"。这种困难，任课教师是绝对无法克服的。

3. 线上教学对学生的监管难

采用线上教学，无论采用何种教学平台，都无法实时捕捉到每一位学生的学习状态，更何况100多人的课堂。由于学生的学习几乎都在自己家中，家中的环境很容易让人分神和松懈，原本用来线上学习的手机或电脑是被用在学习上还是用在别的事情上，教师不得而知。学生在完成线上课程签到之后，是在认真听讲还是在做别的事，这完全取决于学生的自觉性和自控力。从有些学生课堂讨论的答非所问现象来看，确实存在"人在曹营心在汉"的情况。对此，教师很难实现有效的监管。

（三）《经济法概论》课程线上教学的改进与完善

1. 教师应当加强网络技术的学习与应用

随着网络科技的发展，利用网络技术进行教学改革是大势所趋，每一位教师都应顺应时代，主动适应教学方法改革的需要，紧跟信息化时代的步伐，努力学习和掌握网络知识和应用技能。

2. 提高学生线上学习的参与度

一是要选择监控严密的线上教学平台，借助先进的方法和技术手段，加强教学过程管理；二是努力提高学生线上学习的兴趣，激发学生网上学习的自觉性和主动性。

3. 线下、线上教学方法相结合

整合现有的线下、线上教学资源，把课上、课下知识结合起来，让广大的学生参与进来，利用课外时间观看网络教学资源，布置作业，网上批改作业，网上讨论、答疑，提高课堂教学的效果。

4. 采用专题式教学方式

作为只有 32 学时的《经济法概论》课程，比较系统地学习经济法知识可能不够现实，但可以把重点的、实用的内容作为专题，在分析案例中有针对性地学习经济法理论和法规。

5. 加大平时成绩在总评分的占比

为了强化网上课堂教学效果，可以借助网络测试，加大平时成绩占比。平时成绩构成可以是考勤、课上答题、网络测试等，由重视期末评价向重视过程评价倾斜，加大过程性考核的比重。

研究生环境法专题教学的若干思考[*]

刘秋妹①

为了应对复杂多变的环境问题,近年来国家在生态环境保护方面投入的力度不断提升,积极推进生态文明建设、实现可持续发展已经成为新时期国家发展的战略选择。法学是以社会问题为导向的学科,出于对环境治理需求的回应,环境法课程在法学专业研究课程体系中的重要性也得到广泛认同。然而,被很多高校采用的研究生环境法专题授课模式,在教学目的以及教学方式等方面都面临诸多问题。如何基于研究生环境法专题课程的性质和特点,结合研究生培养目标,提出有针对性的课程改革路径,是当前研究生环境法教学亟待解决的问题。

一、研究生环境法专题课程的性质及特点

环境法是伴随着现代环境问题的出现而产生、发展起来的新兴部门法学,融合了法学与环境科学、环境管理学等学科的相关理论,体系丰富。鉴于环境法本身的特点、法学专业和非法学专业的法律硕士的不同专业背景以及法律硕士研究生的培养目标和教学计划,通常在本课程的教学中,教师会采取专题方式授课,通过课堂讲授和学生参与讨论的形式,对环境法中的重要问题进行研讨。当前,环境保护已经成为世界各国普遍关注的问题。我国在经济发展水平不断提

---

* 本文系天津商业大学法学院 2018 年度院级教学改革项目"'法商相融'双语课程建设研究——以《海商法》课程为例"阶段性成果之一。
① 刘秋妹,天津商业大学法学院讲师,理学博士。

升的同时,也承受着巨大的生态环境压力,环境污染与生态破坏已然成为阻碍社会长远健康发展的瓶颈,这也使公众对环境法抱有较高的期待。环境法专题课程的教学不仅应当使学生了解环境法学界的学术动态和理论前沿问题,更重要的是帮助学生提高环境保护和依法维护环境权益的意识,培养和提高学生对现实环境问题进行综合思维与分析的习惯和能力。

研究生环境法专题课程有其自身的特点,不是简单的本科阶段环境法课程的扩展与延伸。深刻理解研究生环境法专题课程的特点,有助于进一步探讨该门课程的优化。笔者认为,研究生环境法专题课程主要具有以下几个特点:

第一,研究生环境法专题课程具有较强的实践性。环境问题的出现及变化是环境法得以产生并不断发展的前提。环境法的形成是建立在对现实生活中环境污染与生态破坏问题反思的基础之上的,以协调人与自然的关系、促进社会—经济—环境可持续发展为核心理念。研究生环境法专题课程无论是教学目的的设定,还是教学内容的设计,都是基于国家保护环境、促进生态文明建设的现实需要。强调对学生实践能力的锻炼,是研究生环境法课程与本科阶段环境法课程最大的区别。通过专题的形式,学生能够深入把握实践中环境保护的重点与难点,并能够运用所掌握的法学理论知识发现、判读环境问题的症结所在,进而提出解决问题的路径方案。

第二,研究生环境法专题课程具有较强的综合性。环境法学的产生离不开对法学、环境科学、环境管理学等相关学科理论知识的吸收,体现出社会科学和自然科学的交叉与融合[①]。环境法学不仅是法学专业的一个分支,同时也是上述相关学科的重要组成部门。学生通过环境法专题课程的学习,不仅习得法学领域的专业知识,还会广泛接触到环境科学以及环境管理学,乃至环境经济学的知识内容。例如,在有关生态补偿制度的专题学习中,学生需要理解生态补偿产生的经济学理论基础,同时还应把握生态补偿作为一项环境管理手段在环境治理工具体系中的地位和作用,此外,还应思考将生态补偿制度与现行的环境侵权救

---

① 李健芸:《环境法教学理念的建构主义转向研究》,《湖北经济学院学报(人文社会科学版)》2017年第3期。

济制度有效衔接起来。

第三，研究生环境法专题课程具有突出的理论创新性。在法学的各个部门法之中，环境法是一个"年轻"的成员。环境法的理论既根植于法理学、民法等部门法，又不局限于传统的法学理论，甚至对很多传统的法学理论提出了挑战，这就为环境法理论研究提供了广阔的研究空间。研究生阶段的环境法学习，是在已有"通说"的基础上，更多地寻求理论上的突破。如在探讨环境权的主体时，传统法理学中的主客体二分法就很难应用于动物环境权的解读，而侵权理论中的因果关系认定规则也难以套用在环境侵权案件之中。研究生课程的一大特点是注重对学生科研能力的培养。环境法专题的学习不仅仅是为了给出学生一个标准答案，更重要的是引导学生发现问题、提出对现有理论的质疑。

二、研究生环境法专题教学实践面临的困境

在研究生教学实践中，环境法专题大多被作为选修课开设，授课对象包括本科为法学和非法学专业的法律硕士。笔者在环境法专题课程教学过程中，主要发现以下几个方面问题：

第一，研究生环境法专题课程教学目的不明确。教学目的的明确是一门课程教学改革的基础和前提。在探讨研究生环境法专题教学目的时，首先应当回答这样一个问题：我们需要培养什么样的法学研究生？研究生教育是不同于本科教育的更高层次的学习阶段。基于传统的知识讲授目的的环境法专题教学，从课程内容上体现为教师对学生单向的知识灌输，缺乏对学生科研能力的锻炼。如果说本科教育的主要目标在于给学生传授系统的法学知识，帮助其搭建起法学理论的基本框架，那么，到了研究生阶段，这种狭义的知识灌输显然不能满足法学研究生教育的需要。遗憾的是，目前多数研究生环境法课程都没有明确自身的教学目的，强调学生主体性的实践教学在环境法教学中仍然是一块短板①。

第二，本科专业背景不同导致学生对环境法课程内容的接受度差异很大。环境法是一门交叉性学科，内容涉及法学、环境科学、环境经济学以及环境管理学等相关学科的基础知识，环境法专题的授课对象不仅包括法学专业的同学，还

---

① 张宝：《环境法实践教学的使命与担当》，《教育文化论坛》2019 年第 4 期。

包括非法本专业的同学。对于非法本专业的学生而言,其本科阶段没有系统学习过包括环境法在内的法学专业课程,法学知识体系不够完整。由于缺少前期知识的铺垫,大部分非法本法硕在接触环境法专题课程的初期,都反映知识点难于理解。而对于法本法硕而言,不同院校在本科阶段开设环境法课程的情况不同,有些院校将其作为专业必修课,而少数院校将其作为选修课开设,这就导致学生的基础知识储备量参差不齐,无疑增加了授课难度。

第三,传统教学方法难以调动学生主动学习的积极性。笔者认为,法律硕士研究生课程和本科课程在授课方式上的重要区别在于:前者更强调教师和学生的互动。当前,环境法专题课程中的互动主要采取两种模式,一种是由任课教师事先设计,通常是在讲授某一个知识点之后,由教师提出若干问题供学生讨论。但笔者在教学中发现,学生对于环境法专题课中的讨论环节参与度并不高,表现为缺少主动发言的积极性。另一种是给学生提前布置题目,由学生自由组合成小组并选择题目。在经过一段时间的准备之后,学生以 PPT 的形式将所收集、阅读的文献资料进行整理并汇报。第二种模式设计的初衷是使学生通过准备专题发言,扩大资料阅读量,锻炼其收集、加工文献的能力,为后续的进一步研究奠定基础。但在实践中,笔者发现部分学生的专题作业完成的质量并不高。学生制作的 PPT 流于形式,往往只是阅读了少数几篇论文之后将其中的内容简单复制、粘贴在幻灯片之中,并且在发言时基本就是在读 PPT 中的文字内容,缺乏自己对问题的深入思考与分析。此外,在学生进行专题汇报的时候,其余同学基本上处于"被动式学习"状态,很少主动提出问题或者分享自己的观点,甚至会出现注意力不集中的情况。

第四,缺少高质量的研究生环境法教材。据笔者观察了解,环境法专题教学实践中所使用的教材大致可分为两类:一类是研究生专用的环境法课程教材;一类是授课教师自己整理的课件资料。目前,专门用于环境法研究生课程的教材数量很少,且内容编排和章节体例和本科教材高度相似,没有突出研究生环境法的教学目标和教学要求。而第二类教材大多是授课教师根据自己的研究方向和研究兴趣,以专题为单位收集的文献资料,其中不乏一些外文论文或者专著。相对于第一类教材而言,教师自己整理制作的课件资料能够更加准确地把握学术前沿,教师在授课过程中也能结合自身的研究专长就某些学术问题进行深入的分析、介绍。但此类教材的内容通常局限于若干领域,且各个专题之间的逻辑关联不够清晰,更适合有一定专业基础的学生。

三、关于研究生环境法专题教学改革的几点建议

(一)树立主体性教学的研究生环境法专题教学目的

笔者认为,法学研究生应当具备一定的独立开展学术研究的素质,研究生阶段的学习更重要的是培养学生主动发现问题的能力。在研究生环境法专题课程的教学过程中,笔者发现,很多学生虽然已经具备了一定的法学专业知识积累,但是在将所学理论应用于实践问题的挖掘和分析方面仍存在较大不足。如当教师布置专题主题之后,如果不做进一步的研究要点提示,很多学生不知道应当如何开展研究活动,如何对专题进行分解,缺乏自主学习的意识。研究生环境法专题教学改革需要深刻反思现有教学目的的设定。将主体性教学作为研究生环境法专题教学目的,就是要突出学生在研究生教学活动中的主体性地位,将教学目的从简单地局限于理解法条含义、传授法律知识,拓展到激活学生自主学习的动力,还原学生在研究生教学中的重要地位。具体而言,研究生环境法专题课程的教学目的应当明确为培养学生通过自主分析、评判,发现问题、分析问题和解决问题的能力。明确了环境法专题教学的主体性目的,就可以将课程重点置于学生实践技能的锻炼,进而在一定程度上缓解专业背景差异导致的教学内容安排上的困局。

(二)引入理论知识讲授以辅助环境法专题教学

对环境法各个专题内容的准确理解和把握离不开前期的法学专业知识基础。如果课程自始至终都采取专题的形式授课,对于非法本法硕接受起来难度很大。笔者在教学实践中尝试在课程初期以理论知识讲授为主,目的在于由教师给学生系统梳理环境法相关的理论知识,为后续的专题课程学习夯实基础、做好铺垫,学生表示较为适应。需要注意的是,理论讲授部分在整个课程中所占据的课时比例不宜过高,环境法专题课程仍然应突出"专题"教学的主导地位。在专题内容的安排上,应力求反映环境法各个领域的研究热点和前沿问题,避免集中在个别研究领域。例如,笔者所讲授的环境法专题课程为 12 周,每周 3 课时。

笔者将前 4 周作为基础知识讲授阶段,对环境法学界的理论框架进行介绍;后 8 周采取专题教学模式,针对 6—8 个专题展开讨论。将课堂讲授和专题研讨相结合,一方面能够保留传统教学模式中"先打好基础,再发散思考"的优点,使学生能够在接受了比较完整的系统学习的基础上,围绕专题内容进行深入分析和思考①;另一方面,将课堂讲授时长控制在 4—5 周之内,能够避免影响研究生学术研究能力的锻炼,通过更多的专题研讨,实现在较短时间之内给学生传播学界最为前沿的、实践最为关注的信息,并且由于专题的主题覆盖环境法的基础理论、环境污染防治法、自然资源保护法以及国际环境法等各个领域,专题之间既存在密切的逻辑关联,内容上又相对独立,更能够激发学生自主选择的学习兴趣。

（三）采取多样化的环境法专题教学形式

对于一门课程而言,教学形式的选择很大程度上取决于教学目的。研究生环境法专题课程采用的教学形式也应当服务于法学专业研究生的教学目的及人才培养目标。法学理论体系的塑造从来不是空中楼阁,实践经验为理论内容的充实提供了新鲜血液。法学是一门问题导向的学科,环境法作为一个新兴的、交叉领域的部门法,其实践性特点更加突出。而研究生课程较本科课程而言,更加强调对学生理论应用能力、实务操作技能的锻炼。因此,研究生环境法专题课程的教学形式应当彰显实践元素,充分调动教师、学生等多元教学主体参与教学的积极性。前已述及,环境法研究生课程教学实践中,PPT 汇报是专题教学的主要形式载体。这种单一的汇报形式既无法在短时间内充分地展现学生对某一领域研究的深度和广度,更难以锻炼或提升学生应对实践问题的能力。笔者认为,研究生环境法课程教学形式的丰富可以从两个方面入手。一方面,在课堂教学手段上,除了传统的 PPT 专题汇报,增加如案例教学法、小组讨论等课堂教学形式,以更好地活跃课堂教学氛围,提高教师与学生、学生与学生之间的互动程度,激励学生主动地分析问题、思考问题②。另一方面,研究生环境法专题课程可以让学生适当"走出"教室,走访各类政府职能部门、环保组织、污染受害者,组织学生

---

① 刘琼:《"微"时代的教学模式改革——以环境法研究生教学为例》,《法制博览》2016 年第 2 期。

② 李奇伟:《学生参与教学管理的理论逻辑与制度建构——以环境法课程教学为例》,《高等农业教育》2014 年第 1 期。

旁听环境法案件审理,这样能够使学生深入实践,了解现实生活中环境保护面临的障碍以及公众的权利诉求。

(四)创新环境法专题教材的形式和内容

鉴于当前优质的研究生环境法课程教材数量较少,且教师自己整编的课件素材又存在着系统性稍差的弊病,笔者认为环境法专题教材可以尝试从形式和内容上有所突破。在形式上,除了传统的纸质、书面形式的教材、文献以外,可以适当引入网络课程、音视频等多媒体形式的教材。在互联网技术水平不断提升的背景下,人们对计算机、手机等电子设备的依赖度大大增强了,环境法专题教学的形式也应顺势而变、兼容并蓄。如教师可以根据专题学习的需要,给学生布置慕课等网络课程,同时以音视频给学生补充相应的背景知识。借由多样化的"教材",不仅能够拓展学生的知识面,使其更容易理解环境法学理论的内容,更能够激发学生的学习兴趣,促进其自主学习。在内容上,笔者认为,只要是有助于锻炼学生的法律思维、提升环境保护意识、提高法律实务技能的素材都可以作为环境法专题的教材,而不必拘泥于传统的教材编写体例。如很多重要国际组织的研究报告、会议文件本身就反映出环境法学研究的进展,是具有重要的学术价值和实践参考性的学习资料。教师在开展环境法专题教学时,可以在认真筛选的基础上,将比较前沿的文献资料提前分发给学生进行预习和思考。研究生阶段的学习需要具备一定的阅读、处理外文资料的能力。国际组织的会议、研究报告等资料很多为外文,学生在学习的过程中,不仅能获得专业知识的增进,还有机会提高自己的英语阅读理解水平,为开展独立的科研活动奠定基础。

综上,笔者认为,研究生环境法专题课程改革需要在厘清课程教学目的的基础上,力求在教学形式的多样化、教材形式和内容的创新等方面有所突破,以培养符合环境法治需要的法学人才。

研究生专题中的主要问题简析

刘　哲[①]

在研究生的学位课教学过程中，指导学生进行独立的专题研究，是培养学生对相关法律问题的关注度，及敏锐的观察力、洞察力，从而激发其分析问题并进而寻求解决问题途径的有效方式，也是综合运用有关知识，培养和提升独立的科研意识和研究能力的有效路径。探讨研究生所做的专题中存在的主要问题，有助于发挥教学实效，践行法学专业人才的培养目标。在多年的教学实践中，笔者发现研究生所做的专题中，主要有以下几个问题：

一、对做专题充满顾虑

对于做专题，有的同学存在抵触情绪，既缺乏自信也缺乏对其他同学的信任。其实从效果上来看，只要认真按要求去做，有的同学的专题还是相当不错的，瑕不掩瑜。但也有的同学很难兼顾内容、结构等各方面的要求，暴露出的问题较多。在选择、确定专题的具体方向时，有的同学也存在一些困惑，譬如觉得有关离职竞业限制的协议是属于劳动法范畴的内容，作为专题来研究是否超出了市场规制法的范围？实际上，用人单位之所以与劳动者签订离职竞业限制方面的协议，是为了保护自己的商业秘密，而商业秘密作为反不正当竞争法的一个重要内容，毫无疑问是市场规制法的研究内容，属于与劳动法相交叉的一个话题。离职竞业限制方面的协议保护的对象是用人单位的一种民事权利——商业

---

①　刘哲，天津商业大学法学院副教授，硕士。

秘密,但同时对"劳动者的择业自由"这种劳动权(也是宪法权利)构成了一种限制。劳动者因该协议受到的这种限制,会使其离职后面临再就业时的被动局面,即不能从事在原用人单位所熟悉擅长、同时又具有竞争优势的工作了,这可能会使其生存及生活质量蒙受不利影响。因此,该协议应体现保护商业秘密与保护择业自由之间的平衡,不能在双方当事人的权利保护上顾此失彼,故应既符合市场规制法,也遵循劳动法的要求,而非单一的某个法律所能解决的问题。现实经济活动中,固然有的问题由单一的法律即可解决,但很多较复杂的问题必须综合运用不同的法律才可妥善解决。作为实践性很强的市场规制法来说,所面临的众多实际问题往往会涉及多个法律的具体适用。以问题为导向进行专题研究时,面对诸多法律的交叉融合是难免的,有时也是必要的。

二、缺乏国际视野

有的同学的专题缺乏对有关国际方面的立法内容的阐述及必要的分析和评论,视野仅仅局限于我国的情况,其论述难免狭隘、偏颇。我国的市场规制法内容是改革开放后才逐步建立、发展起来的,是社会主义市场经济法制化建设的重要组成部分。但我们缺乏市场经济的经验,对于如何建设社会主义市场经济更无先例可供遵循,若发挥市场规制法对经济建设的促进作用,就需要在摸索中不断前进。作为市场经济的客观规律而言,对于社会主义的市场经济也是适用的,市场规制法在发展中对于成熟的市场经济国家法制建设中的经验亦有必要予以借鉴。因为目前我们所面临的一些问题就是他们也曾经遇到并有效解决的,其做法会给我们提供一些有益的启示,使我们在前进中能少走弯路而更有实效。另外,加强对相关法律的国际发展趋势的了解,尽量减少法律适用上不必要的冲突,也会使我们在世界经济一体化的大趋势下顺势而为,促进国际贸易的发展。因此,市场规制法的专题往往需要国际化的视野,而不能目光所及仅限于国内。虽然专题研究归根到底还是要解决我们自己的问题,但仅限于国内的情况了解,却可能使得有关的认识是片面的甚至是歪曲的,从而影响自己的判断甚至决策,在实际的经济生活中产生负面的影响。如反不正当竞争法中的一般条款,在认定法律所列举的具体的不正当竞争行为外的其他的不正当竞争行为时,作为一种原则性、概括性的法律规范起着重要的作用。法律所明确列举的具体情形,只是属世界各国普遍认可的典型的不正当竞争行为,在我国经济活动中也表现突出且危害严重,是必须要制止的,但其并未穷尽所有的情形。随着经济的飞速发展,新的不正当竞争的各种形态也会不断地出现,这就需要一般条款这样一个高度凝练、抽象的法律规范提供认定的依据,以防止不正当的竞争行为扰乱健康的经济秩序。我国在反不正当竞争法修改后,对于如何适用一般条款仍存在诸多问题,在这方面,其他国家一些行之有效的做法是一种启迪,有助于问题的解决。而专题中相关的内容也不宜缺失。

在日益频繁的国际经贸往来过程中,各种商业行为相互影响渗透,相应的法律规制如何进行,应当慎思慎行,不宜片面武断地贸然行事。拿植入式广告而言,这是一种将经营者的商品或品牌的代表性信息融入传播媒体中的宣传方式。其与媒体播放的内容关联性强,以一种情节化的细节体现出来,对观众的影响是不知不觉的和潜移默化的。以一种润物细无声的形式使观众的消费选择受到影响,潜意识中就爱屋及乌地选购同样的产品,但由于那可能只是剧中的虚拟产品,与现实中的相应产品并不具有一致性,一旦出现法律问题,会损害消费者的有关权利,如知情权、安全权、求偿权等。对于经营者而言,植入式广告也是一种广告,通常是有偿的。但对于消费者而言,这种广告则很难辨别,可能受此影响而使自身的权益遭受损害。那么植入式广告这种广告形式是否合法呢?对此广告法并未提及。但广告法规定,广告应有可识别性,使消费者能够辨明其为广告。要求大众传播媒介上的广告应显著标明"广告",以区别于其他的非广告信息,不能使消费者发生误解。如此一来,似乎植入式广告的形式就是违法的。在世界范围内,有的国家对植入式广告持宽松的态度,主要靠成熟的法律体系和广告行业的自律来解决有关问题。有的国家则禁止植入式广告,也有的国家最初是禁止的,后来才允许植入式广告这种形式,但政府对此起着主要的管理作用。还有的国家虽允许植入式广告,但必须使观众明辨其为广告,使观众的知情权得以保障,等等。在这样的背景下,我国在法律上如何对待植入式广告?显然不能回避现实,无视其在社会经济生活中的客观存在及迅速发展,而应当放眼世界,动态地全面了解植入式广告的发展趋势,立足于自己的具体现状,使法律上的规定具有现实性和前瞻性,恰当应对面临的问题。使法律既能够充分发挥植入式广告积极的作用,又能够对其进行必要的规制,防止经营者钻法律的漏洞,用植入式广告的形式为自己谋取利益,与此同时却对社会经济产生不良的消极性影响。因此,国外有关法律规制内容的缺失是一个很大的问题。

三、缺乏法理分析

法理的重要性是毋庸置疑的,在法的制定、实施及研究过程中都发挥着巨大作用。法律条文表达的字面含义,难以涵盖复杂多样的所有情形。其所蕴含的法理,其体现的法律精神、价值和理念才是灵魂,具有更大的普适性。研究法律条文固然重要,但若局限于此,那么对法律的认识还是浅尝辄止的,尚需探究法理上的要求。现实生活中,有的人为了得到法律规定的惩罚性赔偿,明知某商品有假,但仍购买,再去索赔。这种情况被称为法律上的知假买假。最高人民法院在审理食品、药品类纠纷的案件中适用法律的若干规定里,明确了对知假买假者的法律支持,认为其知假买假的行为不影响其法律上的诉求。但若知假买假者所购买的产品并非食品、药品,这种情况能否适用法律上的惩罚性赔偿规定,在立法上则并未说明。对于购买非食品、药品的知假买假之人的索赔要求,我国各级各地法院存在极大的意见分歧,判决的结果往往大相径庭。同一案件,不同的法院受理后,都依据同一部法律《消费者权益保护法》来审理,而同一当事人则有的胜诉,有的败诉,且颇为常见。大量个案裁决不一,实际上折射的是法理上的认识不同。如怎样认定法律适用中涉及的"欺诈"?"消费者"的身份又该怎样界定?对此法律上的规定不明确,不同的理论学说莫衷一是,对司法实践有着深刻的影响。因此这方面的专题不能止步于表面的具体案件的不同情形,还需要深入挖掘不同理论的差别及在实际效果、社会经济秩序、价值导向等方面的作用。

四、缺乏针对性

有的同学的专题没有针对性。似乎相关的内容面面俱到,篇幅虽长,但却看不出其研究的问题到底是什么。涉及的内容都是泛泛的点到为止,没有深入的分析、阐述。比如关于召回的专题,有的同学介绍了召回的概念、种类、特点、建立和发展的历程、内容、程序、各国的情况、不同产品的召回立法和执法情况、法律意识等,仅停留于常识性知识的简单说明,而待解决的法律上的问题是什么却未提及,有的虽谈到问题,却也如蜻蜓点水、一带而过。总的看来,就是一个单纯的知识性普及,缺乏问题意识、研究意识。没有对实际问题的深入剖析,也无理论上的相应阐述,自己的观点只是一句话,缺乏论证。内容与鲜活的经济生活无关,与司法实践无关,与学界的百家争鸣无关,似乎兴之所至,想到什么写什么,写到的也只是流于表层的知识。但作为专题是应当具有研究性的,其中涉及的知识性内容应是问题的研究所必需的,与研究的问题若没有什么关联性,则该内容就是多余的、应舍弃的,而该内容的阐述也绝非专题的要求。做专题的目的是对我国所面临的相应法律问题进行探讨,并予以解决。但这样的专题没有提炼出该问题具体是什么,或对问题未做较深入的论述,那么专题的意义和价值就难免存疑。上述问题只是专题中所暴露出的几个突出的问题,而非全部。有的同学集中在一个方面,有的则表现在多个方面,都应予以合理解决。拿 PPP 项目公司的股权转让方面的专题来说,在政府同社会资本合作的 PPP 模式中,双方为此设立的项目公司通常为有限责任公司,政府持有该公司股权,其在项目中的角色是双重的,既是监管者,又是参与者。由于 PPP 模式中项目运营期普遍较长,往往长达几十年。社会资本基于利益最大化的考量,难免会选择以股权转让的方式退出该项目。另外,由于情况发生变化,项目中政府所授权的代表也存在所持有股权的转让问题。有的同学对其中股权转让的问题不做具体阐述,只是笼而统之地泛泛而论,不知其特点,无视其与一般的股权转让的不同,或者仅罗列种种表象,止步于此,那么其研究价值难免令人质疑。对此,股权转让中的诸多问题既需要详细梳理,进一步分析其有别于一般的股权转让的特点,也应深入探究问题解决方案中涉及的法理问题,使之与现有的法律体系相协调。

一流课程建设背景下高校教学改革的认知重构*

艾　娟①

2019 年 10 月教育部正式公布《教育部关于一流本科课程建设的实施意见》，标志着新一轮课程改革时代的到来，一流课程迅速成为当下教育界的一个热点话题而备受关注。当然，一流课程建设思想的提出并非是高等学校教学改革的序幕，而是高潮，因为在教育部近五年来发布的各种文件中早已释放出高校教育教学改革的强烈信号。

2015 年，教育部在《教育部关于加强高等学校在线开放课程建设应用与管理的意见》（教高［2015］3 号）的文件中明确指出："要致力于建设一批以大规模在线开放课程为代表、课程应用与教学服务相融通的优质在线开放课程。"②紧接着，在教育部《高等教育司 2018 年工作要点》中进一步提出："课程是人才培养的核心要素。到 2020 年，计划建设 1 万门国家级和 1 万门省级一流线上线下精品课程，推动优质课程资源的开发和有效利用，推动高等教育质量跃上新台阶。将以国家名义推出一批精品在线开放课程，在 2017 年认定 490 门课程的基础上，到 2020 年推出 3000 门课程，扩大我国在线开放课程建设在规模体量、统筹组织方

　＊　教学改革研究项目：新形势下高校教师信息化教学能力研究项目（TJCUJG202005）。
　①　艾娟，博士，副教授。
　②　《教育部关于加强高等学校在线开放课程建设应用与管理的意见》，教育部网站 2015 年 6 月［EB/OL］. http://old. moe. gov. cn/publicfiles/business/htmlfiles/moe/s7056/201504/186490. html。

面的优势。"①2019 年发布的《教育部关于一流本科课程建设的实施意见》中明确指出，"要建设线上一流课程（国家精品在线开放课程）4000 门左右，线下一流课程 4000 门左右，线上线下混合式一流课程 6000 门左右，虚拟仿真实验教学一流课程 1500 门左右，社会实践一流课程 1000 门左右，夯实基层教学组织，提高教师教学能力，完善以质量为导向的课程建设激励机制，形成多类型、多样化的教学内容与课程体系"②。通过梳理以上各项课程建设的重要文件，不难发现，一流课程建设是高校课程改革的必然，一流课程建设背景下的高校课程改革标志着当下高等教育发展的新纪元。

随着"在线开放课程""国家精品课程""金课""一流课程"等课程建设目标的不断提出，全面彰显出了高校教学改革的紧迫性和重要性，高校教学改革已经势在必行，并成为大势所趋。无论是"金""精品"还是"一流"，无一例外都体现出教学改革的重要任务是致力于提高高校课程质量，而实现课程质量的整体提升又是检验教学改革成效的重要标准。处在高等教育教学改革的时代趋势中，更让人关心和思考的问题是：怎样的教学改革才是一个全面的改革，才能达到提高课程质量的目标，而非仅仅是教学形式的变化，也不是课堂的搬家、抑或是内容通过另一种技术手段呈现？怎样的教学内容体系才算达到了"金课"或者"一流课程"的高质量标准，并真正能够提升学生在专业知识与技能的全面发展？怎样的教学模式才能够适合并提升学生的求知欲望并彰显教学成效？这是高校一流课程建设背景下新的问题，带着这些问题去思考，带着这些问题去改革，推动全面、成熟、完善的教学建设，正是当下高校教学改革中所面临的一个具有重要意义的主题。

一、"理念为导"：以学生发展为中心

教学理念是指导教学行为的重要价值观念，如何看待教学活动的最终目的是教学理念中非常关键的一方面。普遍性的教学观念认为，教学相关活动是"以

---

① 《高等教育司 2018 年工作要点》教育部网站 2018 年 3 月［EB/OL］. http://www.moe.gov.cn/s78/A08/A08_gggs/A08_sjhj/201803/t20180327_331335.html。

② 《教育部关于一流本科课程建设的实施意见》教育部网站 2019 年 10 月［EB/OL］. http://www.moe.gov.cn/srcsite/A08/s7056/201910/t20191031_406269.html。

学生为中心"的。但在高校教学过程中，"以学生为中心"的表述很容易让人产生认知误区和教学实施的偏差，比如错误地认为"以学生为中心"就是教学活动中讲什么、怎样讲、讲到什么程度等，都是以学生的接受为出发点，而非以学生的发展为目的。这种狭隘的"以学生为中心"的教学理念，一方面导致了很多学生在学习方面的体验感不深、挑战度不高；另一方面，这种教学观念也使得很多高校教师在教学方面的投入度不够，课程本身缺乏设计感，授课本身对老师而言缺少一定的新意。回观这些问题，探究深层原因会发现，是狭隘的教学理念理解本身引导出了偏颇的"教"与"学"的行为过程。"以学生为中心"之所以让人产生误解，主要是缘于这种理念很容易让人忽视学生作为学习个体本身的主动性和发展性，也忽视了教师在教学活动中的能动组织性。当我们对教学理念的理解跑偏的时候，自然就产生出了缺乏学生学习激情和教师精心设计的课程，进而使得整个教学过程变得没有挑战性，没有了生机活力，显而易见的就是高校教学质量的不断下降，太多低质量的"水课"出现，整个课程教学并未调动学习的主动性、求知欲望和好奇心，也在消耗教师对教学的探究热情以及教学卷入度。

因此，在一流课程建设的背景下，高校教学理念的重要变革就是强调专业育人目标的不断精细化和可操作化，要去深刻反思和探究"以学生为中心"的教学理念到底是以学生的哪些方面为中心，进而在教学实践中逐渐转变、革新认知，提倡"以学生发展为中心"的教学理念。相应地，"以学生学习为中心"也在逐渐转变为"以学生学习成效为中心"。"发展""成效"为关键词的高校教学理念，既对教学活动做出了目标导向，也对教学活动做出了成效导向。"以学生发展为中心"的教学理念也在很多大学得到了践行，清华大学提出了"三位一体"的育人理念，即价值塑造、能力培养、知识传授，所有的教学活动都是以促进学生的学习成效为导向，以学生的全面发展为目的，尤其是增强学生在知识、能力、价值方面的整体提升。

当然，"以学生发展为中心"的教学理念也影响着对很多教改难题的认知。比如，如何构建"以学生发展为中心"的学习情境，充分发挥学生的学习主动性和积极性？如何"以学生发展为中心"适当提高学生的学业挑战度，真正让课程难度符合学生的最近发展区，能够在教师的帮助下实现自身潜能的发展？教师如何知晓学生发展的能力空间在哪里或者如何确定学生可能的发展空间……学生发展的可能性存在着动态性的特点①，教学活动需要紧密围绕个体的可能发展空间而展开，构建良好的学习环境，提供必需的、恰当的教学支持成为教学活动亟须关注的方面。可以说，"以学生发展为中心"的理念推动着教学活动的不断发展和创新，教学活动各方面需要环节递进、层层提升，推动学生发展的可能性成为现实性②，只有把"以学生发展为中心"的教学理念真正贯穿在教学计划、教学组织与实施、教学反馈与评价等整个教学环节之中，才能确保高等教育的质量③。

二、"内容为王"：以内容重塑与提升为关键

教学内容改革是深化教学改革最为关键的部分。"内容为王"主要体现在课程内容的重塑与提升方面。课程内容的重塑与提升并非是知识章节的重新组合或者简单的逻辑性呈现，而是一种教学内容组织与呈现的整体性创新，主要是对学科知识的重新架构、扩充丰富，提升内容的层次感、逻辑性以及挑战度（即深度、难度和广度）。教学内容的重塑与提升需要围绕"以学生发展为中心"的理念，尤其要实现培养学生能力、价值发展方面的目标。无论何种形式的课程组织模式，课程内容的高质量才是硬道理，而实质上来讲，"水课"与"金课"的重要区别不在于形式的不同，而在于教学内容质量的差异。

教学内容重塑与提升的关键之一是解决好"内容的陈旧重复性与时代创新性"之间的矛盾。从知识层面上讲，哪些知识内容需要学生学习是高校课程教学中一个非常重要的选择题。知识来源于教材，又区别于教材，课本知识在某种程度上是滞后于学科发展水平的，每一门课程、每一堂课所涉及的内容都需要反思对于学生来讲何种知识重要、反思所教授的知识与单一教材内容的区别与创新何在？有没有学科的最新进展作为内容的补充？因此，在既定学科内容框架下如何有效融合传统基础知识，并进而做到知识的与时俱进和不断更新又是非常关键的。这就要求教学内容组织来源于教材，却又并非拘泥于课本，应该更广泛涉猎最新最近的研究进展，进而让整个教学内容变得充实和丰富。因此，通过教

---

① 胡慧兰：《"最近发展区"视域下的教学超越性研究》，《当代教研论丛》2018 年第 6 期。
② 黄春梅：《"最近发展区"的多重动态关系解读与澄清》，《教育科学研究》2016 年第 12 期。
③ 余文森：《论大学课堂教学的三个"应然"》，《中国大学教学》2018 第 4 期。

学内容的重塑与提升激发学生求知的欲望,通过教学内容的深度和广度提升对知识的思考与探究,才能够真正使教学过程成为学生学习的过程、人才培养的过程以及学术活动的过程[①]。

教学内容重塑与提升的关键之二是解决"内容的简单性与提升性"之间的矛盾。大学课程不仅仅是一种基础知识的学习,更应该是知识综合运用的过程、思维能力提升的过程、价值理念培养的过程。在获取知识更为便捷,获取渠道也更多的当下,基础知识的获取更加容易,如果在课堂上再去照本宣科,根本无法满足学生对知识的渴求和自身发展的需要。如何通过内容的创造性重塑与升级,实现对于学生学科思维能力与价值理念的提升,显然更为重要。而教学内容重塑与升级中体现出来的简单性与提升性之间的矛盾,对教师教学能力而言是一种严峻的挑战。教学内容既要有基础性的知识,也要有对知识应用方面的探索与提高,能够通过教学引导培养学生的专业视野和思维模式,进而实现知识升维和能力的升级过程。

三、"模式为径":以现代教育技术为支持

现代教育技术的高速发展已经成为高校教学改革中重彩浓墨的一笔,在众多教学改革的成效方面格外引人瞩目。当知识不断依靠技术,当知识变得易得化、碎片化,当知识学习成为一种随时随地发生、失去时效的活动时,传统课堂教学模式遭遇的挑战是空前的,而把线上课程(精品开放课程、"慕课"、小规模限制性在线课程等)与线下课程(课堂为主)有效地结合起来,也成为高校教学模式的创新之一,并逐渐得到广泛推崇。

互联网颠覆了信息传播的规律,带来了教学技术和手段的更新,"互联网+教育""互联网+课堂"衍生出更多的课程模式,比如"慕课"(大规模在线课程)、SPOC(小规模限制性在线课程),也催生了很多现代技术平台的产生,如"雨课堂""超星学习通""智慧树"等。现代教育技术的发展给传统的教学活动组织形式带来了深刻的变革,教学模式发生了积极的变化,不但使课堂模式不同以往,

---

① 郑秀英、崔艳娇、韩春英:《加拿大"以学生发展为中心"的教学模式》,《中国大学教学》2017 年第11 期。

重要的是课程组织方式也在创新,有效回应了当下时代发展和学生学习方式变化的需求。

在教学模式不断变革的时代,还需要重点关注的主题是,以现代教育技术为基础的教学模式需要教师信息化教学能力的提升。信息技术与教学的深度融合不但是国家级等一流课程建设的重要评价标准,也把对教师信息化教学能力的要求瞬间提到了一个新高度。因此,高校教师信息化教学能力的水平需要全面提高,以应对教学模式改革。但不容乐观的是,虽然高校教师普遍具备计算机软件、多媒体工具等技术应用能力,但在应用新媒体技术、翻转课堂等新教学模式和基于网络开展学习反思等方面水平不高,教师借助信息技术创新教学模式的能力,以及信息化教学研究的能力还有很大的提升空间。

另外,我们要理性客观地看待以现代教育技术为支撑的教学模式变革,过分重视对教学手段的强调或者推崇教学模式的改变,仍然无法有效全面提升教学的实际育人效果,反而很可能成为"形式主义"而使教学质量下降。切勿因过度关注和执意追求以现代教育技术为标志的教学模式、教学方法的创新,而忽略了课程质量建设。教学模式随时代的变革产生变化,需要依托现代技术的支撑,但无论是教学技术还是教学模式,最终仍需要更好地服务于教学内容的深化、教学目的实现,更确切地说是服务于学生的发展。现代教育技术作为一种新式手段,是为了更有效、更灵活地进行组织教学内容和教学活动,从而提升学生的学习成效。无论是线上课程还是线上线下混合课程,无论是"慕课"还是SPOC,归根结底都是一种教学组织方式或者教学模式的更新,是讲好一门课的一种路径,而非教学效果本身。

四、积极应对高校教学改革带来的挑战

教育部不断提出在线开放课、精品课、一流课程建设等重要举措,其背后体现了对教学改革核心问题的共识性认知:课程建设是教学改革的关键和基础,所有的教学改革最终都需要落实到课程中,从而实现教书育人的目的;教学模式的创新是提高课程建设质量的基本路径,现代技术必须要服务于教学活动的开展,实现教学模式的与时俱进;以学生为中心的学习成效和全面发展是教学改革的重要推动力,也是检验教学改革成败的重要标准。一流课程建设推动了教学改革,也同样带来了一系列的思考,在这场轰轰烈烈的教学改革中,学校、教师、学生都将并且正在面临着不同的挑战。

首先,从学校层面上讲,教学管理与评价也要面临新的挑战。从大的层面上讲,在不断更新的教学理念、教学内容以及教学模式下,高校教学管理的制度、方法应该如何更新才能保证课程建设的需求? 如何细化到日常管理工作中切实保证课程建设的各项工作顺利开展? 如何制定合理优秀的激励机制等提升课程建设的积极性……这都是教学改革过程中对高校教学管理者、管理制度等提出的新问题和新挑战。从细节来看,如何利用与时俱进的课程改革标准去评价一堂课是优秀的? 如何评价一门课是真正的“金课”“精品课”“一流课程”? 诸如此类的问题,是从操作性层面上对“新的课程评价标准是否客观、全面、灵活”等提出的新思考和新要求。凡此种种挑战,都需要在教育教学的实践中,对当下教学改革的深刻内涵做出解读。

其次,最重要挑战的是与教师相关的问题接踵而至,因为“一流课程”建设背景下的教学改革工作,具体到教学内容的组织与实施、教学方法的探索与创新等,凡此种种都离不开高水平教师队伍的支持、参与与投入[1]。因此,教师队伍的整体理念和教学能力的发展与提升是教学改革必须要面临的挑战。所以,要采取相应的培训促进教师更新教学理念、创新教学模式、掌握新的教学技能[2],实现多重角色的转变,成为学生自主学习的引导者、促进者、设计者,积极转变思维方式来回应时代的教育变革[3]。在“一流课程”建设的大教育改革背景下,教师的能力是高质量课程真正得以“落地”的根本,高校教师作为这场教学改革的主要实施者,切实提升自身的教学能力是当下最需要探索和回答的问题。

最后,高校教学改革对学生学习也提出了严峻的挑战。学生们需要在改革过程中转变学习观念,探寻新的学习方法,用新的标准衡量学习体验与知识收

---

[1] 柳礼泉、陈宇翔:《精品课程建设与一流教师队伍培养》,《高等教育研究》2007 年第 3 期。

[2] 毕冉:《“互联网＋课堂”背景下高校教师职业能力面临的挑战及对策》,《现代教育管理》2015 年第 1 期。

[3] 古光甫:《“互联网＋”时代职业院校教师的挑战与选择:角色、思维转变及发展路向》,《职业技术教育》2017 年第 34 期。

获,可学生们真的准备好迎接这些挑战了吗？这仍是我们需要深入思考的问题。学生学习成效作为教学过程的最后一环,也是最关键的一环,再好的教学改革如果没有学生的真正参与,就会成为教师层面上的"自娱自乐",失去了教学本真的意义。所以,我们要考查学生在教学改革中的学习应对情况。当教学方式灵活多样,教学内容重塑和提升之后,大量的课程学习都变成了更加开放的活动,需要引导学生能够快速地转变原有的学习观念,转变自身的学习习惯和学习方法,对学生的求知能力、自主学习能力、思考能力、自我控制能力等各方面提出更高的要求,而高校教学要有耐心,去给予学生在学习方面的一个转变与发展的过程。

民法学在线课程建设教学改革研究*

吕姝洁①

一、引言

张之洞在《劝学篇》中提道："世运之明晦，人才之盛衰，其表在政，其里在学。"道出了教育与国家兴衰之间的关系。关于教育的理念与宗旨，借用叶圣陶的话，真正的知识存在于人的内部，教师的作用是唤醒潜藏于学生内心的知识，使之达到意识的层面，这说明教师的作用应该是唤醒学生潜在的、追求真理的意识，而不是一味地向学生灌输所谓的知识。教师在教学过程中，也在一直探索如何激发学生的创造力，让学生更乐于学习、更会思考、更能解决问题。时至今日，网络技术高速发展，传统的教学方式正在发生巨大变革，在线课程、"雨课堂"等教学方式逐渐融入线下课堂教学中，教师也开始有更多的方法改变输出为主的课堂教学。教师可以利用"中国大学慕课""智慧树""雨课堂"等一大批大线课程互联网平台，提前发布课程视频、知识点等到网络上，学生提前预习学习后再带着问题来到课堂。当然，在线课程、"雨课堂"等新教学方式的一些功能，一方面简化了传统课堂的教学方式，丰富和提高了课堂教学的内容和效率，（如用"扫码签到"代替人工点名，用课堂答题正确率了解学生掌握知识点的情形，通过课上、课下的随机测试建立多元化考核方式等），为课程改革提供了有效的途径和

───────────

* 项目名称：新形势下教师教学能力提升及发展研究，项目编号：20JGXM0124；项目名称：商科院校"民法总论"一流课程改革与实践，项目编号：TJCUJG202004。

① 吕姝洁，法学博士，天津商业大学法学院讲师。

有利的帮助;另一方面,新技术、新模式的出现,也带来了一些新的问题(如是否存在代签问题、课堂测验设置是否能较为准确地反映出学生掌握知识的情况,如何保证学生是在提前预习的情况下来到课堂等)。因此,在进行课堂教学改革时,应当通过不断的实践进行探索和改进。

二、线上、线下联合互动教学中存在的问题

2007 年,萨尔曼·可汗创办了可汗学院,向全世界提供免费的高品质教育,开启了在线教育模式。2011 年开始,我国在线教育开始高速增长,2018 年上半年,中国在线教育网民使用率达到 21.40%,手机在线教育网民使用率达到 18.10%。肩负着培养社会发展人才的大学教育,必然要运用线上教育资源、结合线下课程不断进行教学改革,以适用新时代的要求。如何进行更好的教学改革,需要先全面认识线上、线下教学模式互动中存在的问题,做到"横看成岭侧成峰,远近高低各不同",提出有针对性的改革措施。

(一)线上教学模式普及程度不足

古往今来,教师的职责就是教书育人、培养人才,可以说不同时代有不同时代的教学方法,不同教师有不同教师的教学策略。互联网时代,虽提供了线上教学的新模式,但并不普及。一方面,很多教师已形成了自己固有的一套教学方法,也取得了很好的效果,对线上课程、"雨课堂"等新的教学方式并不接受,认为新技术的弊端大于益处;另一方面,绝大多数的家长,谈及线上课程还是颇有微词,认为其效果远不及传统课堂。无论是教师,还是家长或学生,对线上课程等新教学方式的怀疑,都来源于对线上教育水平、教学效果的质疑,加之现在处于在线课程与线下课堂共同发展的初期,质量参差不齐,难以全面推开。但教育是没有固定公式的,应当接纳新的教学模式,勇于尝试、不断探索,提升教学质量。

(二)线上资源与线下课堂教学资源衔接不良

线上资源与线下课堂的衔接是将在线教学和传统教学的优势结合起来的一种"线上"+"线下"的教学模式。通过两种教学组织形式的有机结合,把学生的学习由浅到深地引向深度学习是两种教学模式衔接的目的。目前,各高校虽录制了各类课程,但线上视频课程并没有与线下课程有机结合起来。导致这一问题的原因有多方面:一是对线上课程的作用认识不足。录制线上课程的目的是让学生有准备地来到课堂，教师与学生进行互动，加深学生的理解。但大部分学生将线上课程的观看视为一项任务，并没有做到提前预习。教师也没有足够重视学生的预习情况，导致来到课堂的学生仍是没有准备的学生，教师仍需重复讲授一些基础的知识点，没能有效利用课堂时间。二是在线课程与线下课堂的互补性不足。教师准备的在线课程的内容与线下课程的内容往往设计不合理，没有做到线上与线下的互补与衔接，两者难以共同发挥作用。三是教师并没有充分利用新技术开展教学。"雨课堂"等新教学软件，可以设置随堂测验、课堂投票、互动留言等，但每一项功能的发挥，需要结合课堂内容进行设置，需要在原有课件的基础上进行全面、细致的重新备课，很多教师尚未根据新技术重新设计课程内容，导致新教学技术不能很好地发挥作用，也影响着教师、学生对其作用的认识。

（三）教学理念转变存在困难

"满眼生机转化钧，天工人巧日争新。"科技的发展，必定带来教学方式的革新。传统的教学理念，曾经培养出一代又一代的人才，可固守传统就等于拒绝进步。很多教师认为，教学计划中要求学生掌握一定的知识点，能够运用所学知识解决问题，那么就应当让学生掌握正确的解决问题的方法与标准答案。在传统教学理念的影响下，已形成了一套考核、评价体系，让教师转变教学理念必须要有相应完善的制度，才能从根本上促进教学理念的转变。

三、民法学教学改革的对策与建议

改革开放以来，我国的法学教育获得了长足的发展，取得了很大的成绩。法学教育也为国家的法治建设培养了数以百万计的人才，基本形成了独具中国特色的教育模式。① 随着我国高校素质教育的推进，对人才综合能力和综合素质的要求越来越高，法学作为一门兼具实践性和理论性的课程，在新时期，如何创新教学模式，应当成为法学教师教学研究的重要内容。教师授课时不仅将理论知识展示给学生，而且还要在充分掌握学生学习情况的基础上，全面培养合格的法律人才。

---

① 张文显:《法治中国时代的法学教育》,《中国法学教育年刊》,法律出版社 2014 年版,第 10 页。

(一)改变教学理念——以学生发展为本

从法学教育的培养目标来看,改革传统法学教育模式,培养适应时代要求的卓越的法治人才,已经成为教育行政主管部门和高等院校法律院(系)着力探索的新课题。[①] 学校培养学生,应当适用时代的要求,构建新的建立理念,全面培养适用于时代的法学人才。教师在教学中,应当从"以教师为中心"转向"以学生为中心",引导学生学习、思考,实现融会贯通。在线上、线下教学模式互动中,利用新技术从学习方法、教学方法、教学组织管理、教育质量评估体系等进行改革,实现教师与学生之间、学生与学生之间的互动。"在线课程教学系统是介于网络教育生态环境和智能化个人学习系统之间的中介系统,它在广大无边的网络教育生态环境与特殊有界的智能化个人学习系统之间架起桥梁,通过层层转化与沟通,最终实现个体的智能化学习或智慧学习,促进个体的个性全面发展。"[②]如在课程设计上,教师应当关注学生关注的热点问题、运用学生乐于接受的方式、以开放式的形式推进课程,让学生带着问题来到课堂学会思考,增加学生与学生、学生与老师之间的互动。

(二)因材施教——开展多元化的教学方式

线上资源的一个明显优点是,可以预先帮助学生学习基础知识,理解课程的重要知识点。教师通过线下课程内容的设置,了解学生学习及掌握知识点的情况,以便针对不同学生进行个别化的课后辅导。

教师在这个过程中,一方面要做到在课程拓展资源编撰上,既要注重拓展资源的时效性和权威性,也要考虑到学生的接受程度,做到有的放矢,从而更好地制定更具针对性的教学策略。教师在进行课堂活动时也应从学生的角度去思考问题,重视师生互动,逐渐提高学生的创新能力。比如教师可以给那些基础比较薄弱的学生更多的思考空间,如果学生思考之后仍无法回答,也可以给他们提供简单的问题,让学生体会成功的喜悦。

另一方面,利用"雨课堂"等教学方式,设置讨论区和答疑区,拓展学生的知

---

① 刘同君:《新时代卓越法治人才培养的三个基本问题》,《法学》2019 年第 10 期。
② 王永明、徐继存:《论在线课程教学系统的建构》,《中国电化教育》2018 年第 3 期。

识面。"雨课堂"中有讨论社区,为师生建立起了交流沟通的机会,增强了学生学习兴趣。任课教师可以针对教学中学生提出的疑难问题进行分析和解决,也可以在课后为所有学生提供个性化的学习指导。同时,可以在讨论区让所有学生看到其他同学提出的问题,弥补自己没有发现问题的不足。

(三)丰富教学内容——全面拓展学生的知识面

互联网为学生提供了太多的信息,而学生往往还不具备正确分析问题的能力,一些消极的、误导性的信息不利于学生价值观、人生观、世界观的形成。教师应当关注热点问题、焦点问题,全面搜集材料,结合教学内容,引导学生思考,进而扩展学生的知识面。如在案例资料库编撰上,可以选择人民法院已经判决的典型案例或社会影响较大的热点案例,力争所选择的案例具有典型性、启发性和教育性。授课过程中,通过不断更新的课程案例,激发课堂的活力,实现了知识性和趣味性的有机融合。在不断更新课程案例的基础上展开课程讨论,可避免传统教学一味"满堂灌"的教学弊端,实现课程理论知识和实践应用的有机统一。新时代的课程改革,是基于新技术、新要求的改革,墨守成规不仅达不到预期的教学目的,还会失去学生的信任,导致教学的失败。通过案例导入问题,激发学生学习的兴趣,进而展开课程讨论,形成互动,让学生乐于学、主动学,使课堂气氛热烈活跃,使学习者在轻松愉快的氛围中学到实用知识,学会如何应用,真正做到寓教于乐、学以致用。

(四)借助线上平台完善考核体系

教学考核是教学活动的一个重要环节,在教学中起着导向性作用。它不仅可以检验学生的学习过程和结果,也是衡量教学目标是否实现的重要依据。多样化的考核方式,可以从整体上判断学生的综合能力,而不是过于注重知识的识记。传统考核方式很难全面地考查学生分析问题、解决问题的能力,线上、线下教学模式及新技术带来的新教学手段,为构建多种考核方式提供了可能性,能够避免考核流于形式。将单一化的理论考试模式转变为多元综合型的考核模式,以期末成绩为主,结合平时成绩、理论成绩、创新实践成绩以及个人成绩等,多方面认识学生,以让学生在被全面认可和全面关注下,积极主动地参与到计算机学习课堂,以饱满的自信心、强烈的积极性,投入到对计算机知识的学习中。

四、民法学教学改革的意义

教学改革的意义在于使学生学习的主动性得以发挥，学习能力和学习水平得以迅速提高。法学教学改革能够提高学生的学习能力。如今的教育更注重培养创新型人才，即使学生具备提出新问题、解决新问题的能力。教师在教学中，应将学生的课堂主体地位还给学生，让学生能够更加自主地学习，引导学生形成良好的创新思维，培育学生发现问题、解决问题的能力。法学教学改革有利于提升教师的教学水平和课程质量。在课程改革中，注重多元化的教学方式、教学思路，通过在提出问题和解决问题的全过程中培养学生学习科学的研究方法，获得立体的学术体验并习得专业知识。通过教学改革，能够有效解决学生理论基础薄弱、操作能力不强等问题，带动学生加强对社会治理的关注度，增加科研反哺教学的广度和深度。

特色专业建设与教学改革

采用"雨课堂"教学模式的初探

张春普①　何小龙②　柳兴辰③　任婧怡④

党的十九大报告指出："办好网络教育""加快一流大学和一流学科建设,实现高等教育内涵式发展"。信息时代的快速发展,对当下传统教学模式提出了新的挑战。特别是新冠肺炎疫情的出现,教育部出台了《关于在疫情防控期间做好普通高等学校在线教学组织与管理工作的指导意见》,提出"停课不停教、停课不停学"的要求,线上教学迅速在高校全面展开,进而也推动了各种线上教学平台的发展。高校教师纷纷采用"雨课堂"等多种网络教学平台进行授课与考核,使教学任务按时完成。为进一步挖掘"雨课堂"优势,发现其不足,笔者对不同层次、不同学科、不同地区的学生采用网上问卷方式,进行了调研。此次共发放问卷 278 份,收回问卷278 份,其中有效问卷 278 份。问卷中,涉及经管法类与理工应用技术类专业的学生占据总人数的八成以上,其余为文史哲、艺术体育的学生。⑤ 通过调查与分析,旨在探求"雨课堂"教学和传统教学两种模式的最佳契合点,不断提升教育教学质量。

一、"雨课堂"教学模式的总体评价与分析

（一）采用"雨课堂"模式授课与考核的倾向性及其分析

对于网上平台授课以及考试的满意程度,学生选择"雨课堂"和腾讯会议上

---

① 张春普,天津商业大学法学院教授,研究方向民商法学。
② 何小龙,天津商业大学法学院 2019 级本科生。
③ 柳兴辰,天津商业大学法学院 2019 级本科生。
④ 任婧怡,天津商业大学法学院 2019 级本科生。
⑤ 数据来源于该团队 2020 年 12 月 20 日所做的调查问卷。

授课好感的比例分别为38.49%和36.33%，领先于"智慧树""学习通"等平台（如图1），而选择占比不高的其他平台的理由，被认为看"慕课"会比较方便。对于被问及更喜欢用哪一个平台考试时，46.04%的同学倾向于传统的线下方式；29.5%的同学选择了简单便捷的"雨课堂"；18.71%的同学选择了功能多样、相对稳定的学习通；仅5.76%的学生选择腾讯会议视频监考、纸质试卷作答（如图2）。可见，占比更高的学生更倾向于使用具有更加舒适习惯、限制相对较少特点的传统方式考试。

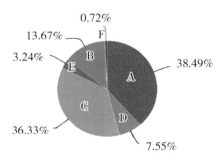

A："雨课堂"　　　　B："学习通"　　　　C：腾讯会议
D："智慧树"　　　　E：QQ分享　　　　F：其他

图　1

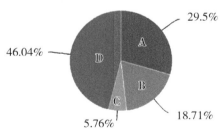

A："雨课堂"简单便捷　　　　C：腾讯会议视屏监考，纸质试卷作答
B："学习通"功能多样，稳定　　D：传统考试模式，更加舒适习惯，限制较少

图　2

（二）对"雨课堂"模式的适应性及其分析

在问到自身是否能适应"雨课堂"的问题，11.87%的学生表示自己非常适应"雨课堂"教学模式；61.87%的学生表示比较适应；3.6%的学生认为不太适应

（图3）。可见，只有少部分同学不太适应这一新兴教学方式。体现了大学生适应新事物的能力以及对于网络发展产物的使用频率和应用程度。对于"雨课堂"和传统教学的关系，被问及更喜欢传统课堂教学模式还是"雨课堂"教学模式时，13.31%的学生选择了"雨课堂"教学模式；30.22%的同学选择了传统课堂教学模式；47.84%的同学对二者都喜欢，更倾向于两者结合使用（图4）。可见，面对面讲授能让教师直接、真切地观察到学生听讲的专注程度；师生零距离地交流、解疑与切身互动等提高课堂讲授效率的线下方式，其独特优势显著，同时，也避免了学生长时间盯着屏幕所带来的涣散、走神问题，使得传统教学彰显了不可替代性。"雨课堂"教学模式作为目前各高校教学的辅助工具，其自身具备的随时跟踪学生预习情况、将课上课件发至平台等优点，从师生两方面提高了效率，发挥了其自身价值。因此，为更好地达到教学目的并使学生充分汲取知识，将"雨课堂"和线下教学相结合教学模式是最佳选择。

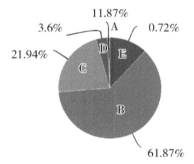

A：非常适应　　B：比较适应　　C：一般/勉强　　D：不太适应　　E：其他

图　3

（三）采用"雨课堂"模式的创新性及其分析

"雨课堂"教学模式能够将"课前—课中—课后"三者有机联系起来，其所具有的高效便捷程序备受学生喜爱。问卷中，对"雨课堂"模式相较于以往教学方式所存在的新颖之处，49.64%的学生认为，其提高了自主学习能力（如图5）。例如在课前，教师在建好班级群将本班同学拉入后，可以将编辑好的PPT（其中可以包括网络视频、习题、投票、老师语音讲解等）发布到"雨课堂"中，以明确下一

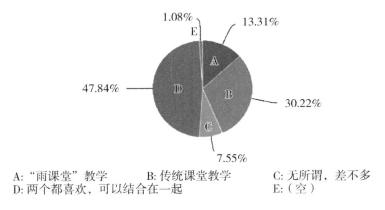

A:"雨课堂"教学　　　B:传统课堂教学　　　C:无所谓，差不多
D:两个都喜欢，可以结合在一起　　　E:（空）

图　4

节授课的主要内容,以此督促学生预习。学生也可以利用"报告老师"的功能向
教师反馈学习过程中遇到的问题和对老师的建议。双向互动使师生进一步了解
彼此的目的,并实时提出问题、建议改进方向,以此做出调整,更加提高了学生的
自主预习能力;该部分学生认为,课上推题功能加深对知识点的理解。例如在课

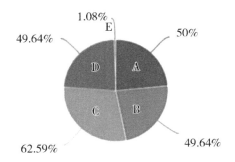

A：上课方式新颖，趣味性强　　　　　　　　　　B：提高了自主学习能力
C：学习灵活性高，便于与老师互动，加强了师生的及时沟通
D：课上推题，加深对知识点的理解其他　　　　　E：（空）

图5

中,教师可以根据教学方案,随时将课前备好的试题发布进行随堂小测,在学生
提交答案后及时了解学生的答题情况、擅长之处、薄弱项,进而有针对性地讲解;
也可以公布答题情况、分数,使学生了解自己在班级中的位置及时调整心态,并
针对所学知识点进一步学习与巩固;除此以外,62.59%的学生认为"雨课堂"模

式便于与老师互动,加强了师生的及时沟通;50％的学生认为"雨课堂"上课方式新颖,趣味性强。例如"雨课堂"将视频网站中,为学生所喜爱的弹幕功能移植到了课堂环境中——"弹幕式"课堂讨论,与传统课堂相比,数位同学可以同时将观点发布到界面上进行讨论,互享信息,老师也可以同时、全面了解到学生的观点进行答疑。在课后,教师可以根据课上测试的答题情况、"不懂"模块采集到的学生薄弱项等各项数据;而学生也能随时翻阅在课堂上有疑问的保存在"雨课堂"中的课件、并查看课上测试题答案和解析,以便复习、为期末做准备。"雨课堂"彰显了以往传统教学不具备的方便高效之处,并为高校广为使用。

（四）采用"雨课堂"模式的实用性及其分析

效率与兴趣对学生的深入学习具有重大影响。被问及"雨课堂"教学模式是否提高了学习兴趣时,9.71％的学生选择了"完全符合";39.57％的学生选择了"比较符合";39.93 的学生认为"一般",将近五成的同学认为"雨课堂"对其学习兴趣具备积极作用(图6)。对于"雨课堂"教学模式是否提高了教学效率的问题,9.71％的学生选择了"完全符合";42.45％的学生选择了"比较符合"(相较于兴趣有所增加);39.57％的学生认为"一般"(图7)。除此以外,被问及能否及时完成"雨课堂"中发布的自学任务,17.27％的学生选择了"非常及时";57.19％的学生选择了"比较及时";仅3.24％的学生选择了"比较困难"。可见,作为新兴的教学方式,"雨课堂"不仅根据其自身特点吸引了大学生,并在其学习过程中起到了重要的辅助作用。由于大学生对于自身具有相对较高的自控能力,大部分学生能够自主并及时地完成学习任务,效果明显。

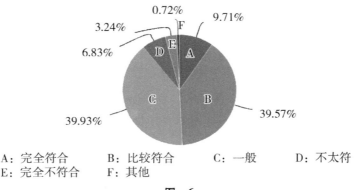

A:完全符合　　B:比较符合　　C:一般　　D:不太符

E:完全不符合　　F:其他

图 6

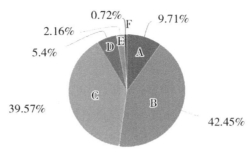

0.72%　9.71%　2.16%　5.4%　39.57%　42.45%

A：完全符合　　　B：比较符合　　　C：一般/勉强　　　D：不太符合
E：完全不符合　　F：其他

图　7

二、"雨课堂"教学模式的主要问题与分析

"雨课堂"教学具有使用便捷、连接资源可共享、学生课后可以查看资料等优势，然而，仍存在一些不可忽视的问题，值得进一步剖析。

（一）网络信号不稳定

"雨课堂"教学平台是一个微信小程序，它在拥有操作便捷、快速的优点的同时，存在网络卡顿、网络崩溃的情况。据问卷统计，56.83%的学生（如图8）认为影响"雨课堂"使用的原因，在线使用人数一旦剧增，网络系统便会崩溃，给教师和学生造成巨大的不便。与之相比，腾讯会议则完全避免了这种情况：几百个人同时在线也不会出现卡顿的情况。腾讯会议是一款高清流畅、操作简单、安全快捷的软件，学生可利用手机、电脑，随时加入课程中进行学习。老师可利用该软件进行无卡顿的授课。

（二）使用功能单一

"雨课堂"是一款微信小程序，会受到微信功能、互联网速度等额外因素的限制。48.2%的学生（图9）认为，"雨课堂"应添加灵活评判试卷的功能。因为对于文史类专业的学生而言，主观题主要考察学生的思维方式，答案一般是言之有理即可得分的，而"雨课堂"缺少对于主观题灵活的评判。对于理工科专业的学生，需要记住大量的公式而且每个公式有特定的使用条件，这些公式抽象，需要老师进行详细教授和课下大量做题来巩固知识和对知识进行推导，而"雨课堂"单一

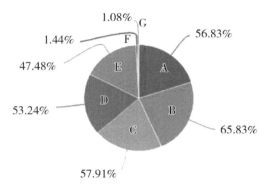

A：电子设备性能　　B：网络状况　　C：使用者对线上学习的相关经验
D：使用者有效使用电子设备的能力　E：使用者接受、学习新事物的能力
F：其他　　G：（空）

图8

的线上教学,无法满足学生对于知识的理解。可见,针对不同专业学生,上课方式多种多样,"雨课堂"小程序有待进一步提升。

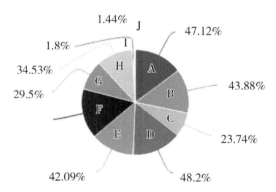

A：课程大纲　B：课堂视频直播　C：视频监考　D：在线测试时主观题答案灵活批改
E：学生线上组成学习小组　F：在雨课堂内同时打开多个文件　G：签到二维码定时变化
H：题库　I：其他　　G：（空）

图9

（三）操作程序缺少详细说明

随着科技的不断发展,学生和老师均使用智能手机,并且绝大多数老师和学

生都常用微信并愿意尝试用微信学习。特别是在新冠肺炎疫情这一突发公共卫生事件发生后,全国各大高校都采取线上教学、线上考试。调查中,26.26%的学生(如图10)认为,"雨课堂"操作程序复杂烦琐,并且没有详细的使用说明。对于教师来说,越简单操作的平台越是首选平台。教师使用"雨课堂"上传教学资料,需要花费大量的精力和时间。对于学生来说,复杂的操作程序会影响学生学习的积极性和效率。只有当平台师生的使用效果明显提升,才会产生事半功倍的效果。反之亦然。

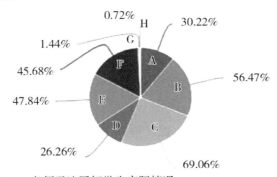

A:重点不突出 B:老师无法了解学生实际情况
C:使用手机事件增加分散注意力,部分同学会借机玩手机   D:操作程序繁琐
E:学生用手机看实时 ppt 时,有可能错过老师讲解 F:学生会因为有 ppt 而不做笔
G:其他   H:(空)

图 10

(四)硬件与软件不相匹配

尽管"雨课堂"对于相关硬件设备的要求相对较低,但是对于与其匹配的软件要求相对较高。"雨课堂"的电脑端对于 PPT 的版本有要求,即必须为 2010 版本及其以上。[1]问卷调查显示,54.68%的学生认为,"雨课堂"学习存在的最大问题是学生在使用"雨课堂"时,容易受到其他弹出信息的干扰,从而切换页面(如图 11),造成学习效果不佳,专注度不高。线上考试中,学生习惯传统考试模式,例如用笔在卷面上做下标记。但是,在线上考试环节,对于题目学生无法做标记或不方便进行算术,导致考生在考试时无法发挥其最好的水平。

---

① 孙琦:《基于"新冠"疫情下的混合式教学模式探究——以中国现代文学史课程为例》,《黑龙江教师发展学院学报》2020 年 12 期。

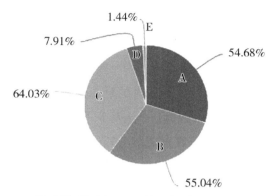

A：缺乏学习氛围　　B：缺乏与同学之间的交流与互动
C：容易走神，无法集中精力　　D：其他　　E：（空）

图 11

（五）同时多维度交流存在一定的困难

55.04%的学生（如图11）认为，"雨课堂"无法进行迅速便捷的灵活交流，只能通过弹幕方式让特定师生交流。对于课堂上的问题，学生之间不能广泛沟通，影响授课效果。学生之间缺乏互动是目前线上授课存在的最突出问题。由于教师无法及时得到学生的反馈，教师对学生学习效果也就无法进行及时的监督管理。教与学归根结底是人和人的互动交流，教学相长，传统教学模式则突出这一优势。因为这种面对面体验式的教学模式具有沉浸式和参与性，比较符合人类学习的自然规律。另外，由于大部分教师会将电子课件及其他学习资料放在"雨课堂"平台上，有些同学依靠电子课件，课后不及时进行知识的梳理总结，而只靠最后复习阶段"突击"电子课件，其结果只能是成绩不理想，学习内容不扎实，效果不佳。

三、完善"雨课堂"教学模式的思考

目前，已有上千所高校的班级采用"雨课堂"模式授课，让数万名教师进入了智慧教学时代。① 针对上述分析，笔者提出如下建议：

（一）推出"雨课堂"App 和微信小程序并行

"雨课堂"以小程序形式存在，小巧轻便。但结合上述分析及疫情期间的实

---

① 牟丹、高菊英：《"雨课堂"模式在高校法学教学中的应用研究》，《通讯世界》2020 年第 1 期。

际使用情况,小程序教学缺乏稳定性,尤其对于人数较多的大规模教学而言,时有崩溃。有 65.57% 的学生表示,人数过多时网络极易崩溃,尤其是当人数达到 150 人以上时,会出现网卡,这极不利于教学。学者认为,法学线上教育需要物质条件作为支撑,实际的教学效果并不以人的意志为转移。很难想象一个网络授课平台在传输不稳定的情况下,能达到令人满意的教学效果。[①] 但如果单纯推出"雨课堂"App 而舍弃小程序,则其原来小巧轻便的优势不能充分发挥。笔者认为,推出"雨课堂"App 势在必行,小班上课使用小程序,人数较多的班级可以使用 App。App 端和小程序端的数据可以同步,推出 App 后其可不受微信局限添加更多的功能,解决硬件和软件不匹配的现状,为使用者提供了极大的选择空间和余地,同时也有效解决了小程序不稳定、功能单一的劣势。

（二）增设操作说明或使用方法

首先,对于长期使用传统方式授课的教师,尤其是中老年教师,面对"雨课堂"需要花费大量时间去探索学习,这可能会因为时间等原因导致某些功能不为人知,从而不能充分地体现"雨课堂"的优势,导致课堂讲授质量下降。其次,对于"雨课堂"使用不够娴熟的教师或学生,在课堂使用过程中若多次出现操作方面的问题,不仅会浪费课堂时间,也会影响某些考评数据的收集,反而降低了教学效率,甚至比传统教学方式更麻烦。所以,增设操作说明,方便使用者掌握其功能和使用方法,让师生有更好的使用体验。

（三）根据不同课程导出相应的教学大纲

对于大多数老师来说,教学大纲很少给学生发送,只是在课堂上泛泛提及,对学生的自主学习不利。学生只根据教师所授内容进行学习与复习,对于课程内容没有宏观感受,对于知识框架没有直观认识,对于知识主次没有清晰认知。利用"雨课堂"平台直接导入课程教学大纲,能有效减轻老师的教学负担,帮助学生全面地掌握知识。尤其对于经管文法类专业学生来说,课程内容多,涉及范围广,有限课时远远不能将所需要学习的内容全部呈现给学生,造成学生知识掌握不全面。

---

① 黄辰:《疫情防控背景下法学高等教育面临的挑战与对策》,《河南教育学院学报》（哲学社会科学版）2020 年第 05 期。

所以,教学大纲的插入,使学生对本门课程的知识更加清晰化与体系化。

(四)优化考核评判和智能整理系统

运用"雨课堂"考试测评系统,对于选择题、填空题、判断题的批阅准确迅速。但是对于简答题、论述题的批阅不尽人意。笔者建议,主观题一般是言之有理即可得分,"雨课堂"对于主观题的机械评阅不可取。建议其可添加关键词智能识别功能,突出关键词,即可便于教师批阅。

同时,可添加专门的分学科错题库,不论是测试还是平时课堂练习,将错题自动整理可以有效降低学生复习的难度,让学生明确平时学习过程中的不足与缺陷,做到学习无死角,复习全覆盖。对于相互关联的文件或者推送,可以使用悬浮窗,实现打开一个文件的同时,关联的其他有用文件不关闭,提高学习效率。虽然"雨课堂"教学平台的功能非常强大,但是,教学主体始终是学生,而并不是信息化技术。信息化技术是否能提高教学效率,很大程度取决于信息化技术的运用是否适合学情和教学规律。[1] 对于课前预习的课件,目前,"雨课堂"模式是每一页课件停留五秒即可显示已经学习。笔者认为,对于不需要或者自己已经完全掌握知识的学生,为了完成"任务"而被动去阅读课件没有必要,以此作为考核的记录方法有失偏颇。

(五)兼顾教学模式的传统与创新

近年来网络教育迅猛发展,但其并未占主导地位,也不可能完全替代传统教育模式。结合我国高校教育现状和问卷结果,笔者认为,网络教学平台的兴起是为了弥补传统教育的不足,应挖掘网络平台和传统教育的差异,使其相辅相成。例如,为进一步增强师生、生生之间的同时交流,可以利用"雨课堂"教学模式,在教师端的掌控下,学生自由组成学习小组,组内同学可以互相交流。我们要在立足于传统教育模式的基础上加大创新力度,不能与现实脱节。

综上所述,互联网的快速发展,使线上教育成为学生不可或缺的学习方式。当下,网上教学平台多种多样,无论对软件平台的开发者,还是高校的师生,如何适应实用的平台,将线上与线下的混合教学模式不断融合,进而提升改进教学方法,都是高校教育教学改革的重中之重。

---

[1] 陈鑫、张颖:《基于"雨课堂"的师生教学互动探讨》,《教育教学论坛》2020年第50期。

社会主义法治在法律职业资格考试中的命题规律探析

吴春雷① 张 鹏②

《法律职业资格证书》是法科学生迈入法律职业的必要门槛，其对于法科生学生的生涯及职业生涯的重要性可见一斑，然而证书的获得必须以通过国家统一法律职业资格考试为前提。"法考"因其考查范围广、备考难度大、考试通过率低而被广大考生戏称为"天下第一考"。正是基于"法考"的这种重要性及困难性，因此顺利通过考试常常被法科学生视为除获得大学毕业证书之外的最重要任务。这种对"法考"的关注程度会影响到法学本科的教育模式、教育方法、教学内容以及学生的学习积极性、学习侧重点的改变，这是不可避免的。虽然法学本科教育不可能完全以"法考"为导向，但是无视"法考"的重要地位及其对于学生就业的意义，也是十分不明智的做法。二者之间其实并不存在难以调和的矛盾，在本科教育传授基础法律知识和法学理论的同时，着眼于"法考"的考试内容和备考思路，着重培养学生应用知识、分析案例、学以致用的能力，二者可以实现相互促进、相得益彰的效果。因此，研究"法考"的命题规律，在教学过程中加以关注，并对教学内容和教学方法进行适当调整以适应这种教育需要，具有必要性和合理性。

"法考"中对于法治问题的专门考查，集中在"社会主义法治"部分，这部分

---

① 吴春雷，天津商业大学法学院教授，法学博士，主要从事法学理论与司法制度研究。
② 张鹏，天津商业大学法学理论 2019 级研究生。

是 2007 年司法考试大纲中法理学的新增考点,在 2009 年的司法考试大纲中,社会主义法治从法理学中独立出来,其在"法考"中的重要性随之凸显。

一、命题规律

根据《2014 年国家司法考试大纲:社会主义法治》的要求,"法考"对于社会主义法治的考查内容主要分为六个部分:社会主义法治的基本理论(包括社会主义法治的基本概念和本质属性、理论渊源和实践基础、地位和作用)、依法治国、执法为民、公平正义、服务大局、党的领导。命题方式采取客观题(包括单项选择、多项选择)和主观题(包括简答、案例、论述)。

表 1　2009 至 2019 年社会主义法治主观题及客观题所占分值表

	2009 年	2010 年	2011 年	2012 年	2013 年	2014 年
主观题	20	20	20	18	20	20
客观题	5	5	11	11	11	11
总计	25	25	31	29	31	31
	2015 年	2016 年	2017 年	2018 年	2019 年	平均分
主观题	20	20	20	38	38	23.1
客观题	11	11	11	13	13	10.3
总计	31	31	31	51	51	33.4

资料来源:国家统一法律职业资格考试历年真题详解

表 1 的数据统计显示:第一,从 2009 年社会主义法治从法理学中独立出来,作为一个单独的考查内容,至 2019 年这次考试,社会主义法治部分的主观题考查除 2012 年是 18 分外,皆为 20 分,在 2018 年、2019 年分值更是高达 38 分,社会主义法治作为主观题部分的第一题成为"常驻"考点;第二,在历次考试中,主观题所占分值都远远大于客观题的分值,可见对于社会主义法治的考查主要是通过主观题的形式进行的,这对于学生备考来说是一个需要考虑的重要因素;第三,社会主义法治在独立出来后的历年考试中所占分值都在 25 分以上,2011 年后的平均分达到了 30 分以上,近两年更是达到了 50 分以上,可见这部分内容在

"法考"中已经成为不可小觑的重要考点。

单从客观题的考查内容来看,2009 年至 2019 年社会主义法治各部分所占分值如下表:

表2 2009 至 2019 年客观题知识点分布表

	2009 年	2010 年	2011 年	2012 年	2013 年	2014 年
基本理论	5	1	2	1	0	0
依法治国	0	2	5	2	5	5
执法为民	0	2	1	4	2	1
公平正义	0	0	3	2	2	3
服务大局	0	0	0	1	1	1
党的领导	0	0	0	1	1	1
总计	5	5	11	11	11	11
	2015 年	2016 年	2017 年	2018 年	2019 年	平均分
基本理论	1	2	1	2	2	1.5
依法治国	4	3	4	3	4	3.4
执法为民	1	2	3	3	2	1.9
公平正义	2	1	1	1	1	1.5
服务大局	2	0	1	2	1	0.8
党的领导	1	3	1	2	3	1.2
总计	11	11	11	13	13	10.3

资料来源:国家统一法律职业资格考试历年真题详解

通过对表2的观察,可以得出如下结论:第一,从 2009 年社会主义法治从法理学中独立出来,除在最初两年考查分值保持在 5 分以外,其后分值都保持在 11 分以上,2018 年改革后更是达到了 13 分;第二,关于依法治国这部分内容的考查除 2009 年外,相对于其他部分的考查皆占较大比重,历年的平均分也远远超过对于其他知识点的考查;第三,社会主义法治的基本理论考查分值只在 2009 年时独占鳌头,在其后的考试中仅占一两分;第四,对于服务大局和党的领导的考查近年来呈上升趋势;第五,2012 年以后,对于社会主义法治基本内容的考查至少各占一题,而且是按照依法治国、执法为民、公平正义、服务大局、党的领导的顺序依次出题。

自 2009 年社会主义法治从法理学中独立出来以后,每年在主观题部分都有一道主观题对其进行专门考查,题干如下①:

2007 年:简答我国社会主义法治理念的主要内容,并阐释社会主义法治的核心内容的基本内涵。

2008 年:请根据以上材料,从法与政治和法的作用的角度简答对社会主义法治理念的认识。

2008 年(延期区卷):从法律意识与法律职业的关系的角度,简述社会主义法治理念教育的重要性。

2009 年:请结合中国法治现代化发展进程,简答对社会主义法治理念和"三个至上"重要观点的认识。

2010 年:请结合当前政法领域的三项重点工作,谈谈你对社会主义法治理念的依法治国基本内涵的理解。

2011 年:根据以上材料,可以从哪些方面理解中央领导同志对法学理论工作者提出的要求?请结合社会主义法治理念基本特征,谈谈社会主义法治理念中繁荣法学事业的要求。

2012 年:请根据中央领导同志讲话精神及上述案例,围绕法律与人情、公平与效率相互关系,简述社会主义法治公平正义理念的基本要求。

2013 年:根据以上材料,结合依法治国理念的内涵,从科学立法与民主立法的角度谈谈构建和完善中国特色社会主义法律体系在实施依法治国方略中的意义和要求。

2014 年:根据以上材料,结合执法为民理念的基本含义,谈谈你对构建和完善人民群众权利保护体系的理解。

---

① 参见 2009—2019 年国家统一法律职业资格考试主观题真题。

2015 年：根据以上材料，结合全面推进依法治国的总目标，从立法、执法、司法三个环节谈谈建设社会主义法治国家的意义和基本要求。

2016 年：根据以上材料，结合依宪治国、依宪执政的总体要求，谈谈法律面前人人平等的原则对于推进严格司法的意义。

2017 年：根据材料一和材料二，结合自己对中华法文化中的"天理、国法、人情"的理解，谈谈在现实社会的司法、执法实践中，一些影响性裁判、处罚决定公布后，有的深获广大公众认同，取得良好社会效果，有的则与社会公众较普遍的认识有相当距离，甚至截然相反判断的原因和看法。

2018 年：根据材料，结合自己的实际工作和学习，谈谈坚定不移走中国特色社会主义法治道路的核心要义。

2019 年：请根据以上材料，结合你对党和国家机构改革的认识，谈谈法治政府建设在全面依法治国中的重要意义以及新时代法治政府建设的根本遵循。

通过观察历年关于社会主义法治的主观题题目，可以发现如下一些规律：

首先，除 2007 年外，题干中都增加了结合材料内容作答的要求，材料包括国家领导人的讲话（如 2016 年、2017 年、2018 年等）、法治建设的历史（如 2009 年）以及典型案例（如 2012 年、2014 年）等。在客观题的设计中也体现出同样的特征，如 2011 年卷一第 2 题①："近年来，政法机关通过'大接访''大走访''大下访'等做法，通过开门评警、回访信访当事人等形式，倾听群众呼声，了解群众疾苦，为群众排忧解难。关于这些做法的意义，下列哪一表述是不恰当的？A. 政法机关既是执法司法机关，也是群众工作机关；B. 政法干警既是执法司法人员，也是群众工作者；C. 人民群众是执法主体，法治建设要坚持群众运动；D. 司法权必须坚持专责机关工作与群众路线相结合。"这种结合材料内容进行作答的要求，摒弃了最初以"直来直去"的形式进行设问的方式。如此一来，对考生知识理解的深度，以及运用知识的能力都提出了更高的要求，简单的机械式记忆学习方式难以满足此类题目的考查要求，这就促使考生在日常的学习过程中深入理解并灵活运用知识，做到理论与实践相结合，而这正是法律职业资格考试特色所在。

---

① 参见 2011 年国家司法考试卷一第 2 题。

其次,题干中都限定了答题的角度:2008 年要求"从法与政治和法的作用的角度"作答(延期区要求"从法律意识与法律职业的关系角度"作答),2009 年要求从中国法治现代化发展历史的角度作答,2010 年要求从"政治领域的三项重点工作"的角度作答,2011 年要求从"社会主义法治理念基本特征"的角度进行作答,2012 年要求从"围绕法律与情理、公正与效率相互关系"的角度作答,2013 年要求从"科学与民主立法的角度"作答,2014 年要求从"执法为民理念的基本含义"的角度作答,2015 年要求从"立法、执法、司法三个环节"的角度作答,2016 年要求从"依宪治国、依宪执政"的角度作答,2017 年要求从"司法、执法实践"的角度作答,2018 年要求从"自己实践工作和学习"的角度作答。由此可见,在所有的题目中直接或间接地限定了答题的角度,对于同一个问题或同一份材料,如果从不同的角度进行观察和分析就可能得出不同的结论。"法考"之所以会限定答题角度,部分原因在于防止考生答题时思维天马行空,所答内容千差万别,从而保证评分标准的相对统一,实现阅卷公正;但更重要的原因还在于考查考生的法学理论、法学思维能力,毕竟"法考"是法律行业的专门性考试。

最后,对社会主义法治基本内容的考查有细化的趋势。从 2007 年至 2011 年,倾向于对社会主义法治进行综合考查,而 2012 年以后则侧重于对社会主义法治基本内容的专门考查,如 2012 年专门考查公平正义、2013 年专门考查依法治国、2014 年专门考查执法为民、2016 年专门考查司法、2017 年考查执法与司法,等等,由此可见,社会主义法治的具体内容是当前及未来考查的重中之重。

二、教学对策

(一)理论联系实际

强调在教学实践中理论联系实际,可以说是老生常谈了,但是从上面的分析可知,"法考"的命题特点赋予"理论联系实际"较为特殊的含义和意义。首先,理论联系实际在"法考"中主要是指运用基本理论知识对给定材料进行分析、论证、判断。在对社会主义法治进行考查的过程中,则是运用社会主义法治的相关知识,结合材料中给定的领导讲话、政策制定、民刑案例、社会事件以及法治发展历史等，对问题进行判断和论述。如 2014 年卷一第 7 题①：“下列哪一做法不符合服务大局理念的要求？A. 某省法院审理案件时发现该省地方性法规与全国人大常委会制定的法律相抵触，最终依据法律做出裁判；B. 某市工商局规定收取查询费，拒绝法院无偿查询被强制执行企业的登记信息；C. 某市律师协会组织律师就已结案件进行回访，如案结事未了则为当事人免费提供法律服务；D. 在应对当地自然灾害中，某市检察院积极发挥职能作用，着力保障特殊时期社会稳定。”此题并未对服务大局理念的理论知识进行直接考查，而是在四个选项中设计了与服务大局理念相关的社会事件，对本题的作答必须将服务大局理念的理论知识运用到具体事件中，才能得到正确的答案，对学生掌握和运用基础知识的能力提出了更高的要求。在主观题中也采取了同样的命题形式，要求考生“结合材料”进行作答。这就要求教师在教学实践中，不应只针对教材的理论知识进行讲解，而且应当注意培养学生利用基础知识分析解决社会实际问题的能力。这不仅是“法考”的要求，也是所有教育的要求，教育的目的在于学以致用，而不是仅仅满足于“知道”就可以。在教学实践中，可以选取一些典型案例，利用社会主义法治的相关知识对案例进行分析，还可以针对一些国家政策的颁布、国家法律的制定以及国家领导人的讲话，分析它们与社会主义法治之间的关联关系。这样，既可以使学生对这部分知识的学习更加生动、深刻，同时也培养了学生学以致用的能力，一举两得。

（二）角度意识

对于同一问题，可以从不同角度进行认识和分析，法律职业是一个高度专业化的职业，法律职业资格考试作为法律专业的权威性考试，其考查问题的角度一般应当限定在法律的视野范围之内。例如 2011 年卷一第 5 题②：“某高校司法研究中心的一项研究成果表明：处于大城市‘陌生人社会’的人群会更多地强调程序公正，选择诉诸法律解决纠纷；处于乡村‘熟人社会’的人群则会更看重实体公正，倾向以调解、和解等中国传统方式解决纠纷。据此，关于人们对‘公平正义’

---

① 参见 2014 年国家司法考试卷一第 7 题。
② 参见 2011 年国家司法考试卷一第 5 题。

的理解与接收方式,下列哪一说法是不准确的? A.对公平正义的理解具有一定的文化相对性、社会差异性;B.实现公平正义的方式既应符合法律规定,又要合于情理;C.程序公正只适用于'陌生人社会',实体公正只适用于'熟人社会';D.程序公正以实体公正为目标,实体公正以程序公正为基础。"对于题目中所给的材料,可以从社会学、政治学、心理学、诉讼法学等角度进行分析,但是题目中却限定了必须从"人们对'公平正义'的理解与接收方式"的角度进行理解和作答,因而考生就应当在平时的学习中刻意培养自己"定向思维"的能力。在教学实践中,教师对学生角度意识的培养可以同理论联系实际的能力一起进行,因为对材料的分析必然要限制在一定的角度之内。尤其在主观题的作答过程中,一定要学会运用法律的思维方式对问题进行思考和分析,再具体一些,即在社会主义法治部分的教学中,要求学生用该部分的知识、结构和理论框架进行分析,在其他法学学科的教学实践中也应当相应地培养这种角度意识。

(三)社会主义法治与部门法的结合

在2009年的司法考试中,社会主义法治的客观题被置于卷一的前5题,2010年同样是卷一的前5题,但从2011年起,除了在卷一中对社会主义法治进行专门考查的前8题外,在卷二和卷三中也出现了对于社会主义法治与刑法、民法、行政法等一起考查的题目。如2011年卷二第1题①:"关于社会主义法治理念与罪刑法定的表述,下列哪一理解是不准确的? A.依法治国是社会主义法治的核心内容,罪刑法定是依法治国在刑法领域的集中体现;B.权力制约是依法治国的关键环节,罪刑法定充分体现了权力制约;C.人民民主是依法治国的政治基础,罪刑法定同样以此为思想基础;D.执法为民是社会主义法治的本质要求,网民对根据《刑法》规定作出的判决持异议时,应当根据民意判决。"这是一道社会主义法治与刑法结合考查的题目,对题目的作答要综合运用两方面的知识,与此相似的还有2011年卷二第21题、2012年卷二第2、23题、2013年卷二第2题、2014年卷二第1、2题等。此外还有社会主义法治与民法结合考查的题目,如2012年卷三

---

① 参见2011年国家司法考试卷二第1题。

第 1 题①："张某从银行贷得 80 万元用于购买房屋，并以房屋设定抵押。在借款期间房屋被洪水冲毁。张某尽管生活艰难，仍想方设法还清了银行贷款。对此，周围多有议论。根据社会主义法治理念和民法的有关规定，下列哪一观点可以成立？ A. 甲认为，房屋被洪水冲毁属于不可抗力，张某无须履行还款义务。坚持还贷多此一举；B. 乙认为，张某已不具备还贷能力，无须履行还款义务。坚持还贷是为难自己；C. 丙认为，张某对房屋的摧毁没有过错，且此情况不止一家，银行应将贷款作坏账处理。坚持还贷是一厢情愿；D. 丁认为，张某与银行的贷款合同并未因房屋被冲毁而消灭。坚持还贷是严守合约、诚实信用。"与此类似的还有 2014 年卷三第 1 题、2013 年卷三第 1 题、2012 年卷三第 51 题、2011 年卷三第 1 题等。社会主义法治本来就属于理论法学的范畴，其与应用法学存在密切的联系，二者难以割裂。因此，在社会主义法治教学过程中，可以适当引用部门法的相关内容将法治理念具体化；在部门法教学中，也可以探索具体的法律规定及案例，反思其体现了哪一项或者哪几项社会主义法治的具体内容。

（四）教学重点的设定

从表 1 中可以得知，社会主义法治在"法考"中约占 5% 的比重，且有逐年上升的趋势，相对于社会主义法治总的知识数量来说，应当算是重点"考查对象"了。历年"法考"中社会主义法治考查的所有主观题都涉及社会主义法治的基本内容，或是综合考查，或是针对某一项或几项内容专门考查，并且在客观题中对这一部分的考查也占据了绝大部分的分值。随着党的十八届四中全会的召开以及《中共中央关于全国推进依法治国若干重大问题的决定》的通过，依法治国、执法为民等社会主义法治的基本内容应当成为教学的重中之重。

三、对法理学教材的反思

张文显主编、高等教育出版社和北京大学出版社共同出版的《法理学》被公认为是当今中国最权威的法理学教材，在所有法理学教材中《法理学》的使用范围是最广泛的，那么这本教材与"法考"中的社会主义法治部分存在怎样的关系呢？

---

① 参见 2012 年国家司法考试卷三第 1 题。

在张文显最新主编的《法理学》(第五版)①中,最具特色也是与前版区别最为明显的一章是"第二十六章 全面依法治国 建设法治中国",本章被置于全书的最后一章,可被视为"压轴好戏"。此章共分为四节:全面推进依法治国方略、中国特色社会主义法治道路、建设中国特色社会主义法治体系、全面推进法治中国建设。但是,全章并未出现过"社会主义法治"的标题,甚至在正文中也始终没有出现"社会主义法治"的字眼。

与"法考"中社会主义法治部分直接相关的只有"依法治国"和"党的领导"的部分内容,而关于社会主义法治的概念、特征、本质属性、理论渊源、实践基础、地位、作用、执法为民、公平正义、服务大局则没有直接相关的内容。只是在"第十六章 法的实施"中的"第三节 执法"中有关于"执法为民"的相关表述,在"第二十一章 法的基本价值"中的"第四节 法与正义"中有关于"公平正义"的部分内容。可见,张文显主编的《法理学》与"法考"中的"社会主义法治"部分有严重的"脱节"。学生如果仅通过学习教材来掌握相关的内容则难以应付"法考"的需要。虽然反对者可以以法理学教材不应根据"法考"进行内容设置为由,为现存教材内容进行辩护,但是,既然社会主义法治在"法考"这样一个全国性的、具有权威性的、影响力巨大的考试中被置于所有客观题和主观题的最前面,而且所占分值比重也比较大,这就证明社会主义法治应当在法学教育中占据重要地位和作用,这种地位与其在《法理学》教材中的地位显得格格不入。教材中不仅相关内容很少,而且知识分布比较分散,这对学生进行社会主义法治部分的系统学习造成极大困扰。与之形成鲜明对比的是,俗称"三大本"的法律出版社出版的《国家统一法律职业资格考试辅导用书》(第一卷),其对"社会主义法治"部分的讲述极为系统全面。学生只有通过对"三大本"的学习才能系统掌握相关理论知识,但这样就会造成如下两个问题:第一,对于社会主义法治的学习只能靠学生自学,因为教师极少将教材知识体系之外的内容进行系统讲解,这样就可能造成学生对这部分知识的理解不够深刻;第二,增加了学生的学习负担,学生既要对教材中的相关内容进行学习,同时又得对"三大本"中的相关知识进行学习,重复

① 参见张文显《法理学》(第五版),高等教育出版社2018年版。

所作功课较多。因此，在对法理学教材进行再次修订时，可以将"社会主义法治"作为单独一章，这样能体现社会主义法治的重要地位，也方便了学生备考。

四、结语

社会主义法治在"法考"中的命题规律具有一定的普遍性，可以将这些规律有选择地举一反三，适用到其他学科的命题上。例如，要求结合给定材料进行作答、设定答题的角度、不同学科之间的综合考查等，这些规律同样表现在民法、刑法、行政法、诉讼法、宪法等学科的命题中。因此，不仅可以在社会主义法治的教学中适当调整教学方法以适应"法考"的需要，而且在其他法学学科，甚至其他社会科学、自然科学的教学中都可以进行借鉴，做出相应的改变。例如，在社会学的教学中也可以使用案例教学法，在政治学的教学中也可以培养角度意识。所有的知识都是人类在实践过程中对于外部世界以及人类自身的认识，世界是一个整体，知识也具有整体性，对知识进行传授的方法也应当具有某些一致性，这在现代社会已成为一种共识。对于社会主义法治在"法考"中命题规律的探析，可以作为一个突破口，剔除不合理的陈旧的教学方式，更新教学理念和方法，以惠及学生和社会。

刑事辩护词撰写的思考

崔　磊[①]

随着法学本科及法学研究生不断扩招,法学本科及法学专业硕士研究生教育是一种职业教育已经形成共识,只有少数学生从事法学高端研究,大部分学生会进入法律实务部门从事法律职业工作,尤其是从事律师工作。目前律师队伍扩张,律师行业竞争惨烈,行业分工越来越细,例如专门从事非诉业务的非诉律师,或从事诉讼业务的诉讼律师,还有诸如商事律师、民事律师、刑事律师等。做刑事律师为犯罪嫌疑人、被告人辩护是律师的主要职责,其辩护词是刑辩律师的硬核所在。

一、撰写刑事辩护词的重要地位

所谓刑事辩护词是辩护律师对在法庭审判过程中发表的意见进行总结、归纳、整理、汇编而形成的书面材料,这一材料不仅是在法庭辩论中的辩论提纲,还包括对整个庭审过程的举证、质证意见,甚至还囊括侦查阶段、起诉阶段的意见或建议。狭义来讲,刑事案件辩护词是辩护人在参与刑事诉讼活动中,按照法定程序,为履行其职责,向法庭发表的为维护被告人的合法权益的法庭演说词。

辩护律师在整个刑事案件中要撰写的司法文书很多,例如,取保候审申请书、检察监督申请书等。但相比较起来,刑事辩护词更为重要,尤其当下我国法院推行以庭审为中心的司法改革,这就更加凸显了辩护词的核心所在。就目前

---

① 崔磊,博士,天津商业大学法学院副教授,刑法硕士生导师。

来看,法院审理的刑事案件,很少当庭宣判,主审法官通常在庭审后研究合议案子,需要对庭审情况中控辩双方的意见进行回忆,如果时间稍长,加之工作中其他案件分心,审判者对庭审记忆必然逐渐模糊,更需要借做其他材料帮助其恢复庭审记忆,尽管法院有书记员或者全程录像,也很难全面记录下全部庭审情况,。为了对当事人负责,维护当事人最大的合法利益,辩护律师有义务协助审判者记住自己在庭审中发表的意见,因此最好的办法就是庭审结束后,将自己在庭审中的发言及办理此案过程撰写的书面辩护词,主动及时交给法庭;还有一个重要因素,我国不少法院对于刑事案件还有审判委员会内部审核的程序,特别是最终判决无罪及重大影响的案件,大多需要审判委员会集体讨论决定。由于一些能决定案件结果的法官并没有参与法庭审理,他们对案件的了解基本上是案件承办法官的介绍和对案卷中材料的分析,因此刑事辩护律师提交一份好的刑事辩护词,有助于这些法官掌握案情,作出有利于当事人的判断。

二、撰写刑事辩护词准备工作

（一）会见犯罪嫌疑人或者被告人,挖掘出有利于当事人的材料

会见当事人要正确认清律师的地位,刑辩律师既不是正义、公平的化身,也不是代表国家的法律,说白了刑辩律师其权利的来源是基于当事人委托而形成,目的是依法为委托人服务,因此会见当事人一定要摆正关系、端正态度、耐心倾听但不能轻信,更不能训斥、贬低他们,这样当事人才能将心里的话说给你,这样律师才能获得案件的真实材料,为撰写辩护词准备素材。当然律师在会见时一定要依法行事、遵守规则,并且谨言慎行、做好自我保护。

（二）调查取证为辩护寻觅有利证据

当今社会辩护大致可分两种,即积极辩护和消极辩护。一般来说,在一个法治高度发达、程序法得到重视的国家里,控方承担举证责任,律师只要攻破控方的证据,击破控方的证据链,辩护就会获得成功,律师不需要调查取证,律师的主要角色是在法庭里能动地辩护,这就是消极辩护。就我国目前现有的司法现状和法治水平,采用消极辩护很难达到辩护的目,因此必须走出法庭调查取证,寻找出有利于当事人的证据,才能撰写出中有利于被告的积极辩护词。

（三）阅卷是撰写辩护词核心所在

我国刑事案卷数量之多是其他国家无法比拟的，并且在我国法庭大多是靠卷宗来定罪的，刑辩律师辩护的许多要点都是从案卷宗中得出的，因此律师阅卷对写辩护词至关重要，笔者从最近的律师实务中总结出如下几个方面：首先，要全面细致地通览全卷，不管案卷的多寡，都要耐心将其全面地读一遍；其次，要精读重点，带着问题、找出问题去阅卷，一定要善于在卷宗中发现问题；再次，要理清线索，有的案件复杂，卷宗记载绕来绕去乱成一团麻，因此律师一定要把复杂问题简单化，不能像学者那样把简单问题复杂化，必须找出线索，理出思路，将复杂问题简化；最后，要客观阅卷，分析案卷的思路一定要客观、实事求是，绝不能先入为主，更不能盲目乐观。

阅卷要根据不同的案件要制定图表，尤其是经济类的刑事案件，画出图表并列出证据目录，再复杂的案件都可以找出其脉络，尽快吃透案件，做到心中有数，这样在法庭辩护时就能有的放矢、精准辩护。

除了上面所讲的准备工作外，要对所有证据仔细审核对，对案件事实特别是上升到法律事实的一定要认真分析，还要在开庭前会见被告人并与其沟通，征询其想法，律师的辩护词一定与被告的辩护相佐，绝不能矛盾。如果被告自己做无罪辩护，而律师坚持做罪轻辩护，二者在法庭上吵起来了，如果遇见这种状况是非常尴尬的事情。可有的律师还以为，这是在独立行使辩护权。律师的辩护权是来源于当事人的委托，是当事人拿钱请你为其辩护，而你却独立于当事人的意志之外行使辩护权！未能做到忠实于当事人、与当事人保持一致。

三、列辩护提纲

法庭上变化万千，律师为了应对这一变化，必须列辩护提纲，形成辩护思路，做到心中有数，列提纲一般从以下几个方面分析：首先，对案件的实体分析，也就是案件的事实部分进行分析、论证，这就是法庭所说的事实辩护，也就是案件事实是否存在着争议的焦点；其次，对案件证据进行分析，刑事案件证据是整个刑事诉讼过程的基石，如果证据不存在或者存在瑕疵，会影响整个案件认定，因此要分析证据的"三性"即客观性、合法性和关联性，另外律师应当向犯罪嫌疑人、被告人核实有关证据；再次，对案件程序分析，任何实体都是在程序合法的前提下取得的，因此无论案件的实体部分,还是案件的证据部分,都是依赖于程序的,因此程序部分很关键;最后,对案件涉及法律分析,在论证、研究案件时一定要吃透与案件有关的所有法律、政策,对案件的理论问题一定要分析到位,不能囫囵吞枣。辩护提纲将上面内容列出后,还应注意它们的整体性,并且还要研究案件的背景,许多案件的背景都有其特殊性,因此适当地研究一下案件背景,并加以释明。

四、辩护词结构

刑事辩护词结构没有固定的模式,也不应该有固定模式,一般来说,由以下内容组成:首先,前言部分,主要写尊重裁判者之类的言语,并且对辩护律师自己作简要的介绍,如果律师准备做无罪辩护,应该在此处阐明为被告做无罪辩护的观点。其次,论证部分,此部分实属辩护词重点内容,在法庭辩论时,通过法庭举证、质证、认证的铺垫,因此辩护律师撰写辩护词时就可以直奔案件主题来写,直接分析论证案件的焦点问题,为了追求辩护词书面的完整性,辩护词也要对案件情况做概括性的介绍,当然这种介绍不是简单地将起诉书内容抄一遍。当然在辩护词论证部分要看对案件的定性,如果是做无罪辩护的话,其辩护词论证中部分要围绕着无罪进行事实、证据、法律分析,得出结论是无犯罪事实中的无罪、法律规定中的无罪或证据不足的无罪;如果是做罪轻的辩护,主要是从量刑从轻、减轻或者免除刑罚进行论证,具体讲主要从自首、立功、坦白等方面找依据,还有犯罪、量刑、法定的从轻情节和酌定的从轻情节查找论据,最好用传统的犯罪构成的四要件理论即客体要件、客观要件、主体要件和主观要件理论对犯罪进行论证分析,因为现在执掌法院的刑事法官多半是 20 世纪 80 或 90 年代政法院校毕业的大学生,这批法官接受刑法学理论都是苏联时期的刑法理论,其犯罪构成是四要件理论,因此,如果辩护律师运用现在大学课本中犯罪构成理论中大陆法系的三阶层理论,这批法官很难接受,就达不到辩护效果。当下有些刑法学者力主犯罪构成的三阶层理论,并且批驳犯罪构成的四要件理论,从概念层面上来讲确实有很大差距,但如果从实践运用上来讲很难说三阶层理论就优于四要件理论,事实上四要件理论已经运用到我国司法实践中,并且在大多数法官的大脑中形成了深深的烙印,再说辩护词绝非论文,而是司法应用文,必须考虑到我国司法的具体情况。辩护律师要充分运用法学素养和诉讼经验,从事实、证据、法律等全方位来论证对当事人有利的论点、论据。结尾部分,要用简练的语言对论述部分进行归纳,并再次说明其辩护的结论,最后,应对法庭的工作表示感谢。

五、辩护词修改

好的文章是多次修改打磨而成,好的辩护词也是如此,经过庭审中举证、质证、认证活动,许多问题都可能暴露出来,因此辩护律师将原来写好的开庭辩护词经过庭审后进行修改,修改辩护词需要明确的是,辩护词是带有强烈目的性及功利性的,要围绕证明案件事实和评价事实的目的。因此,修改辩护词要注意以下方面:

(一)抓手、要点、结构体、呼吁行动是修改辩护词采用的措施

所谓抓手,用来与当事人、公诉人、裁判者产生联结,吸引其注意力;要点是指辩护律师想要对外灌输的观点;结构体是指运用"首先、其次、再次、最后"等连接词构建严谨逻辑结构,为辩护要点提出令人信服的论点、论据;呼吁行动就是将讲话要点具体化,把一个抽象观点转变为若干具体行动步骤。

(二)修改辩护词其内容一定要围绕利益、关系、行为三个关键要素进行

当事人期待从辩护律师处得到倾向性的意见和判断,在此种情况下,律师应主动把控节奏,逐一了解利益、行为、关系三要件,重新精简、建构法律事实。

从利益层面,了解当事人的诉讼目的,询问当事人付出了什么,想要得到什么。如果当事人希望达到的诉讼目的在客观上难以实现,律师应及时给予建议,调整当事人的预期,探求其辩护的路径。

从关系层面,律师应从与当事人的沟通中迅速提炼信息。对法律关系的定位不应囿于法律条文,而应探寻法律条文精神所在,才能抓住法庭辩论核心。

从行为层面,律师应当提炼各方信息、快速整理和表达法律事实,引导法庭中的各方利益主体向有利于当事人方转化。

总之,律师的辩护词非常重要,尽管看起来是一纸辩护词,事实上是律师对代理整个刑事案件工作的总结,也是面对法庭中法官、检察官、工作人员、当事人、当事人亲属、其他旁听者的演讲词,因此其写作一定要带有演讲稿的特征,从某种程度来说,也是一名律师才华的体现,更是律师运筹帷幄之中、决胜于法庭之上的利器所在。

本科刑法学教学中的案例教学法探析

王志强①

引 言

本科教育是我国现阶段高等学历教育的组成部分，相对于专科教育与研究生教育，本科教育在我国高等学历教育体系中具有承前启后的重要意义。教育的发展是社会发展的一部分。针对我国当前的本科教育，教育部在 2018 年 9 月发布的《关于加快建设高水平本科教育全面提高人才培养能力的意见》指出：高等学校必须主动适应国家战略发展新需求和世界高等教育发展新趋势，牢牢抓住全面提高人才培养能力这个核心点，把本科教育放在人才培养的核心地位、教育教学的基础地位、新时代教育发展的前沿地位，振兴本科教育，形成高水平人才培养体系，奋力开创高等教育新局面②。作为系统化的专业教育，就塑造文化素养与传授专业知识而言，在学历教育的一系列环节中，中心环节之一是教学。因此，在一定意义上，可以认为发展本科教育的关键就是发展本科教学。法学是现阶段我国高等院校本科教育中的一个类别。在我国实行依法治国的进程中，通过本科法学教学质量的提高推动本科法学教育的发展具有一定的时代性。

本科专业教学质量的标准化是我国近年来采取的发展本科教育的重要举措。2018 年 1 月，教育部发布了《普通高等学校本科专业类教学质量国家标准》。

---

① 王志强，天津商业大学法学院副教授，法学博士。
② 《教育部关于加快建设高水平本科教育全面提高人才培养能力的意见》，http://www.moe.gov.cn/srcsite/A08/s7056/201810/t20181017_351887.html，2020 - 12 - 12。

按照《普通高等学校本科专业类教学质量国家标准》，法学专业核心课程采取"10 + X"分类设置模式，其中，"10"是指法学专业学生必须完成的 10 门专业必修课程，包括：法理学、宪法学、中国法律史、刑法、民法、刑事诉讼法、民事诉讼法、行政法与行政诉讼法、国际法、法律职业伦理①。法学是由建立在法律以及相关社会现象之上的不同知识领域构成的知识门类。仅就上述 10 门课程来讲，由于知识构造特点的不同，无论在教师的教学方面，还是学生的研习方面，都存在着差异。法律以及相关社会现象均源于生活，对法律以及相关社会现象的认识也应扎根生活。然而，由于需要发挥理论对生活的指导作用，人们对法律与相关社会现象的知识性提炼不可能只是对既有生活的复制，还会表现为以创造性的术语、概念、原理等知识元素编织而成的理论图式。经验是人们体验、感知与理解生活的最有效方式。由此，为了把握理论在生活中的应用，以贴近或取自生活的例子解释理论的案例教学便成为法学教学的重要方式，对类似刑法与民法这样的以基本法律为主要研究对象的部门法学来讲尤为如此。通常认为，与其他部门法相比，刑法有三个突出特点。一方面，刑法属于"二次性"的法。例如，按照蔡枢衡先生的观点，刑法是规定怎样是不应该，以及有了不应该之后如何处置的法律，而刑法中规定的不应该则来自规定怎样是应该的那些前提性的法律②。另一方面，与刑法是"二次性"的法相关，和其他部门法相比，刑法调整的社会关系最为广泛。再者，刑法与人们日常生活的距离较大，因为并非所有人都会接触犯罪与刑罚这两大主题或有较高的接触频率。概言之，由于刑法具有调整社会生活方式的特定性、内容的开放性以及远离日常生活的特点，刑法学③在日常教

---

① 教育部高等学校教学指导委员会编：《普通高等学校本科专业类教学质量国家标准》（上），高等教育出版社 2018 年版，第 34 页。

② 蔡枢衡：《刑法学》，中国民主法制出版社 2011 年版，第 8 页。

③ 此处所讲的刑法学，在学理层面主要是指以对现行刑法的解释为主要内容的规范刑法学，也可称刑法解释学或刑法教义学。对于后文提到的刑法学，凡未明确其含义的，均指规范刑法学。

学中往往被学生认为学习难度较大。例如,据笔者对"刑法学学习状况"的调查①,在"与其他部门法学相比,您觉得刑法学的学习难度如何"这个问题中,本科生中认为"很难"的占 11.54%,认为"比较难"的占 60.77%,认为"不太难"的占3.08%,认为"一般"的占 23.85%,认为"简单"的占 0.76%。刑法以及相应的刑法学构造都是不断发展的。所以,对刑法学教学的认识应具有持续性,其中当然包括如何完善案例教学。

一、刑法学案例教学的研究现状

（一）研究文献的数量极少与刊载文献的刊物的影响力不足

研究教学是开展教学活动的必要环节。因为,教学研究不仅可以使教师总结与反思自身的教学过程,还可以在教师间形成教学共同体,从而促进教学经验与教学理论的交流与发展。在教学研究的角度,如果以笔者对收录于"中国知网"的研究文献的统计②为例,可以认为,至少从 1992 年开始,我国已出现了以刑法学案例教学为专门研究主题的文献,2008 年以后,此类文献的发表量增多,年度发表量最多的为 7 篇,从 1992 年到 2020 年,以刑法学案例教学为专门研究主题的文献共计 70 篇(见图 1)。关于刑法学案例教学的研究状况,高永明在 2015年发表的一篇文章中曾进行过文献分析。按照高永明的研究,除了只有 54 篇这样的研究成果极少的情形外,刊发这些文章的多为一般综合类期刊,而造成此状况的原因可能有两个,一是刑法案例教学研究没有引起足够重视,二是进行这方面研究的人较少③。事实上,按照笔者的统计,能够得出的结论与高永明的类似。除此以外,结合统计结果,笔者认为,至少还有以下需要进一步思考的问题:一是

———————————

① 此次调查的时间为 2020 年 11 月 24 日到 28 日,调查对象为"刑法学总论"学习完毕、"刑法学分论"学习接近尾声的二年级本科生,以及"刑法学"学习接近尾声的非法本法律硕士研究生的一年级学生。其中,本科生共为 271 人,提交回答结果的人数为 130 人,研究生为 17 人,提交回答结果的为 14 人。需要指出的是,在被调查对象中,本科生中有两个班的 91 人是笔者讲授"刑法分论"的班级。后文也会涉及此次调查,为了称谓的方便,笔者将此次调查称为"刑法学学习状况调查"。

② 笔者以"刑法案例教学"为主题词,在"中国知网"进行全文检索,检索日期为 2020 年 12 月 27 日。从检索结果来看,共有 109 篇研究文献,如果从中剔除外文文献,中文文献为 104 篇。在这些文献中,如果再剔除报道、一般意义的法律问题研究、一般意义的刑法学研究和具体的案例研究,则从 1992 年到 2020年,以刑法案例教学为专门研究主题的文献为 70 篇。

③ 高永明:《刑法案例教学的基本路径》,《柳州师专学报》2015 年第 3 期。

一些研究文献在内容上雷同或重复,且多侧重于教学操作的层面,如主要是围绕案例的选取、案例的设计或案例的讲解;二是在文章的作者中几乎未出现所谓"名校"的法学专业的教师。教学是传播知识的一种重要手段,教学理论与教学经验的交流是促进教学发展的重要途径。从我国近年来公开发表的研究文献看,至少有两个因素会妨碍刑法学案例教学的理论共享与经验交流,即文献的数量极少和所刊载的刊物的影响力低。假如在此基础上可以做进一步的假设,笔者认为,我国当前高等院校的本科刑法学案例教学带有一定的自给自足与自我封闭的特征。

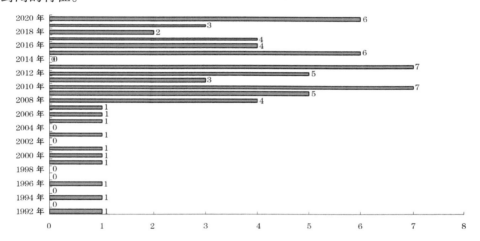

图1 1992—2020 年"中国知网"收录的以刑法案例教学为专门研究主题的文献分布

单位:篇

(二)刑法学案例教学的研究与本科法学专业的规模不对称

教学研究状况是反映教学活动的一个侧面。刑法学是现阶段我国高等院校法学专业必备的主干课程。在刑法学的授课中采用案例的方式也是教师常用的方法之一。对于刑法学中的案例教学的意义,有观点甚至认为,如果老师不能将案例讲得生动有趣,富有吸引力,那肯定不是一堂成功的刑法课①。那么,按一般常识加以推论,作为法学专业的主干课程,有关刑法学案例教学的研究成果在数

---

① 程彤华:《公安成人高校刑法教学之我见》,《广州市公安管理干部学院学报》2000 年第 3 期。

量上至少应当与高等院校法学专业的设置规模相适应。然而,事实并非如此。关于我国近年来高等院校法学专业的设置情况,有研究指出,伴随 1998 年开始的大学扩招浪潮,作为热点的法学专业急剧膨胀,据 1998 年底的统计,全国普通高等院校设立法学专业点的有 214 个,2007 年 5 月,全国有 604 所大学设立法学本科专业①。高等院校年度本科招生数量是反映高等院校本科法学专业规模的一个量化指标。为此,笔者以我国教育部发布的 2000—2019 年普通本科法学学科招生数为依据,对 2000—2019 年我国普通本科年度招生数进行了统计。结果表明,除了在 2008 年、2010 年与 2013 年这三个年度出现招生数的略微波动外,我国普通本科法学学科招生数大致呈上升趋势,且这种趋势自 2014 年以后尤为明显(见图 2),在招生数量上,2019 年约是 2000 年的 2.97 倍。结合上述两个方面,可以认为,我国高等院校的法学专业的规模在近些年来是趋增的。那么,如果将我国高等院校法学专业设置的规模与近年来公开发表的关于刑法学案例教学的研究文献数量加以比较,其明显的反差是不难发现的。

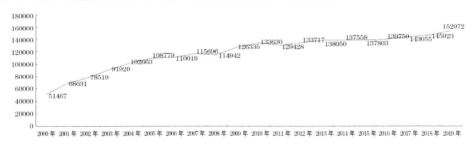

图 2 2000—2019 年我国普通本科法学学科招生数的分布　　　　单位:人

数据来源:2000—2019 年教育统计数据,教育部网,http://www.moe.gov.cn/s78/A03/moe_560/jytjsj_2019/,访问日期,2020 年 12 月 20 日。

教学是对人的工作,教学过程具有丰富的内涵,有的可以量化,有的则不能量化。同样,我们也不能把从事实际教学的情况与发表教学研究成果的情况予以简单并列。在实际教学中,有的教师可能只擅长"讲",但却不擅长"写"。而

---

① 栾俪云,戈顿,潘文波,曾恒皋:《60 年:改变中国的法治进程》,社会科学文献出版社 2015 年版,第 500 页。

且,就我国当前来看,从事教学工作与从事科研工作不同,发表教学研究成果并非是衡量教学工作的重量级参照。但是,在我国近年来高等院校法学专业设置规模扩大的情况下,从 1992 年到 2020 年,只有 70 篇有关刑法学案例教学的文章公开发表。如果再考虑高校教师可能需要发表教学文章这样的教学考核因素,当前关于刑法学案例教学的研究状况与案例教学在刑法教学中的意义似乎并不对称。我们并不否认,如此的状况可能涉及诸多因素,但这里面至少也揭示了这样的问题:有关刑法学案例教学的研究意识不足,刑法学案例教学研究是薄弱环节。

二、刑法学案例教学法的基本内涵

在法律的基础上衍生的法学是以知识构造为特征的对法律这种社会创制物的再创制。应当说,以尊重法律的客观性为前提,以获取知识为目标的法学教育可以没有固定模式。然而,教育是个宏大的概念。作为教育中的一个类别,高等学历教育属于制度化的教育。具体到我国,如教育部发布的《普通高等学校本科专业类教学质量国家标准》指出:法学类专业教育是素质教育和专业教育基础上的职业教育①。也就是说,以素质教育和专业教育为基础的职业教育目标是需要高等院校的法学教学遵循的基本方向。此外,由于部门法学的教学应体现部门法的特点及其发展,不同部门法学的教学要求和教学特点可能各有千秋。作为法学教学中的一类方法,一般层面的案例教学至少应考虑三个因素,即教学要求、学生的特点以及法律职业的特点。刑法学的案例教学也如此,区别是如何表现自身的特殊内涵。

(一)刑法学案例教学是生活常识的专业化体现

"以例示理"——通过具体、明了、贴近常人生活的事例阐明某个言说对象的含义是人们在日常生活中常用的方法。究其原因,一方面,可能因为某言说对象的含义过于抽象或专业而不易被理解;另一方面,可能因为言说者意图使他人明确言说对象的含义。"以例示理"这种方法具有解释的功能,并使被认识的对象

---

① 教育部高等学校教学指导委员会编:《普通高等学校本科专业类教学质量国家标准》(上),高等教育出版社 2018 年版,第 33 页。

能较为真实地融入现实生活。因而，"以例示理"在知识的生产与创造领域也得到了运用，如法律界对判例的研究、教育界对案例教学的引入，以及实务部门在法律普及中的"以案示法"等。

刑法是关于犯罪以及如何为犯罪配置刑罚的法律。诚如所知，在我国当前的法律制裁体系中，刑罚是最严厉的。假如某人被认定为犯罪，刑罚的适用可能涉及对其自由乃至生命的剥夺。换言之，刑法在适用中需要高度严谨的标准。法律是抽象的。为明确特有的立场、伦理、方法、内容、含义与适用规则，刑法需要在条文中创造超越日常生活并具有专属性的术语或概念。法律条文是借助语言的规则表达的。为尽量使刑法条文能被常人所理解，刑法条文的语言表述可能会隐去一些专业化程度较高的术语或概念。为准确理解和运用刑法，作为知识范畴内的刑法学也可能创造一些特有的术语、概念甚至学说。法律及其运行是事实与价值的统一过程。在该意义上，我们不妨将刑法学理解为对刑法及其运行中所包含的特有价值与事实的学理判断。事实判断与价值判断的同一判断主体是现实生活中的人①，而不同的人在阐释刑法及其运行的过程中会存在各异的情形，即出现主体间性。如前述，我国当前普通高等院校的本科法学类专业教育是素质教育与专业教育基础上的职业教育。那么，无论是在社会中的刑法、文本中的刑法、知识中的刑法、理解中的刑法，还是在我国本科法学教育，将"以例示理"引入本科刑法学教学，或者说在本科刑法学教学中运用案例教学，都需要在遵循生活常识的基础上形成专业化的视角。

（二）刑法学案例教学具有发展之中的多元解读

刑法学案例教学是我国近年来高等院校法学教学研究的一个关注点。从近年来公开发表的研究成果来看，如何开展刑法学案例教学不是固定的模式。如果把已有的研究文献按发表时间进行排序，便会发现，人们对刑法学案例教学的认识已呈现出了多元发展。笔者将其主要归纳为三个方面。

1. 教师与学生的角色定位逐渐明确

教师与学生是教学活动不可缺少的基本角色。如何认识教师与学生的角色

---

① 冯亚东：《理性主义与刑法模式——犯罪概念研究》，中国政法大学出版社 2019 年版，第 30 页。

是影响教学效果的重要因素。不过,在较早的一些研究成果中,对教师和学生在刑法学案例教学中的角色定位没有予以明确,而多是强调案例教学作为刑法学教学方法的作用。例如罗震雷等人认为,案例教学法是指在刑法教学实践中,教师依据教学大纲和教材,根据教学需要,在学生学习基础理论的前提下,选择典型案例,通过分析、讨论、旁听审判等多种形式,在实践中培养学生活学活用刑法知识的一种教学方法①。大致从 2003 年发表的研究成果开始,关于刑法案例教学所强调的一个重点便是突出了学生的参与角色,主要标志是互动式案例教学方法的提出。有观点认为,互动式案例教学由学生充当课堂的主角,教师只作为主持者引导学生通过案例分析来学习刑法知识②。

　　2. 案例应发挥的作用趋于拓展

　　作为一种教学方法,假如说案例教学能得到认同的因素之一是试图改变教师"独霸"课堂的"填鸭式"的授课模式,那么随着人们在案例教学法方面的认识深化,如何看待案例的作用又成为刑法学案例教学法的焦点。在较早的关于刑法学案例教学的研究成果中,对案例的作用的认识侧重于教师的"教学"。例如杨清元认为,案例教学选择和使用的案例应着眼于说明刑法学教材所阐述的理论、原则和观点,目的是培养和训练学生运用刑法理论分析和解决实际问题的能力③。应当说,在笔者搜集的研究文献中,案例是刑法学案例教学研究始终关注的问题(如案例的选择以及案例可能对学生产生哪些影响等)。不过,对于案例在刑法学教学中可能会有哪些作用,2015 年发表的一篇文章提到了一个接近立体的术语——"全景"式案例教学。该文指出,"全景"式案例教学是介于训练式和模拟法庭之间的一种刑法学教学方法,其中的案例选择应是实际发生的而不是教师为教学模拟出来的,且学生能够从中找出案件需要的法律要点,也即要保证案例的原生态,使学生有身临其境的感觉④。显然,按照"全景式"案例教学的

　　① 罗震雷、刘良、肇恒伟、孟昭武:《案例教学法在刑法教学中的应用》,《辽宁教育研究》2000 年第 3 期。

　　② 王占洲、林苇:《刑法教学中的互动式案例教学法》,《贵州警官职业学院学报》2003 年第 1 期。

　　③ 杨清元:《在刑法教学中如何进行案例教学》,《广西大学学报(哲学社会科学版)》1992 年第 6 期。

　　④ 胡蓉:《"全景"式案例分析法在刑法教学中的应用》,《法制与社会》2015 年第 29 期。

设想,这种教学对学生的锻炼是较为全方位的,甚至超出了刑法本身,如对文字的阅读和理解即涉及语言学领域,而对案件当事人的理解则涉及伦理学领域。

3. 注重学生的职业化操作能力成了发展方向

刑法的语言是晦涩的。而且,不仅有些术语和法条的含义超出了日常生活的经验,甚至还易与其他法律产生同词不同意的混淆。为了让学生充分理解概念或法条的含义,在通常的刑法学教学实践中,教师往往会编一些小例子或小故事,甚至可以就同一个例子或故事做些微调而适用其他概念或法条的讲解。可能由于这种"以例示理"的教学方式仍属于理论阐释的范畴,有观点认为,案例教学法不是教师简单地举例子,而是通过典型案例组织学生讨论,引发学生思考,提高学生的综合能力[1]。教学活动的中心既是教师的"教"也是学生的"学",二者相互统一。按照《普通高等学校本科专业类教学质量国家标准》,我国当前的本科法学教育是职业教育。相应地,如何通过案例教学提高学生的实际工作能力成了近年来法学案例教学关注的方向,其中之一是引入德国法学教学中的鉴定式案例教学。简单地讲,鉴定式案例教学强调统一甚至是公式化的法律适用方法,意在使研习者能在诸多适用法律的可能性中确定最符合法律的最合理的结论。向西方国家寻找法学教学观念或模式是当前我国法学教学的一个特点。甚至是案例教学法,有观点认为都是舶来品,是 1870 年由哈佛大学法学院院长克里斯托夫·兰德尔(C. C. Langdell)首创,用于法学教育领域,在 20 世纪 90 年代才逐渐进入我国的法学教育课堂[2]。毋庸置疑,在法律及其实现的文化视野中,任何国外的法学教学模式都需要经过适合我国具体情况的本土化过程。不过,至少就表面上看,鉴定式案例教学可能较为贴近以职业为导向的实务操作。所以,有观点认为,对中国而言,鉴定式案例教学是继案例教学、诊所教学法之后的新兴教学模式,是对案例教学法与诊所教学法的优势结合[3]。

---

① 高习智:《案例教学法在刑法教学中的应用》,《辽宁公安司法管理干部学院学报》2014 年第 4 期。
② 王亚妮、黄军峰:《案例教学法在民族院校刑法教学中的理性实践》,《西藏科技》2013 年第 3 期。
③ 罗钢、陈正湘:《刑法鉴定式案例教学改革刍议》,《教育观察》2020 年第 25 期。

（三）刑法学案例教学是学生综合素质养成的个性途径

人们对刑法学案例教学的认识是一个由认同到接受，由反思到拓展的逐步发展过程。这其中反映了人们认识事物的由表及里、由粗糙到精细的规律。然而，尽管如此，人们对刑法学案例教学法基本内涵的认识总体上仍较模糊。该结论可突出反映在两方面：一是对刑法学案例教学的界定主要着眼于一般意义的法学案例教学的概念；二是对刑法学案例教学的认识只侧重具体的教学操作。简单讲，缺乏关于刑法学案例教学的概括的个性化理解是当前存在的主要问题。对于如何理解案例教学法，刘东根认为，案例教学法的核心是通过案例来说明、分析某一问题、某一法律制度，培养学生的法律思维和职业能力，而不是仅指以案例为教学的核心，案例的运用也不应有固定模式，不能认为只有以案例引申出法律制度或围绕案例阐述某一制度才是案例教学法，而应发展、利用多种形式的案例教学法①。高等院校的本科教学不同于专科教学和研究生教学，具有从事本专业实际工作和研究工作的初步能力是我国《高等教育法》第 16 条对本科学业标准的规定（见表1）。那么，具体到本科法学专业的教学，则既不是对日常生活经验和常识的直接承袭，也不是对实务操作的教条化照搬，而是应表现为如何使学生形成反思日常生活的法治思维和为学生能够从事实际工作提供理论层面的引导。所以，笔者认为，作为一种教学方法，开展案例教学的主要目的可包括三个依次递进的层次。其中，第一层次是培养学生的法治素养；第二个层次是使学生能理解、把握、识别、判断专业化的法学知识；第三个层次是帮助学生如何将法治素养和法学知识用于日常生活与未来的实际工作。至于刑法学案例教学，其特殊之处在于，通过案例的引入使学生掌握定罪与适用刑罚的意义，借以区分解释和运用刑法的特有理论与技术，从而将刑法的研习纳入自身整体的法治素养与法律专业知识的塑造过程中。

---

① 刘东根：《公安院校本科教育中刑法案例教学法的建构》，《公安教育》2009 年第 1 期。

表 1　我国《高等教育法》对不同高等学历教育的学业标准的规定

学历教育的阶段		学业标准
专科		具有从事本专业实际工作的基本技能和初步能力
本科		具有从事本专业实际工作和研究工作的初步能力
研究生	硕士	具有从事本专业实际工作和科学研究工作的能力
	博士	具有独立从事本学科创造性科学研究工作和实际工作的能力

三、刑法学案例教学的主要特点

案例教学这种教学方法是附随于教学的方式展开的。当前,我国高等院校开展法学教学主要是以课堂教学为主。课堂是人与人之间相互沟通的集中场所。在课堂中,无论是讲课的教师还是听课的学生,都是以自身的价值判断和生活经验为基础扮演相应角色的。因此,在对教学案例以及案例教学的理解方面会形成不同的观念,有的甚至带有彼此的对抗性。尤其在刑法学教学中,在讲解一些生活中的敏感术语或敏感罪名的案例时,可能会遇到学生的内在抵制,认为不应当在课堂上讲这样的例子,或者干脆认为与己无关。法律对生活的调整有其特定的规则。由此,决定了法律的研习者需要形成专业视角与专业思维,甚至还要具备某些前置的知识结构。例如,周光权曾认为,本科阶段学习刑法,必须建立在学习了法学入门知识乃至民法总论、侵权责任法等部门法之后①。诚如所知,我国当前进入大学本科学习法学专业的学生多来自中学的学习生活,且有文科和理科的不同背景。换言之,学习法律对他们来说既是陌生的也是外在的。所以,如果将刑法学案例教学视为结构性的过程,教师在课堂上应始终扮演主导角色。与此相应,就需要教师把握刑法学案例教学中的某些特点。教学是以尊重人的正常认识规律为基础,从而使学生在由知识客体变为知识主体的过程中把握知识与运用知识的过程。基于此,笔者认为,在教师的角度需要把握的刑法学案例教学的特点主要包括以下方面:

---

① 周光权:《刑法学习定律》,北京大学出版社 2019 年版,第 18 页。

（一）教师与学生的互动性

与学生就某些知识点展开互动是教师在课堂教学环节需要掌握的教学技巧。之所以如此，一是能使教师把握学生在理解某些知识点时存在的突出问题，并可适时予以纠正；二是能使教师发现学生思考问题的特点，确保课堂授课体现针对性；三是能使教师了解学生在学习方面的需求，确保教师能调整必要的教学方式或教学内容；四是可以激发学生参与问题的思考。案例教学与纯粹的概念性的知识讲授不同。其中的差别之一，就是即使是微小的案例，也都涉及事实描述、事实描述与刑法术语或刑法条文的衔接度以及预期的结论。而且，由于刑法的适用讲究高度严谨，在刑法案例的事实描述中，哪怕是一个字或一个词的不同，都会导致结论的差异。例如，在"甲致乙死亡"这样的小例子中，"甲举枪杀死乙"和"甲擦枪走火致乙死亡"这两种情形可能就表示甲的罪过形式有差别。因此，笔者认为，在以案例讲解刑法的过程中，教师与学生的互动还应注重三个方面：一是了解学生是否明确了案例所描述的事实情节；二是设问是否超出了学生的知识面和生活常识；三是学生是否把握了案例事实与刑法术语或刑法条文的衔接方法。

（二）案例引入的条件性

倡导案例教学是当前法学教学的潮流，以至于某种形式的案例教学被视为课程改革的模式。毋庸讳言，案例在帮助学生理解和运用法律方面具有优势。而且，除了类似法学基础理论这样的"理论法"之外，分析案例至少是当前我国国家法律职业资格考试的发展趋势。然而，笔者认为，仅就刑法学而言，无论将何种形式的案例引入教学过程都应有条件性。至于其原因，主要涉及以下三个方面。

首先，学生对追求严谨的刑法概念与理论、适用刑法的技术与思维方式的把握是引入案例的前提。如果过于注重案例或将案例作为导入刑法知识点的载体，就可能导致学生将日常生活经验或常识作为理解刑法问题的元素。例如，笔者在教学中发现，有的学生在考试中把抢劫罪的称谓替代为"强抢罪"，把国家工作人员的称谓替代为"公职人员"，把民法中的遗失物的称谓替代为侵占罪中的"遗忘物"。

其次,通过案例掌握刑法学知识以学生对案例事实的认识为前提。分毫不差的事实是适用刑法的灵魂,而这些事实的认定实际上来自刑法的抽象性转化。因此,在刑法适用的"归入法"这个方法中,有观点认为,将案件事实与定义作比较是真正意义的"归入",是将现实生活与抽象的规则和定义进行比较①。通常,为突出教学目的,教师在教学中往往事先对案例事实进行加工,以便于学生能将事实代入刑法的范畴,从而做到对概念或条文的理解。即使是运用现实的判例,教师也会设置一些提示性或引导性的线索。然而,处理刑事案件的最大难题是事实的搜集、分析与认定,因为罪的有无以及此罪与彼罪的区分包含在事实之中。所以,就刑法学案例教学来讲,如果学生缺乏认识和提炼事实的技巧,缺乏刑法规定的事实转化的意识,案例教学无异于纯粹的概念性讲解。

再次,学生在应试中的模式化与标准答案式的思维易导致案例教学的目标偏离。"逢学必考"是教学的定势,因为只有借助考试才能检验教学中学生的学习状况。然而也恰恰如此,基于各种因素,考试分数会在学生中成为比较现实的关注点。在初始意义上,将案例引入刑法学教学是帮助学生理解刑法的规定或训练学生运用刑法的方法。但是,为获得理想中的考试成绩,一些学生会把教师讲过的案例中的事实加以抽离,只记案例的类型或结论,还有的学生只关注案例的答案,不求如何进行事实与法律规定或司法解释的衔接。刑事案件中的事实是复杂多变的,有的涉及犯罪的认定和刑罚适用,有的和犯罪认定与刑罚适用无关,即便是判例中已认定的事实,也不完全代表是最合理的。诚然,在教学实践中,案例多由现成的文字呈现而非由学生自己去搜集。即便如此,也需要学生在文字表达的含义中寻找和辨别关键事实,比如抢劫中的暴力要求暴力足以压制被害人反抗,而强奸罪中的暴力则没有这个限定。但是,在对案例的模式化处理和标准答案的追求中,学生所忽略的往往就是对事实的寻找与辨别过程。学生能否分析案例事实是决定案例教学效果的重要因素。同样,如果过多注重考试成绩,案例教学对学生来讲就失去了原有的意义。

---

① 国家法官学院,德国国籍合作机构:《法律适用方法——刑法案例分析方法》(第 2 版),中国法制出版社 2016 年版,第 18 页。

（三）案例运用的进阶性

刑法学案例教学是个活的多面体,对刑法学案例教学的认识需要采用不同视角。在当前的刑法学教学实践中,是否有必要运用案例是无须争议的,关键是如何理解什么是案例教学或如何开展案例教学。这些问题也是一段时间以来易产生分歧的方面。例如,关于什么是刑法学案例教学,有观点可能认为不是教师的举例说明。还有观点认为,案例教学吸收了判例教学法中注重学生参与的内核,在形式、内容以及法学教育诸方法的地位上却有别于判例教学,原因之一是我国的法律传统与理论的系统性决定了单纯的判例教学是不可能的①。至于如何开展刑法学案例教学,有观点认为,案例教学强调所有的教学活动都得围绕案例展开,其焦点不是抽象的理论而是生动、复杂的精选案例②。与此相对,有观点则指出,对于刑法案例在刑法学教育中的地位要正确定位,可分两个阶段,第一个阶段是案例服务于理论的讲授,第二个阶段是以案例分析为中心,辅以法理的剖析③。坦诚地讲,与一整套精确的教学技术相比,当前的案例教学在刑法学教学中更多的是一种理念。由于具体的授课人员的授课经验和学生的学习情况不同,如何认识案例教学或如何开展案例教学本就具有多样性。然而,在日常生活中,观察视角的差异会导致认识结论的差异。由此,笔者认为,当前之所以出现对刑法学案例教学有关问题的认识分歧,其中一点就是采取了不同的认识视角。

方法是实现目的的指导原则和工具。在本科法学教学中,无论采取何种方法,其目的都是培养学生的法治素养和综合运用法律知识的能力。因此,笔者认为,刑法学案例教学的核心之一是案例的运用与预期教学目的的关系。规范刑法学的主要任务是对现行刑法进行解释并以学理的方式加以表达。如我们所知,我国现行刑法典主要由"总则"与"分则"构成。其中,"总则"主要是关于犯罪、刑事责任与刑罚等的一般性规定,"分则"主要是规定具体罪名的构成与刑罚处罚。在当前本科的刑法学教学中,"刑法学"的内容主要涉及对应刑法典"总则"的"总论"与对应刑法典"分则"的"分论"。在知识构成的特点方面,"总论"

---

① 文姬:《法学本科刑法案例教学评估体系研究》,《河北公安警察职业学院学报》2010 年第 1 期。
② 李晓瑜:《浅谈刑法案例教学的适用与发展》,《法制博览》2016 年第 19 期。
③ 文姬:《法学本科刑法案例教学评估体系研究》,《河北公安警察职业学院学报》2010 年第 1 期。

是由相对自成体系的不同模块构成的，如"犯罪客体""犯罪客观方面"等，而"分论"主要阐释各种罪名的构成、认定与刑罚处罚。由于知识构成的特点不同，讲解"总论"与"分论"时的案例运用也有区别。例如，由于"总论"的一些模块之间衔接不是非常紧密，对于不同知识点的讲解可以运用较为简单的案例，甚至可以使用由一两句话构成的小例子。然而，在"分论"中，由于我国刑法规定的 482 个罪名都有自身的构成要件与刑罚处罚规定，就要求罪名的讲解既要注重自身的体系，又要注重与相关罪名的区分。相应地，讲解罪名时所使用案例一般倾向于事实的完整性。而且，对这些案例的分析可能还要引入不同的技术，如"归入法"或当下在法律职业资格考试中流行的"二阶层"理论。综上，笔者认为，为便于学生连贯地掌握所学知识和减少误解，刑法学案例教学应当注重案例运用的进阶性，针对知识讲解的不同阶段采用不同形式的案例，合理地帮助学生理解知识点和训练相应的能力。

四、刑法学案例教学的完善

教学需要经验，更需要理论，因为理论可以促使不断循环往复的教学富有生机与活力。案例教学是刑法学教学的一种方法，注重案例也是未来刑法学教学的趋势。在当前的司法实践中，最高司法机关发布刑事指导案例已逐渐制度化和常规化，一些学者也会就典型刑事判例撰写研习刑法的著作或教材，甚至在这些著作或教材中直接冠以"案例刑法学"的字样。众所周知，我国不是判例法国家，但通过研习这些指导案例，可以扩展刑法知识的视野和提高司法实践工作的质量。当今的大学教育更具有开放性，特别是因为面临国家法律职业资格考试的压力，一些法学专业的学生往往在课外研习案例性书籍或沉浸在由案例构成的"题海"中，而刑法是其中比较难"啃"的一部分。教师的课堂是有范围的，却无法限制学生的生活主体性。在教学中，"教师永远无法掌控他们的教学活动在学生身上的'作用'"①。"大学之道，在明明德，在亲民，在止于至善。"②案例教学是刑法学教学整体中的一部分。所以，如何完善刑法学案例教学，从而使尚不

---

① ［荷］格特·比斯塔：《教育的美丽风险》，赵康译注，北京师范大学出版社 2018 年版，第 85 页。
② 《大学》，《四书》，陈戎国校注，岳麓书社 2019 年版，第 3 页。

具备系统法学理论与丰富生活经验的本科学生成长为人民需要的法律人才，是一个涉及不同方面并需要不断深化的理论课题。如果仅在实际教学的角度，笔者认为，完善刑法学案例教学可主要包括如下三个方面。

（一）注重教师的理论教学与案例教学的统一

知识的传授与承袭有其特有的规律。按照教育部发布的《普通高等学校本科专业类教学质量国家标准》，本科法学教育是一种专业素养与专业知识相统一的复合型职业教育。根据《中华人民共和国高等教育法》的规定，本科法学教育应当使学生具有从事法律职业的实际工作能力和研究工作的初步能力。也就是说，不应把本科法学教育视为纯粹的职业教育，理论的传授与启迪也是本科法学教育的必备内容。近年来，随着人们认识的深入，学生的实际工作能力成了刑法学案例教学的关注点。而且，当前国家法律职业资格考试的形式也会让人误认为法律专业的学习是以实用为前提。尤其是对于刑法学这一公认的学习难度较大的学科来讲，为了在一定时间内完成大量的案例分析题，"案情＋法条＋推理"已成为学生们学习刑法的定律。相应地，一些必要的刑法学理论却易被学生所忽视。当然，针对本科生，笔者所说的刑法学理论并非指类似"刑罚的本质是什么"这样的主题或一些稀奇古怪的学说，而是说支撑刑事立法、刑事司法以及司法解释的相关理论知识。作为对生活的一种创制，刑法规定的背后有其一定的理论假定，如罪刑均衡。即使在看似仅是适用刑法的司法实践中，法律职业者也需要运用必要的理论进行案件处理结果的决策，如什么样的出罪与入罪依据最合理，以及如何判案才能体现政治效果、法律效果与社会效果的统一。职业教育是实践教育，是否能应对复杂的社会实际问题是检验职业教育成败的重要标准。因此，笔者认为，刑法学案例教学应当体现理论教学与案例教学的统一。在这个意义上，刑法学案例教学与刑法案例教学尚不是同一个概念。

（二）注重学生的法治素养与人文关怀培养的统一

教学不单是对人的知识传播，还是对人的品格塑造。在法治社会，法治素养是每个公民应具备的基本素质，法律至上与奉法为尊更是法律职业者应追求的职业信仰与职业品性。笔者在教学中发现，在学习刑法的过程中，学生中易出现两个极端：一个是"日常生活的刑法化"，即一些学生总是希冀于向刑法寻求案件的答案,而忽略了案件的解决是需要放置在整个法律体系之中的;另一个是"刑法的日常生活化",即一些学生习惯于采用日常生活的思维或用语解答刑法问题,如把盗窃罪中使用的掩护性欺骗认同为诈骗,把伪证罪中的记录人认同为书记员,把挪用公款罪中的公款理解为财物。在法律的抑恶扬善中,刑法是最后一道防线。近年来出现的一些热点刑事案件以及公众的反应表明,刑法的适用不仅关乎公平正义,也关乎公众对法治的期盼和对刑法运行过程的反思。因此,在刑法学案例教学的过程中,教师应当有意识地使学生了解罪刑法定与罪刑均衡等这些抽象原则的现实含义,将法治素养的培养贯穿于案例的讲解过程。此外,在注重法治素养的培养中,还需要引入刑法特有的人文关怀教育。法学是关于人的学问,因为法律调整的核心是人与人的关系。与其他法律不同,刑法涉及的多是以犯罪之恶为代表的社会阴暗面。即使是惩治犯罪的刑罚,在一定意义上也被认为是一种恶。通常,法律被认为是无情的,刑法更是如此。然而,正如日本学者西原春夫曾谈到的,在法律中,刑法是最富有人的气息的[1]。所以,在以事实分析见长的案例教学中,教师应适当帮助学生认识刑法的人文性,注重刑法适用的人文关怀,使学生能够用常人的视角认识刑法不仅是保护犯罪人的宪章,也是保护被害人的宪章。值得指出的是,伴随对西方一些刑法教学模式的引入,刑法的适用过程被赋予了某些公式化的特征。法律及其适用具有文化性。有观点指出,"西方的教育方法太注重分析、归纳、二元,以至于缺乏整合及整体观念方面的指引"[2]。与西方的文化不同,中国传统文化主张整体论,主张以人为中心的生活观。因此,在以案例讲解刑法的过程中,应避免排除人文气息的纯技术化色彩。

（三）注重刑法学学习的主体性与实践性的统一

学生是学习知识的主体,将教学放置在学生的角度是提高教学质量的需求。了解学生的学习特点是教师主导课堂教学的前提之一。否则,在有限的课堂教学时间内,教师难以评估教学状况。在传统的认识中,法律的学习往往被一些学

---

[1]　[日]西原春夫:《我的刑法研究》,曹菲译注,北京大学出版社2016年版,第14页。
[2]　[美]艾伦·雷普克:《如何进行跨学科研究》,傅存良译注,北京大学出版社2016年版,第72页。

生认为是记忆和背诵的过程。在课堂教学中时常出现这样的情形:一些学生总是忙于在教材上划重点,或者将教师的幻灯片用手机照下来,或者只是记概念性的知识点。应当承认,法学的学习需要记忆。但是,如此可能导致学生对答案的依赖和突击式的学习。而且,就刑法学而言,单纯的记忆还会导致错误理解或漏掉必要的知识点,而这些知识点恰是定罪与量刑的关键。例如,笔者在考试中发现,由于洗钱罪与掩饰隐瞒犯罪所得罪有竞合关系,有的学生将洗钱罪的定义写成了掩饰隐瞒犯罪所得罪的内容。学生的身份是具有主体性和实践意识的研习者。笔者在"刑法学学习状况"的调查中发现,在对"您觉得学好刑法的主要方式是什么"这一问题的回答中,所占比重为第一位的是认为"在教材的基础上扩大知识面",其次是认为"多了解实践"(见表2)。所以,笔者认为,案例教学中应突出学生学习刑法的主体性和实践性。对此,可着眼三个方面。一方面是调整学生的学习方式,变被动学习为主动学习。例如,在讲解某一部分内容之前,可事先由学生按照预期学习内容搜集相关案例,并提出疑难问题,教师在授课时可围绕这些案例展开讲解。另一方面是突出现行刑法与有效的司法解释的衔接,扩大学生的学习视野,了解刑法规定与司法解释之间的关系。再者就是适当调整考试的方式,如仿效国家法律职业资格考试的特点,增加以案例题考试的规模。

表2　学生认为学好刑法的主要方式　　　　　　　　　单位:%

学好刑法的主要方式	多了解实践	多做练习题	与法律职业资格考试结合在一起	在教材的基础上扩大知识面	只要学好教材
所占比重	30.4	9.5	24.3	35.1	0.7

结语

教育的发展依存于一定的社会生活,社会生活的发展也依赖于一定的教育。2020年12月由中共中央、国务院印发的《法治社会建设实施纲要(2020—2025年)》指出:法治社会是构筑法治国家的基础,法治社会建设是实现国家治理体系和治理能力现代化的重要组成部分①。法治社会建设是社会生活法治化的程度提高，并与社会整体发展相适应的过程。在该过程中，不仅需要有一定数量的可融入广泛社会生活的专门法律人才，更需要有一定能力能解决深层次社会生活问题的专门法律人才。作为基本法律，刑法在我国当前的法律体系中具有重要地位，承担着预防犯罪和保障人权的重要功能。因此，如何针对刑法的应用性特点，在本科刑法学教学中提高案例教学的质量，对于培养适应法治社会建设的高层次人才具有现实意义。

---

① 中共中央、国务院：《法治社会建设实施纲要（2020—2025 年）》，http://www.gov.cn/zhengce/2020 - 12/07/content_5567791.htm，2020 - 12 - 30。

论读书方法

——以商法学科教育教学为视角

刘 涛[①]

读书是人文社会科学学者的基本功。在信息爆炸的时代背景下,读书作为一种基本学习方法,其于法学专业之教育教学,不是变得可有可无,而是愈益突显出其作为教学方法的基础地位。究其根源,恐怕在于以短视频与短消息为代表的新的信息传播方式所导致的思维碎片化加速的效果。与之相应,读书作为一种更为系统性的学习方法,其必要性与重要性不是降低了,而是提高了。商法作为市场经济法律体系的重要组成部分,是优化营商环境的基础性制度安排。在其教育教学工作中,对读书方法问题,同样只能进一步强调,而绝不能放松。基于商法学科的自身特点,除遵循人文社会科学一般读书方法的基本规律之外,也势必会形成属于自身的一些小的方法原则。或者说,在人文社会科学普遍的读书方法原则下,其仍有若干应予以特别强调之处,试论之如下。

一、"读书方法"与商法学科内部规定性之间的关系

众所周知,在哲学层面,所谓方法,在根本上取决于认识对象的内部规定性。在商法学科的教育教学中,读书方法问题的思考与探讨同样应遵循这一原则。从商法学科内部规定性的角度去观察,存在以下几个基本矛盾:

---

① 刘涛,天津商业大学法学院,讲师,法学硕士。

一是商法理论的系统性与商法渊源的庞杂性之间的矛盾。其中,商法理论的系统性是指在法典化思维下旨在构建"商法总则"与"商法总论"的观念与行为倾向,具体体现为对商法的特征、基本原则的演绎归纳,对商主体、商行为等基本概念的抽象化与规范化;商法渊源的庞杂性是指从整体上看,商法渊源不仅包括商制定法,也包括商判例法;不仅包括成文法,也包括习惯法;不仅包括商主体法,也包括商行为法;不仅包括国内商法,也包括国外商法;等等。两者之间的矛盾在于,面对纷繁复杂的制度渊源,意欲对其实现"公理化"的一般抽象概括实属任务艰巨;更为重要的是,市场中潜在的、新兴的商业模式、商业主体、商业行为使得商法制度本身具有高度的灵活性与易变性,任何抽象、归纳都充其量只能是"有限抽象""不完全归纳"。如此一来,商法理论的系统性根基在逻辑上必然会处于某种不确定的状态。

二是商法规范形式的法律性与商法规范内容的经济性之间的矛盾。其中,商法规范形式的法律性是指作为商法课程教学核心内容的商法规范,其在表述形式与逻辑形式上均以高度的法律专业性的特征呈现出来,所谓"法言法语"与"法律思维"是也;商法规范内容的经济性是指作为其调整对象的市场交易关系的实质内容以及交易关系背后潜藏着的成本计算、利益博弈等经济行为规律。"法言法语"能否以及如何明确无误地表达交易当事人的利益诉求?"法律思维"能否以及如何实现特定制度约束条件下的商人对交易安全以及交易效率的具体诉求?如果一味固守传统法学的知识结构与思维方式,则很难将对上述矛盾的思考与分析推向纵深。

三是商法制定法的形式理性与商法习惯法的经验理性之间的矛盾。其中,商法制定法的形式理性主要是指"潘德克顿法学"式的、构建论的、体系化的思维方式,《法国商法典》与《德国商法典》为其代表;商法习惯法的经验理性是指市场主体在真实的交易环境中经由自主交易行为所形成的稳定的交易习惯及其背后潜藏着的非建构性的、非体系化的思维方式,历代的商人习惯法即是其代表。典型的形式理性是一个演绎过程,即从一般概念、特征、原则开始到阐述具体法条、规则、要件结束。该模式下,人的思维方式必然趋于收敛,对作为演绎前提的概念、原则的追问与反思必然趋于消极,且不论最终对规则中权利义务等问题理解得是否到位,其对商法制度生成逻辑的观念必然取向于一个类似几何学中的封闭的公理系统,这与以经验理性为精神的商事习惯法的要求是存在激烈冲突的。

如果说经由上述三个基本矛盾展现出了商法学科内部的规定性,那么,任何所谓健全的、合理的读书方法即应是直面这种内部规定性,进而响应其内在要求的结果。例如,基于商法理论的系统性与商法渊源的庞杂性之间的矛盾以及商法制定法的形式理性与商法习惯法的经验理性之间的矛盾,如果能够从商法的历史演进与精神品格的高度去把握,那么在读书方法上,就应注意避免教条主义倾向,更多地聚焦于商法制度规则层面的具体问题,坚持以自下而上的视角去确定书目的范围,并注意从经验理性的原则出发去思考读书中遇到的问题。

反之,如果过度沉溺于形式理性之中,受"法典化"思维的桎梏,不顾具体制度规则的多样性与经验性,试图依靠抽象与类型化等方法将所有特殊的、具体的商法问题一般化、概念化,则其读书方法必然表现出"好高骛远"的特征,在书目的选择与读书过程中乐见"宏大叙事"而轻视"具体分析"。再比如,基于商法规范形式的法律性与商法规范内容的经济性之间的矛盾,在读书方法上必须注重"知识融合"的观念及其运用。因为"没有任何领域比商法更能使人清楚地观察到经济事实是如何转化为法律关系的了"①。如果不能清醒地意识到这一内在规定性的存在,片面强调法律的"专业性"与"职业性",画地为牢,拒绝走向"知识上的团结",则必然囿于"注释法学""教义法学"的窠臼,坐井观天而不察。

二、商法学科教育教学中"读书方法"的系统构成

那么,什么样的读书方法才能充分反映商法学科内部规定性的种种要求呢?笔者以为至少应该包括三个基本步骤与环节:建立圆心问题、知识融合形成制度假说、市场求证。三者依次衔接、互相支援,共同构成商法学科教育教学中的读书方法的系统。若联系当下法学教育教学模式,上述关于读书方法系统的三点主张尤有申论之必要:

---

① [德]拉德布鲁赫:《法学导论》,米健、朱林译,中国大百科全书出版社 1997 年版,第 74 页。

（一）建立"圆心问题"

所谓建立"圆心问题"，是指要在读书之前有明确的问题意识，带着问题去读书，始终围绕自身所要解决的"问题"去考虑读书的具体方法。是否具备建立"圆心问题"的意识以及能否自主建立起"圆心问题"是商法学科教育教学过程中读书方法系统的根基与起点，放在传统法学教育教学模式背景下，这一点尤显重要。长期以来，我们的教育者与受教育者在读书学习时，从始至终所关注的，或者是教材上分门别类的所谓"知识点"，或者是应试大纲中井井有条的所谓"考点"。然而，这些"知识点"或"考点"作为读书学习出发点与落脚点的正当性及其背后整个法学教育教学模式的正当性似乎并未经受过足够的反思与确证。首先，"教育"或"学习"本来的目标观念是什么？是培养或成为能够自由思考、具备独立精神的人。这一目标的达至与教条灌输或应试刷题所欲达至的目标在根本意义上是无法兼容的。一个长期匍匐在灌输教育或应试教育高压下的灵魂必然趋向于循规蹈矩，听命于各种大大小小的外在权威，而绝不可能有什么"创新意识"。其次，在现实层面，如果考虑到资源有限的约束条件，以"知识点"或"考点"作为读书学习出发点与落脚点的方法同样值得反思。如前所述，商法学科的基本矛盾之一是具有理论上的系统性与渊源上的庞杂性。为化解此一矛盾，教育者与学习者一般会选择两种处理办法：其一是重视与强化商法总论的理论概况功能，试图借此来提升整个商法知识系统的演绎属性，在一定程度上减轻驾驭庞杂渊源的难度与成本；其二是强调商法渊源的实用性，弱化乃至干脆抛开商法总论部分，集中精力于特定的商法具体制度规范。实际上，这两种读书方法的区别仅仅是如何配置时间、精力等资源于不同的"知识点"间或"考点"间，并未跳出教条学习与被动接受的窠臼。相比之下，建立"圆心问题"则是将"主体性"原则与"主动性"原则从头至尾贯穿到底的一种读书方法：主体自觉主动地建立问题，这样，问题便不再是别人给定的或者别人感兴趣的；主体建立问题的过程同时就是一个自主筛选问题的过程，呈现与确定"圆心问题"本身是一个自由选择的过程，在这个过程中，主体意识能力、逻辑思维能力、分析决策能力等素质均会得到训练与培养；从现实角度看，建立"圆心问题"实际上是一个聚焦的过程，一个做减法的过程，读书学习者在约束条件下的资源配置效率亦将大幅提高。

（二）知识融合形成制度假说

所谓知识融合形成制度假说，是指以知识融合的观念与方法去尝试性地分析与解决圆心问题，力争以建立比较清晰的制度性假说作为阶段性目标。首先，"圆心问题"本身是主体性的产物，并不囿于学科分工的论域，其分析与解决必须以知识融合的精神与方法去寻找与组织所有相关的知识资源。这一逻辑的深层背景在于：知识生产需要分工与专业化，即学科划分；但更需要协作与团结，即知识融合。法学本身难以在逻辑上形成一个自足的系统，这是由法学的研究对象、法学的研究方法、法学的表达形式等多方面内在因素所决定的，法学要发展必须本着开放的心态与其他学科进行知识、方法、信息上的交换。在经济全球化、信息网络化的当下，可以说，法学与其他学科之间的知识融合已经成为法学知识的一种主要的和基本的生产方式。例如，哈佛大学法学院最新的课程改革方案就在其高年级中增加了法律与社会、法律与科学技术、法律与信息时代、法律与经济、法律与发展等这些体现法学学科与非法学学科交叉的、综合性的课程。[①]其次，受制于商法规范形式的法律性与商法规范内容的经济性之间的矛盾，无论是对圆心问题的分析与思考，还是尝试性地提出制度假说，都必须依赖于知识融合的读书方法论。以商法学科为例，比如，要解决"上市公司财务造假的法律规制"这样一个圆心问题并提出制度性假说，即便仅就法学学科内部观察，也必须综合公司法、证券法、会计法、民法、刑法、民事诉讼法、证据法等多方面的知识才能给予较为圆满的解答。最后，这里所说的"知识融合"，主旨并非传统读书方法上讲求的"兼容并包"或"旁征博引"，其作为读书方法系统中的一个环节与步骤，在逻辑上的两端均是收敛的：向前端，其收敛于读书主体自我建立起来的圆心问题；向后端，其收敛于读书主体为解决圆心问题而尝试提出的制度假说。

（三）市场求证

所谓市场求证是指在读书的最后阶段，要主动联系实际，对读书过程中形成的制度假说论点进行检验，这是破解商法制定法的形式理性与商法习惯法的经验理性之间矛盾的根本方法。首先，从法律职业的角度，既要培养人的形式理

[①] 汪习根：《美国法学教育的最新改革及其启示》，《法学杂志》2010 年第 1 期。

性,又要培养人的经验理性。以司法活动为例,法官在查明当事人之间争议的事实以后,就可以运用某种逻辑推导的方法把这些事实归属于某个法律规则之下;而在法律的空白与模糊地带,当需要考虑的是"如何确定人们应当受其支配的规则"时,则需要法官运用个人在道德、社会等方面的经验来做出判断。① 如果仅仅停留在"大部头"理论书籍上,停留在制定法的"条条"上,一味强调形式理性,学习者对法律的理解将不自觉地趋向于教条化、绝对化,丧失通过经验理性把握真实社会及其法律运行机制的能力。在这个意义上,"市场求证"所代表的正是一种直面真实世界的精神,一种要去读"无字之书"的方法论。其次,前述读书方法系统形成闭环的关键在于"市场求证"。建立圆心问题也好,借助知识融合方法形成制度假说也好,归根结底,都是读书过程中主观世界内部的一种活动。这种主观世界的活动产物如果不能拿到市场上去反复检验求证,则其作为制度假说哪怕在形式上再严整、再自洽,也永远只能是一种假说,无法在现实中获得真实的生命。特别在涉及商事法律制度的问题上,其在底层完全遵循哈耶克所谓的自发秩序原理:在一个比较长的历史时期内,经由市场各方反复、多次博弈形成的所谓商事习惯法所代表的经验理性永远是第一位的,商法制定者的建构理性如果对此不知敬畏,鲁莽行事,将必然遭受失败的结果。在这方面,一个最明显的例子就是各国公司法上有关公司注册资本管制规则的变革过程。这种特定商事制度的演变史在本质上即是市场求证方法的一种绝佳的表现形式与运用形式。

三、商法学科教育教学中"读书方法"的实施原则

综上所述,商法学科教育教学中的读书方法系统应依次由三个基本步骤与环节构成,分别是:建立圆心问题、知识融合形成制度假说、市场求证。这一方法系统与既有的法学教育教学模式相比,是一种根本上的变革,具体实施过程中的困难是可想而知的。因此,必须注意以循序渐进的基本原则为指导,力求将其贯穿于上述读书方法的整个系统:

---

① [美]博登海默:《法理学:法律哲学与法律方法》,邓正来译注,中国政法大学出版社 2004 年版,第 518 页。

（一）圆心问题的建立应从易到难

"学问千千万,起点是一问"。本来,好奇乃人之天性,结合个人志趣与社会生活的实际需要,产生疑问是一个很自然的过程。但长期的、普遍的应试教育与灌输式教育的运作,使得积重难返,学生与教师均满足于围绕给定的"知识点"与"考点"进行"标准答案"的梳理、记诵或应用,主动提问的意识、意愿、能力都极度薄弱。换言之,学生与教师皆不敢问、不想问、不会问。在这种状况下,自主建立圆心问题这样一种读书方法在实施时尤其需要遵循从易到难、循序渐进的原则。在初始阶段,应尽可能地根据个人兴趣选择阅读书目,兴趣是最好的老师,"兴趣"的力量有助于改变学习主体的被动地位,有助于唤醒其主体意识与问题意识。商法课程所涉及的商事的具体制度规范虽庞杂,但大多与实际市场交易或现实生活密切相关,比较易于从中找到兴趣切入点。例如,近年来,自主创业作为一种社会潮流日益深入人心,青年学生普遍希望了解有关自主创业的政策与法律上的相关制度规定,教师可以在此过程中帮助学生选择书目,引导学生去大胆提出问题,不怕问错、不怕问得浅,要由浅入深,比如"个人创业一定要开公司吗""开个公司得花多少钱""注册一家公司有快速通道吗"等,由此激发起学生主动学习的兴趣,进而导入对具体制度安排的反思。在这种自由、开放式提问与初步浏览、讨论的基础上,更进一步地,应是从诸多问题当中筛选出一个比较深入的问题作为自己读书的"圆心问题",当然,一开始,圆心问题不妨浅一点。仍以自主创业为例,"个人创业一定要开公司吗?"这是一个非常接地气的好问题,同时也代表着一种比较浅的提问方式。在这个问题的背后,实际上是"不同创业形式各自的利弊如何比较?"这样一个更为明确、也同时相对比较艰深的问题。原则上,此两者均可以拿来作为"圆心问题"。因为建立圆心问题的根本意义在于自主决定与聚焦,上述两种提问方式均符合这种功能主义的标准。但是,通常,浅层问题易于提出,也易于找到答案;而深层问题则不易提出,也不易找到答案。读书的功夫恰恰要下在后者上面。

（二）知识融合形成制度假说应从教师示范逐步过渡到学生自主

如前所述,此一环节的读书任务主要是:围绕既已建立起来的"圆心问题",本着"知识上的团结"的态度与精神,以问题为导向,不局限于学科分工,综合运用各种相关知识去尝试性的分析与解决问题，最后形成制度假说。毋庸赘言，与上一阶段的方法任务相比，其实现更具挑战性，以至于必须首先要由教师充分示范，然后逐步过渡到学生自主。以"不同创业形式各自的利弊如何比较？"这一圆心问题为例，教师应从设立效率、融资难度、税收优惠、治理成本、债务风险、招工难度等方面，借助经济学、法学、管理学、社会学等多学科的知识去做好分析示例，并以假说形式给出最优创业形式的制度（评价标准），用以进入下一阶段的市场求证。教育者应该清醒地意识到，这一环节的最大障碍恰恰在于许多法学学科的教育者自身尚缺乏或拒绝"知识融合"的观念，其对经济学、社会学等非法学学科知识在法学中的渗透和发展至今尚抱有偏见和敌意；即便在法学学科内部，法理学、法制史等理论法学与以应用为主的部门法学之间的隔膜也是人所共知的事情。从学科发展的角度，如果说闭关自守在法学学科独立初期是一种可贵的坚持的话，那么在当下则更多是一种无知，甚或是一种维护自身在原有学术体制内固有利益的自觉选择。早有先见者尖锐地指出，这种闭关自守是一条没有出路的死胡同。具体而言，其将不可避免地造成研究视野的狭窄、方法的单一，既不能准确发现和认识问题，也不能妥当地解决问题，难以满足社会实践和理论创新的需要。例如人工辅助生殖、人体器官移植、克隆等科学技术的出现和发展对民法中传统的人、物、人格权、身份权等概念提出了挑战，而法学界由于不具备必要的自然科学、伦理学等知识储备，无力对这些问题做出回答。又如，"碳交易"是一个新生事物，亟须法律规则的指引，但由于它涉及环境保护等自然科学知识以及国际关系，同时又与国际贸易法、国际组织法、民法、环境保护法等有关，法学界由于缺乏综合把握这些领域知识的意识和能力，也未能给出合适的应对措施。[①]

（三）市场求证应间接求证与直接求证相结合

市场求证阶段的主要任务是将既已形成的制度假说付诸实践检验。其根本意义在于力求在读书过程中，自觉尝试跳出形式理性的束缚，以经验理性的精神与方法来检验认识成果是否以及在多大程度上有效回应了"圆心问题"。按照证

[①]　王利明、常鹏翱：《从学科分立到知识融合》，《法学》2008 年第 12 期。

据信息的来源可以将市场求证方式分为两类,直接求证与间接求证。所谓直接求证,是指作为验证制度假说的相关证据信息是直接产生于市场的第一手信息与基础性信息,不经过任何中间环节,比如特定市场的交易数据信息、特定类型案件的胜诉率信息等。所谓间接求证,是指作为验证制度假说的相关证据信息来自求证者与市场之外的第三方,比如有关咨询机构的调查报告、权威媒体的新闻报道等。从获取难度与成本的角度考虑,直接求证与间接求证孰难孰易、孰廉孰贵并不确定。这主要取决于所要验证的信息的性质、具体采用的技术手段以及与信源信道的关系等因素。求证者应根据自身的具体条件进行具体分析,将间接求证与直接求证结合起来,灵活运用。仍以"不同创业形式各自的利弊如何比较?"这一圆心问题为例,假设借助知识融合的方法在阅读与思考过程中形成了"债务清偿风险优先、控制权风险其次、经营风险最次"的制度(评价标准)假说,那么在市场求证阶段,既可以通过亲自组织面向初创企业投资人的问卷调查、现场访谈等方法进行直接求证,也可以运用统计与大数据的技术方法对经由工商、税务、法院等机构平台抓取的信息、包括从主流新闻媒体平台抓取的信息处理分析,进行间接验证。如果制度假说被完全证伪,意味着需要对"圆心问题"的内部逻辑重新加以思考;如果制度假说被部分证伪,则应分析具有证伪效果的那部分事实及其证伪逻辑,对既有制度假说的适用条件进行适当调整,而后再次进行市场求证。

"新文科"视阈下高校教师团队改革研究[*]

沃 耘[①]

引言

我国高等学校,尤其是地方高校教师团队存在定位和职能模糊、内部组织行政化、组织设置和运行机制缺乏制度保障等问题,从而导致激发教师教学活力与人才培养支点作用不突出,难以支撑"新文科"建设。在新时期新形势下,高校教师团队的改革和创新已成为高等教育发展的必然选择。本文将教学团队改革与"新文科"建设相契合,在以"四个回归"为核心建设一流本科的大背景下,以习近平新时代中国特色社会主义思想为指导,以教育规律和教育理论为基础,剖析高校教学团队与"新文科"建设不相适应之关键点及成因,在以学生为中心、以效果为导向理念的指引下,就如何构建适应新时代需要、科教融合的高校教师团队改革提供理论指导和实践经验,并为优化高校教师团队治理结构和评价机制提供决策参考,以期为"新文科"建设提供一孔之见。

一、"新文科"视域下高校教师团队改革须解决的重要问题

第一,处理好新文科教师文理科交叉"跨学科""跨专业"背景的关系问题。关于"复合型"人才培养模式的论证由来已久,那么,"新文科"中的"新"到底是

* 本文系天津市普通高等学校本科教学质量与教学改革研究计划重点项目——"一流专业建设视角下完善高校基层教学组织的探索与实践"子课题"一流专业建设视角下基层教学组织的治理结构研究"阶段性研究成果之一,项目编号:A201006902。

① 沃耘,天津商业大学法学院教授,法学博士。

什么？如何体现？如果仅仅还是停留在学科交叉、文理交叉的层面,则无法真正实现人才培养的创新发展。本项目以知识生产与人才培养的内在要求为问题导向,尝试突破既有的学科边界,重塑"新"的跨学科,对既有学科进行"增量重组",建构新的学科体系,在此基础上,"新文科"教师的专业定位也应顺应"增量重组"的要求。

第二,"新文科"教师发展中"新文科"与既有文科专业关系问题。"新文科"中的"新"包含了"本土化",随着中国经济的发展与社会进步,"文化自信""制度自信"的理念深入国家发展的各个领域,西方既有文科知识话语已经无法满足对中国现象的分析与解读,"新文科"中的"新"也应包含中国的学术话语。本项目尝试突破既有的"文科"知识话语框架,探索从中国本土的文化与经验中提炼出新的"文科"学术话语,在"新文科"专业教师的专业定位上,凸显"本土化"特色与创新。①

第三,如何解决"新文科"教师专业能力与"立德树人"人才培养水平提升双向同行的问题。作为教育教学改革的新课题,"新文科"的"新"既应体现知识导向,更应体现人才培养的价值导向,"立德树人"是高等教育价值观与方法论的集中体现,但对于"德"的培养,很难落实于工具性的专业知识,"新文科"专业教师的职业素养评价体系中不仅包括"授业"能力,还应包括"立德"的水平,强调专业教师在课程思政方面的教学能力。②

二、"新文科"视域下高校教师团队改革目标

第一,对标"新文科"建设标准,坚持以习近平新时代中国特色社会主义思想为指导推进新文科建设,把握新时代哲学社会科学发展的新需要,培育具有新文化理念的专业教师队伍,使其充分彰显新时代的中国风格与中国气派,即具有推动哲学社会科学与新一轮科技革命和产业变革交叉融合的专业知识,又具备培养新时代文理兼修,应用性、复合型人才的教学技能。③ 发挥文科教育知识性与

---

① 纪宗安、何万宁:《全球化与本土化互动脉络中的大学教育》,《现代大学教育》2003 年第 3 期。

② 朱江:《围绕立德树人目标构建更高水平人才培养体系》,《当代中国马克思主义评论》2020 年第 1 期。

③ 左卫民:《实证研究:正在兴起的法学新范式》,《中国法律评论》2019 年第 6 期。

价值性相统一的特点,全面推进高校课程思政建设,切实提升学生的政治认同、家国情怀、文化素养、法治意识、道德修养,培养担当民族复兴大任的新时代文科人才。

第二,总结既往文科教育发展和文科人才培养中高校教师教学团队、科研团队的建设经验,深入研究分析新文科教师团队建设面临的机遇和挑战,明确教师团队建设的新定位、新功能。通过完善配套机制鼓励和促成高校教师主动服务国家软实力提升和文化繁荣发展新需求。遵循高等文科教育发展与经济社会发展、新科技革命和产业变革间的互动规律和未来发展趋势,探索推进跨专业、跨学科门类教师队伍交叉融合的有效路径。①

第三,结合新经济新产业的发展要求,立足新文科人才培养目标,突出教师的行业产业实践背景和经历要求,探索构建新文科教师团队管理、激励机制。引导教师依托团队开展新文科教育教学改革,开展跨学科项目研究、跨学科专业课程建设的有效机制。

三、"新文科"视域下高校教师团队改革措施

第一,在构建新文科师资能力标准体系方面,要充分体现新文科教师的"新文科"整体实力与综合实力。新文科教师的评价应当突破原有的以"个人为中心"的单一评价体系,而应当强调教师个人在"新文科"教学团队、科研团队的协同创新与功能发挥。应当看到,"新文科"不是打破原有的专业边界,更不是要求教师必须同时具备文科与理科的专业背景,换而言之,"新文科"不是强调个人的"全才",而是强调团队的"合力"。教师对"新文科"建设中的贡献度,应当成为未来新文科师资能力标准体系中的重要参考指标。聚焦"新文科"改革发展中师资建设的突出问题,采取问题导向,坚持建设"德才兼备、以德为先"的新文科教师队伍,遵循专业、学科发展规律,在教师评价体系中增加新的观测点——教师对团队的贡献度,创新教师评价体系。具体包括:(1)建立和完善以目标责任制、组织自治与指导——服务式管理相结合的基层教学组织运行机制。(2)完善和优

---

① 蒋家、琼张玲:《美国一流大学跨学科集群教师管理制度及启示——以威斯康星大学麦迪逊分校为例》,《湖南师范大学教育科学学报》2020 年第 19 期。

化校院系多层次、多主体共同参与的动态监督机制。(3)建立和完善效果导向、质量为先、资源优配的基层教学组织激励机制。(4)建立和完善对比与对标相结合、不同基层教学组织分类别考核、学生教师同行多主体参与的过程性、发展性评价反馈机制。(5)完善和优化以项目制为主、统筹协调相结合的组织运行保障机制。

第二,坚持"本土化"原则,通过团队建设,将新文科教师的评价、培训与引导紧紧围绕中国社会经济发展的实际需要展开,探寻符合中国实践的新标准与新方案。① 新文科教师团队评价体系应当体现教师在社会服务、政产学研方面的实践能力。鼓励教师依托团队积极开展行业企业实践,将教师产学研服务作为绩效考核、职称晋升、评奖评优的重要考核指标,具体包括:(1)结合学生实习见习指导工作,开展行业实践活动;(2)在行业企业的生产和管理岗位兼职或任职;(3)为企业、行业提供技术咨询或服务;(4)担任企业科技特派员;(5)参加行业企业组织的技能培训;(6)参加市教委、学校组织的"双师双能型"教师专题培训。(7)积极为专业教师提供行业企业实践机会,组织教师到行业企业顶岗实践、跟岗实习或考察观摩,开展实践调研、收集教学案例、推进实训项目;组织教师深入行业企业一线,了解行业企业的生成组织方式、工艺流程、产业发展趋势;熟悉行业企业相关岗位职责、操作规范、技能要求、用人标准、管理制度和企业文化;掌握行业企业岗位操作技术,学习所教专业在行业企业实践中应用的新知识、新技术、新理念和新标准。利用专业优势,为地方企业行业提供技术咨询和技术服务,解决行业企业生产、经营和管理过程中出现的风险和问题。与实践单位联合培养、联合攻关,参与相关专业关键环节的操作和管理,参与行业企业项目开发、管理模式改革与课题研究。此外,应当赋予教师团队负责人对教师个人评价与考核的权力,日常参考指标包括但不限于:收集、整理形成相关专业的教学案例;结合实践内容,定期撰写调研报告;在国家机关行业企业的管理岗位兼职或任职;为行业企业提供政策咨询或服务;承担行业企业横向研究项目,等等。

第三,确立新文科教师团队在"立德树人"方面的评价标准与评价体系。"新

---

① 杨利军:《校企合作 产学研结合 进行高职专业建设》,《中国职业技术教育》2005 年第 4 期。

文科"教师应当在全面贯彻党的教育方针、推进习近平新时代中国特色社会主义思想进教材、进课堂、进学生头脑方面发挥作用，这也是"新文科"彰显中国精神，最终成为中国文化的重要体现。因此，对"新文科"教师评价指标中应当包括但不限于：教师在教育教学中是否发挥社会主义核心价值观的引领作用；是否贯彻落实立德树人的根本任务，促进学生德智体美全面发展；是否注重对学生爱国、励志、求真、力行品质的塑造；是否注重思想品德、综合素养的培养，促进课程与思政教育有机融合；是否注重理想信念引领，弘扬民族精神和时代创新精神；是否注重品德、审美、创新、公民责任感等的养成教育，提高学生综合素养等。

第四，由学科导向转为问题导向，以问题为牵引，打破学科界限，把各学科力量凝聚到解决问题的共同目标下，为教师搭建能凝聚、有厚度、可辐射的跨学科交流平台，构建更广泛的隐性平台和交流机制，盘活各类学术资源，汲取多种学术给养，形成多学科、多专业教师组成的优势学术集群。对跨学科人才培养实施顶层设计，鼓励与支持不同专业背景，特别是文理交叉联合培养人才模式创新，具体措施包括但不限于：在本科、研究生人才培养方案中增设文理交叉特色专业模块，由不同专业教师分别授课；①在本科毕业论文、研究生毕业论文指导中实行"双导师制"，由不同专业背景的教师指导同一位学生的同一篇学术论文；以"课程思政"改革为"粘合剂"，在一些专业课程中增设"课程思政"的实践环节，由辅导员配合主讲教师完成课程思政的"二课堂"实践活动，实现"一课堂"与"二课堂"的联动等。

---

① 廖祥忠：《探索"文理工艺"交叉融合的新文科建设范式》，《中国高等教育》2020 年第 24 期。

法学专业线上线下混合课程建设探索

——以《亲属法和继承法》课程为例*

张　涛①　段冰如②

信息时代,互联网硬件与信息化软件的不断演变发展使得社会主体获得资讯的渠道极大地拓展与丰富,去信息中心潮流对网络文化传播产生了重大影响。随着网络互联技术与高等学校人才专业教育逐渐融合,教育信息化的纵深式发展冲击了传统教学活动组织生态。在学习参与者知识需求个性化凸显的当下,以学习参与者自主学习为动能的线上线下混合式教学因其与学习者需求的高度贴合,展现出强大的魅力与吸引力。

2020 年,新冠肺炎疫情期间为了实现"停课不停学"的目标,高等学校专业教学中广泛开展了线上教学的组织实践。尤其是为了应对教学需求,以超星学习通、智慧树慕课等为代表的在线教学机构及其教学平台推出了符合实际的教学产品,为包括课程环节设计、教学资料库建设、师生互动机制、成绩评价体系等在内的线上教学组织的顺利实现提供了重要的支撑。高校专业教学在这一特殊

---

　*　本文系天津市普通高等学校本科教学质量与教学改革研究计划重点项目——"一流专业建设视角下完善高校基层教学组织的探索与实践"子课题"一流专业建设视角下基层教学组织的治理结构研究"阶段性研究成果之一,项目编号:A201006902。本文系天津商业大学《亲属法与继承法》线上线下混合课程建设项目阶段性研究成果。
　①　张涛,天津商业大学法学院讲师,法学博士。
　②　段冰如,天津商业大学法学院 2020 级法律硕士研究生。

时期的条件累积，帮助信息技术手段与专业教学之间的缝隙得到进一步弥合，在线课程建设也释放了强大的教学引导力与自由动能。线上线下混合课程一方面能够充分发挥高校课程引导性知识传授的传统优势，另一方面也能够将信息技术创新成果与教学融合，打造"互联网＋高等教育"，充分拓展教育资源维度，也是实现高等教育改革与加快学习型社会建设的重要手段。作为天津商业大学线上线下混合模式建设课程，法学院法学专业《亲属法与继承法》课程组，通过以慕课建设为核心的线上课程建设，以及线下课程调整，进行了一系列线上线下课程改革探索。

一、线上线下混合式教学的含义与优势

线上线下混合式教学模式，是将线上网络平台教学活动与线下面授式课程教学有机组合，通过适当教学情境构建、沉浸式学习体验提升、课程教学反思扩大而形成的深度知识获取场域，提升参与受众的自主学习能力。在这种模式下，教师是引导者，网络资源平台是辅助手段，学生是学习的主体。[①] 教师与学生在教育活动中角色的异变，使得线上线下混合式教学具备了鲜明的特色与优势。

第一，线上线下混合式教学模式与构建主义教学理论存在高度契合。以瑞士著名教育心理学家皮亚杰为代表的构建主义理论认为，认知是认知主体通过个体与环境的交互作用构建而成的。[②] 一方面，社会文化对知识的学习具有重要影响力，知识并非是客观世界的绝对反映，而是内化与更新的对实践的认识与解释。教学不仅是简单的知识点传承，还要帮助学生实现知识更新与内化，培养解释客观世界各种现象的素质与能力。另一方面，知识或者说解释世界能力的获得不是一蹴而就的，而是以既有知识储备为基础，在自发内化中实现重新认知。而线上线下混合式教学满足了构建主义理论的要求，引导学生实现认识能力培养，获得解释方法；并且因材施教，可基于各自既有知识经验的差异性，寻找适合自己的个性化培养路径。

---

① 高昕昱：《基于线上线下混合式教学模式下的〈声乐课程〉教学探究》，《戏剧之家》2020 年第 36 期。

② 赵宏梅、洪云：《线上线下混合式教学模式研究与实践》，《渤海大学学报》（哲学社会科学版）2016 年第 4 期。

第二,线上线下混合式教学模式能够激发学生的能动性,实现自主学习状态。当学习目标明确,学习动机和行为受到环境中交互因素的监控与调节时,学习就会成为一个充满积极能量的过程。因此,努力调动学习参与者在元认知、动机和行为三个维度上的积极性,有助于自主学习状态的形成。而线上线下混合式教学模式,则通过充分整合教学资源,充分发挥网络和实体教学媒介作用,引导学生自主确定目标、主动吸纳知识元素、积极重构知识体系,实现学习参与者自主学习。

二、线上线下混合式教学的条件准备

为了实现线上线下混合式教学的先天优势,课程建设前期需要进行相关教学要素准备工作,为后续教学活动的开展准备软、硬条件,主要包括:教学内容、教学资源、教学目标、教学方案设计等方面。笔者试图结合《亲属法与继承法》的课程改革实践,进行展开与论述。

(一)教学内容

教学内容即改革目标课程的知识内容。《亲属法与继承法》是天津商业大学法学院法学专业的专业选修课程。按照其 2019 版法学专业人才培养方案,本课程开设在本科教学第 4 学期,共计 2 学分、32 学时,以《民法总论》《物权法》《民事诉讼法》等民法系列基础核心课程为主要先修课程。课程内容主要分为亲属法与继承法两个篇章,包括亲属法的基本原则、亲属关系、结婚法、离婚法、法定继承、遗嘱继承、遗赠和遗赠抚养协议等内容,涵盖了亲属法与继承法的主要基础性内容。

(二)教学资源

资源准备主要分为两个部分:线下资源与线上资源。第一,线下资源准备。线下资源主要是传统教学活动实施中所需要的软硬件,如教室、教学仪器与设备、小型会议室等,作为传统教学活动的重要保障,在课程改革之初已经具备。第二,线上资源准备。线上资源包括电子教材、学术论文、理论文章等文本资料与知识讲解、案例分析等视频资源。获取线上视频资源有两种途径:其一,通过学堂在线、智慧树等慕课平台,寻找与教学内容相契合的慕课在线课程,作为主要线上教学的资源。其二,结合课程组对课程的特色设计,可以与专业视频制作公司合作,由课程组教师设计并参与录制相关教学短视频,作为线上教学资源。由于在课程建设初期《亲属法与继承法》没有对应的慕课课程,课程也试图融合课程思政教学综合改革、实践型人才培养改革等内容打造自身特色,课程组量体裁衣选择与专业视频公司合作录制教学短视频。

（三）教学目标

线上线下混合课程改革的重要目的旨在通过多元教学手段、不同教学方法互动,引导学生自我学习、自我发问,通过教师辅助,完成问题解决与学生知识内化。因此,为了解决传统课程教学中教与学交流场域较弱、学习体验被动的问题,课程建设中试图将教学目标分解为三个层次:其一,知识目标。要求学生通过学习,能够达到教学大纲中明确的知识水平,尤其是掌握每个章节中的重点理论与制度。其二,能力目标。通过贯穿学生自主学习过程的线上线下混合互动教学,培养学生利用已知问题、结合思考回应新问题、解决未知问题,提升分析问题、解决问题的能力,并增强其理论转化实践的专业素养。其三,人格目标。一方面,通过学习过程的自主发起,尤其是通过话题讨论、小组作业等形式,使学生获得学习自信、进取意识和团队合作精神。另一方面,通过课程思政设计,摆脱说教式道德引导与职业精神培养,使学生实现人格价值塑造。

（四）教学方案设计

线上线下混合式教学在教学方案设计上要紧扣先学后教、教学融合、以学定教、以教引学的核心价值,并通过教学活动设计充分发挥线上教学与线下教学优势,实现教学综合改革目的。在教学设计上要注意如下几个方面问题:第一,根据预期教学目标,将教学大纲所涵盖的知识内容进行功能分解。将基础知识等需要反复讲授的内容归类梳理,置入线上教学部分,通过预先录制的视频课程、关联法条、相关学术论文来帮助学生完成知识学习;将知识深度理解,与实践运用技巧的部分安排在线下教学环节,通过知识串讲、案例讲解、案例讨论、实践操作等完成。第二,教学活动坚持以学生需求为动机,在教学活动中设计学生问题反馈环节。线上线下混合教学模式要充分实现课堂翻转,将学生在学习过程中的疑问作为引发后续教学活动的根本动因。

三、线上线下混合式教学的实施

《亲属法与继承法》课程组经过准备与逐步摸索,已经将线上线下混合式教学模式进行了一些试验性推广,累积了一定的实施经验,总结了一些具有可复制性的实施步骤。

（一）教学活动准备

《亲属法与继承法》课程线上部分主要依托智慧树课程平台实施,选择了"校内翻转课"模式进行课程建设。通过录入课程名称、教师团队、教学内容等基本信息后,建立了教师课程进入端口。通过教师课程端口需要做如下工作:其一,上传全部教学知识点视频（约50个）、课程所涉及法律条文及相关司法解释以及其他参考资料,如指导性案例、学术前沿论文等,为整个教学周期内学生自助查阅与学习提供资源支持。其二,录入学生名单,可根据需求分别按照班级、小组等进行标签归类,为后续活动组织和成绩评定做好准备。其三,通知学生通过学生线上学习端App进行课程查阅,确保已经成功进入班级,并可以查阅所有权限开放的资源与教学活动通知。

（二）教学活动开始

将教学活动以周作为单位周期开展循环式教学活动。其一,在周初通过线上平台发布一周学习任务。学习任务的主要内容可能包括:（1）教材和论文资料的研读要求;（2）视频学习的最低进度要求;（3）学习中不解问题的反馈要求等。发布学习任务目的在于使学生知晓本周课程学习要求,可以根据自己的情况在线下课程开始之前就基础性问题有所掌握。其二,在线上平台发布本周作业。作业的形式可以是选择题、填空题、问答题,也可以是开放式论述题。从作业的功能上来看,既可以是针对线上初步学习之后的效果检验,也可以是为线下课讨论话题的预先思考准备,还可以是线下课之后需要完成的理论思考归纳等。其三,组织线下课堂学习。线下课开始前,教师需要对线上课程学习后学生在线上平台专门问题反馈留言区域的问题进行归纳整理。之后,将共性问题或有启发性的问题融入课堂教学内容中,可以在进行知识点深度串讲时予以引导,也可以专门就问题进行课上解答。其四,组织线下课堂讨论或实践。相较于以基础性知识点讲解为主要内容的传统课堂,由于线上部分完成了较多知识点讲解的任务,线下课堂则有充分的师生互动与讨论的时间与可能,可以灵活采用小组作业、案例实操等,以提升和培养学生的表达能力、团队合作精神等。

（三）教学活动评价

与传统单纯课堂教学相比,线上线下混合教学模式中教学评价方式比较灵活,可评价的切入点也较多,能够更客观地反映学生平时学习的投入度、学习效果,也督促学生将功夫放在平时,重视过程性的评价和考核,养成良好的学习习惯。可以通过自评、他评、互评等方式,对每周学习任务的完成情况、课程视频的学习进度、线上作业的成绩、课堂讨论的参与度与成绩、案例实操等表现进行成绩认定,并作为日常成绩计入最后总成绩。

线上线下混合式教学模式对于教学活动的参与者来说是一种新的尝试。对于教师而言需要主观上更新教学观念,学习现代化教学手段;对于学生而言则提出了更高的要求,需要在课堂之外学习、投入精力进行知识思考。天津商业大学法学院《亲属法与继承法》线上线下混合课程改革与建设刚刚起步,还需要进一步探索,以取得更好的教学效果,为学生成为出色的社会主义法治人才提供更大的帮助。

基于"雨课堂"的刑法课程教学改革与反思

谢 斐①

"雨课堂"是清华大学在线教育办公室与学堂在线共同开发的教研成果,将PPT、"慕课"、手机微信融为一体,推动我国高校教学进入"互联网＋黑板＋移动终端"的全新发展阶段。② 刑法课程作为法学教育体系中不可或缺的一部分,在信息网络时代,应当顺应潮流,充分利用新技术服务课程教学。新冠肺炎疫情暴发以后,传统的线下教学开展遇阻,为尽可能地减少对教学进度和教学质量的负面影响,更使得线上教学方式的变革迫在眉睫。工欲善其事,必先利其器,良好的线上教学平台对于上述目标的实现是必不可少的,在尝试和比较了其他授课方案之后,笔者最终选择以"雨课堂"作为主要平台,在实践中探索刑法课程的线上教学模式,分析其优势与短板,以期为网络时代的刑法课程教学改革提供些许助力。

一、刑法课程线上教学的优势

(一)入门快捷、使用方便

"雨课堂"是一种免费使用的线上教学工具,功能全面,操作方便,是连接教师与学生、课堂内与课堂外、线上与线下的"桥梁"。只要会使用微信,基本没有使用"雨课堂"的困难,可谓"零门槛"。手机端依托微信公众号与微信小程序,

① 谢斐,天津商业大学法学院讲师,法学博士。
② 夏鲁惠:教学信息化必须面向教改实际[EB/OL]. http://www.moe.gov.cn/jyb_xwfb/s5148/201607/t20160720_272367.html,2016 - 07 - 26。

电脑端以插件形式融入常用的 PPT 软件,使"雨课堂"教学的展开无须额外下载其他 App,避免给师生增加课程之外的使用负担。

对操作主体而言,教师通过扫描微信二维码即可实现登录上课功能,学生通过扫描二维码即可加入课堂、参与学习,整个操作流程只需几秒即可完成,非常方便、快捷。通过"雨课堂"课件可以一键添加习题,习题与课件完美融合,一键发送;教学内容按需调整,便于教师灵活调度课堂进度,可谓既灵活又便捷。

（二）统计高效、减轻负担

正如比利时统计学家奎特莱所主张的那样:"统计学是可以用于研究任何科学的一般研究方法。"[①]

课堂教学也并不例外。统计分析法是教师在总结课堂教学的过程中必不可少的一种方法,借由将分散的数据进行整理,可以使教学效果更清晰地展现出来,以便于及时对教学进行调整。在传统的课堂教学中,教师除完成日常的授课任务之外,还需要花费时间对课堂教学的出勤情况、测试结果等内容进行统计。尤其是统计出勤一项,不仅占用宝贵的课堂时间,还容易干扰教学进度、引起学生反感。

"雨课堂"在数据统计方面大大减轻了教师的负担。在出勤方面,通过扫二维码、课堂暗号、"正在上课"提示等多种方式,汇总学生的出勤信息,在时间上精确到秒,在形式上直观准确,而且方法新颖,更容易为学生所接受。在成绩统计方面,通过"雨课堂"试卷进行的测试,可以达到即测即计的效果,每一位答完题目的学生,都会同时看到自己的作答情况与具体得分,教师可以在平台看到更为详细的数据,具体到每一道题、每一个选项的情况都能随时掌握。这种高效的统计方法是传统教学模式难以企及的。在主观题的阅卷中,教师除了可以给出分数,还可以使用个性化点赞功能,既可以对学生的出色表现进行点评,也可以根据情况指出其不足之处,可谓严肃而不失活泼,实现了线上的良性互动。

（三）形式多样、寓教于乐

传统教学模式中,教师主要是对课堂进程进行把握,对于课堂之外的复习与

---

① 肖彦花:《统计学:理论与方法》,国防科技大学出版社 2005 年版,第 5 页。

预习阶段而言,缺少及时的跟踪问效,只能依靠学生的自觉。而"雨课堂"除了在线课堂功能强大,更提供了课前预习监测与课后巩固提升的有效手段。教师在平台上发布预习课件之后,可以即时看到每位学生对于每一页课件内容的查看情况,以及对预习课件的学习时长,能对每位学生的课前预习情况有更为准确的把握,进而便于安排课堂教学。课后发布练习习题,依托"雨课堂"强大的统计功能,教师也可以及时了解学生对于所学内容的掌握程度。通过这种课前、课中、课后相贯通的综合考察体系,教师对学生的整体学习情况可以有更为全面细致的了解,以便于及时对教学进行调整。

除此之外,"雨课堂"还整合了多种教学资源,包括视频、网络资料等,不仅充实了教学材料,更丰富了教学形式,赋予学生灵活运用学习材料的自主权,既活跃了课堂氛围,又有利于教学效果的实现。

(四)创新互动、人人参与

传统的大班教学,学生人数较多,不利于师生之间展开深入、有效的互动,这就导致师生互动除了课堂问答之外,多以课后交流的方式进行,教师很难在教学过程中及时全面地接收学生的反馈。"雨课堂"创新设置了多种课堂互动新模式,使师生互动的方式和体验得到很大改善。这些创新主要体现在以下四种功能:

1. 弹幕功能

"雨课堂"借鉴热门视频网站,在课堂中增加了弹幕功能。将学生喜闻乐见的网络互动方式加入课堂,学生可以随时将自己的听课感受通过弹幕发表出来,教师可以在不中断授课的情况下,及时获取学生的反馈信息。这一模式既拉近了师生距离,又有助于教师及时调整课堂教学,更增添了线上教学的趣味性。

2. 课堂红包功能

红包是中国传统文化的承载物,近年来更活跃于大众社交平台,"雨课堂"贴近生活,将红包创意融入课堂之中,学生如答对问题即可获取红包奖励,既新颖又有趣,充分调动了学生参与教学互动的积极性,有利于激发学生对于课堂习题进行更加深入的思考,从而使课堂更加充满活力。

3. 投稿功能

很多学生在传统教学模式中回答问题、表述观点不够积极，这为课堂上的师生互动制造了障碍，间接影响了教学效果。对于这一问题，"雨课堂"设置了投稿功能，在给予学生更多个人空间的同时，鼓励他们以更自在的方式阐述个人观点，并与他人分享自己的想法。

4. 随机点名功能

传统的大班教学，教师一般根据自己的教学习惯进行提问，覆盖面不足，随机性不强，容易降低学生对课堂的参与感。随机点名这一功能赋予每一位同学平等参与课堂的机会，避免了空间对于教师提问学生的限制，无论身处何地，只要加入了"雨课堂"，就都有参与机会。

二、刑法课程线上教学的短板

雨课堂作为一种新型线上教学平台，与传统教学相比，虽然有诸多新优势，但作为新兴事物，难免存在一些不足。在近一个学期的线上教学中，笔者通过亲身体验及与学生沟通，主要总结出了四块"短板"。

（一）设备、网络的制约

"雨课堂"对于移动操作平台有一定要求，如果手机频繁出现卡顿情况，会严重影响在线学习的实际效果。除此之外，线上教学不可避免地会受到网络状况的影响。一些学生所在地区网络信号不稳定，会导致教师的声音在"雨课堂"直播过程中时断时续，展示的课件内容出现延迟、甚至加载失败。

2020 年 2 月初，全国各地的学校集中开展线上教学，用户激增、流量过大，超出了平台系统承载的极限，在一段时间内，"雨课堂"平台陷入"崩溃"状态。根据笔者对学生的调查显示，网络不稳定是影响线上教学的最大问题，近半数学生反映自己在线上学习过程中遭遇过网络不稳定的情况，导致部分时间段的课堂处于无声或卡顿状态。

（二）课堂教学的实际效果难以保证

"雨课堂"在线上教学的考勤、测试、互动等方面有许多创新性的设计，然而，这些创新性的设计更多的是在形式上加以突破，对于学生课上真正的学习状态，教师不可能像在学校一样，面对面进行监督。

例如,在使用"雨课堂"进行考勤时,学生可以利用课堂暗号或二维码进行虚假签到,如果没有被随机点名点到,教师很难核实真实的课堂参与人数。[①] 再如,一些学生只是扫码加入"雨课堂",之后便在屏幕背后忙与课堂无关的事,教师无法判断学生究竟是在认真听课看课件,还是单纯在玩手机,这种对课堂教学的实质考核是"雨课堂"等线上平台难以实现的。又如,"雨课堂"提供了单选、多选、主观题等题目的设计选项,单选、多选的功能已经趋于完善,但在主观题方面漏洞比较大。在教学中出现了学生利用网络检索查找主观题答案,再进行复制粘贴的情况,从而使主观题的考察流于形式、结果不够真实。最严重的问题是,一些学生甚至选择使用多台设备参加"雨课堂"的线上考试,一台用于做题,一台或用于看提前下载的课件,或用于上网搜索答案,单纯的线上考核对于这种不诚信的考试行为是难以监管的。

(三)课堂互动依然存在障碍

传统教学模式中,教师提问、学生回答,都是"面对面"完成,中间不存在障碍。线上教学,教师与学生之间隔着互联网,不再具备"面对面"的便利条件。虽然"雨课堂"在课堂互动方面有很多创新性的举措,但依然不能完全实现线下"面对面"交流的便利。以笔者为例,在线上提问时,经常遇到学生无法开麦沟通的情况,此时要么换人回答,要么就要让学生以打字的方式回答,都会使课堂效率降低。

(四)过多受制于授课教师的教学设计

"雨课堂"在课前预习、课中测试、课后复习都有许多创新设计,但这些设计效果的体现都立足于教师准备的 PPT 与测试题,这些都对教师的教学设计能力提出了更高的要求。而且,"雨课堂"扩展了师生互动的范围,不再局限于课堂,在课前、课后也有丰富的互动,这也要求教师需要在教学上投入更多的精力,以更高的责任心投入到线上教学中。换言之,"雨课堂"教学效果的实现,非常倚重教师的课堂之外的付出。如果教师的教学设计水平有限,在课堂之外与学生互

---

① 魏卫东:《基于雨课堂的农科专业"生物统计学"课程教学改革与实践》,《大学教育》2020 年第 10 期。

动不足，就很难发挥"雨课堂"线上教学的优势，使上述功能沦为可有可无的辅助教学工具，对于线上教学质量的提高并无裨益。

三、基于教学实践的反思

"雨课堂"将网络技术与课堂教学结合在一起，有助于推动混合式教学、形成性评价、多通道互动。但在新技术的运用过程中，笔者也发现了其中存在的一些不足。立足于线上教学实践，总结其中利弊得失，形成以下三点反思：

（一）线上线下，相得益彰

"雨课堂"作为一款比较成熟的线上教学工具，对于在疫情期间高质量地完成线上教学任务起到了十分重要的作用。但在肯定其创新成果的同时，也应认识到一点：目前的"雨课堂"不能完全取代传统的线下教学模式。

"雨课堂"的一些"短板"问题，一部分是因为"雨课堂"自身系统还有待完善，另一部分则体现了线上教学模式的局限性。笔者认为，推动混合式一流课程建设，应当加强线上工具与线下教学的配合。"雨课堂"的创新成果有助于激发学生的学习兴趣，提高教学质量；而线下教学又可以弥补雨课堂自身的"短板"问题。只有实现线上与线下的良性互动，才有利于"后疫情时代"教学方式的改革与发展。

（二）查缺补漏，不断完善

"雨课堂"的"短板"问题多集中在考核上。线上考核，如果只是浮于表面、流于形式，就会形同虚设，失去其应有的意义与价值。如果"雨课堂"的后续版本能增加课堂活跃度的考察，会有助于这一问题的解决。现版本的"雨课堂"，在课前预习环节，可以精确考察每一位学生对预习课件的学习时间，如果能把这一思路转移至对课堂教学效果的考量上，可能会有助于教师更好地把握每位学生的实际学习情况。例如，增加扫码加入"雨课堂"后对切屏的限制功能，在此基础上，计算学生对课件的实际使用时间。对于考试的主观题部分，应当禁用文字输入框的复制粘贴功能，从而减少此类作弊行为。

（三）提升能力，端正态度

以往的教学设计，教师在课件设置上多只注重课堂教学，而混合式教学则对教师在教学设计的丰富度上提出了更高的要求，即不仅要重视课堂教学部分，更要涵盖课前预习与课后练习。这种全方位、多角度的课件制作,需要教师投入更多精力。线上与线下的结合,增加了师生互动的机会,使师生互动由课堂扩展到课外,这都需要教师以更高的责任心参与其中。

为了适应混合式教学的要求,教师有必要在教学设计水平上"充电",不仅提升专业能力,更要提升教学能力。此外,还应端正态度,以更高的热情投入到新的教学改革之中,成为新时代教学方式改革的践行者和推动者。

四、结语

作为新型线上教学工具的"雨课堂",集互联网、移动终端与传统黑板的优势于一体,在一定程度上改善了刑法课程传统教学中存在的问题,对提高教学质量具有十分积极的作用。但是,现阶段的"雨课堂"并不能完全取代传统教学模式,它只能作为混合式教学的重要组成部分,与传统教学相互配合,从而推动刑法课程教学方式的改革。

应用转型专业建设与教学改革

基于微课的"翻转课堂"教学设计与应用研究

王　琦①

"翻转课堂"最初的雏形是老师录制有声 PPT 并上传网络,以帮助课堂外的学生补课。随着教学模式多元化发展,"翻转课堂"逐渐引起教育工作者的关注。借助新兴的教育手段、教育技术以及网络的发展,"翻转课堂"发展为"学生先学,教师后教"的教学模式。② "翻转课堂"的普遍做法是:首先由教师发布与课程相关的知识资料(文字、图片、视频),学生接下来在课堂活动之前就可以进行学习,并且掌控学习的进度。在课堂教学中,教师与学生面临的任务较之传统教学,也发生了变化。教师在课堂中引导学生应用与实践所学知识,学生带着问题与教师和其他同学交流,在课堂上实现知识的进一步理解和内化,提升了学生学习的参与度。

一、"翻转课堂"的优势

(一)将学生获取知识的过程由单向变为双向

以往课堂教学遵循的方向是:教师教授知识,学生接受知识。教授过程中学生以教师提供的知识内容作为主导,单方面全盘接受,学习的自由度水平较低。教师承担了大部分教学的任务,面对班级教学,需要在课堂有限的时间内尽可能

---

① 王琦,天津商业大学讲师,博士。
② 丁建英等:《翻转课堂研究及其教学设计》,《中国教育技术装备》2013 年第 21 期。

完成将知识传授给学生、带领学生练习应用、回答学生问题等教学任务。而学生面对课堂上第一次接触到的知识，在刚熟悉时半懵懂地进行练习，也不会对知识有深入思考。可见，传统课堂教与学的压力都是很大的。"翻转课堂"减轻了教师和学生双方的压力。课堂教学任务不再全部压在教师的肩上，学生也不必再忍受课堂上陌生知识的冲击。"翻转课堂"实现了教师角色和学生角色的变化，教师由单向的知识灌输者转化为引导者，成为学生内化知识过程中的"脚手架"，成为学生的帮手，同时减轻了教学负担。学生由单纯的接受者变成了自主学习的主体，在"翻转课堂"的条件下主动去学、主动去应用、主动去思考。

（二）有效利用多种教学媒体，扩大教学维度

由于学习不仅发生在课堂上，也发生在课堂外，"翻转课堂"可以巧妙利用多种不同的媒体和形式向同学展示知识，而不必担心场所或时间的限制。与最初的"翻转课堂"相比，现有的技术手段大大拓宽了学生获取知识的渠道，教师既可以使用有声的 PPT，也可以录制视频，或者选择课程库中一些优秀的课程发放给学生。学生选择自己感兴趣的形式进行学习或者复习，并且有机会自行去深入查找感兴趣的知识点，也可以与其他同学进行协作和讨论。"翻转课堂"提供了基本的学习资源，通过激发学生的兴趣，引导学生根据自己的需要，自行决定兴趣点，并深入挖掘和思考。除了展示知识，"翻转课堂"还可以借助问答模块与学生互动，提供学生自学效果的反馈，教师可以监控这些题目的作答，获得学生课下学习时的薄弱环节，并在课堂上安排解惑。

（三）加强课上课下的系统联结，优化教学内容结构

虽然"翻转课堂"能够将一部分课堂知识传授的压力转移至课下，但是也对课程的结构设置和教学安排提出了新的要求。"翻转课堂"不是指保留原有课堂教学的内容和结构，而一味地给学生发布线上资源。这样一方面会使线下内容和线上内容脱节，反而增加了学生的学习负担；另一方面不加筛选的线上资源可能质量不高、与课程匹配性不好，会影响学生的学习积极性[①]。这要求结合课程要求与学生课前学习情况进行课堂教学安排，根据课前的自主学习时长与考核

---

① 黄阳等：《"翻转课堂"教学模式设计的几点思考》，《现代教育技术》2014 年第 24 期。

获取学生学情,在课堂上对学生产生的共性问题进行集体讨论,对于课程重点进行强调与答疑。课堂上还要有针对性地增加应用环节。

二、教学内容分析——以《广告与记忆》一章为例

（一）课程主要内容

《广告与记忆》章节主要内容是在学生学习普通心理学"记忆"章节的基础上,从记忆的基本知识出发,分析广告作品中的记忆策略,以及记忆策略对于广告质量的影响和作用,以此说明记忆过程在广告策划中的重要性。主要内容包括广告记忆过程及作用、广告主要的记忆类别以及广告中的记忆策略。

（二）教学主要目标

教学目标主要包括三个层次。第一是知识目标,学生由记忆的基本知识迁移至广告中,掌握在广告心理中出现的记忆现象以及相应的记忆策略。第二是能力目标,即从心理学领域逐渐向广告领域靠近,初步具备以心理学视角审视广告作品,不仅"知其然",而且"知其所以然"。第三是应用目标,即主动考虑如何使用记忆策略,进行广告的策划。

（三）学生学情分析

学生经过心理学基础知识的学习,已经对记忆有了一定的了解,对于记忆的特征等基本知识掌握较好,但是对于广告中心理学规则的应用知识,绝大部分学生是零起点。通过对教学目标和学生现有水平的分析,确定新旧知识之间的结合位置。学生的学习动机较为良好,因为可以接触到现实生活中常见的广告素材,学生的兴趣较为浓厚。

三、《广告与记忆》课程"翻转课堂"教学设计

（一）根据学情策划教学策略

"翻转课堂"将知识的学习放在课堂教学之前,需要学生自主学习,这就要考虑学生现有基础、学生的兴趣点所在以及与教学内容的结合。针对学生情况,"翻转课堂"采取的针对性的措施包括:

1.在课程内容处理上,应该照顾到学生的不足,提供方便学生入门的相关知识。对于广告中的记忆手法与记忆效果,首先要引导学生发现自己在生活中对不同广告的记忆效果不同,继而进一步影响他们自己对于商品的购买决策;其次向学生直观地展示广告素材，要求学生评价自己关于不同广告的记忆情况，继而要求他们思考为何会出现记忆效果不同。通过现实生活的启发引导，逐渐开启进入新的知识。

2.在教学方法上，应该同时注重知识性和趣味性，力求使用例子做到深入浅出。

（二）根据课程难点进行内容调整

"翻转课堂"的引入需要将传统课堂内容重新进行梳理和整合。对心理学专业的学生而言，学习难点在于：第一，心理学理论知识的迁移；第二，对广告以及策略的理解与应用。

既然学生已经具有了普通心理学的知识，因此笔者通过理论与应用的对比，帮助学生运用已经掌握的旧知识，去突破新知识。其一，"基本记忆过程"与"广告的记忆过程及阶段作用"对比；其二，"记忆的影响因素"与"广告的记忆策略"进行对比。

在课程架构上，借助学生原有的知识架构，从记忆的基本知识展开至记忆影响因素的策略化应用，力求帮助学生将原有的知识架构迁移到新知识的学习和理解上来。在联系前面旧知识基础上展开新知识，从而消除新知识带来的陌生感和突兀感。

（三）制作课前学习资料

课前学习资料包括基础知识板块、案例素材板块以及自测板块。基础知识板块主要是回顾普通心理学中的记忆的相关知识，内容较为紧凑，集中在关键的知识节点以及概念定义上。整合为：回顾"什么是记忆？记忆的基本过程是什么"，导出"记忆基本过程的作用"——在浏览广告、购买商品的时候记忆的基本过程是如何影响我们的？——问题：为什么我们会记得一些广告，而忘记另一些广告？案例素材板块紧接着上一个板块提出的问题，向同学播放三种不同特点的广告：（1）以大篇幅塑造明星形象为主的化妆品广告；（2）广告语朗朗上口、易于记忆的旅游广告；（3）以子女关心父母为主要情节的手机广告。并要求同学思考：这些广告中哪些要素使你印象深刻，并准备在课堂进行讨论。自测板块关注细节与知识点的夯实，主要形式为选择题或其他客观题目，如提问：以下哪项是记忆的第一个过程。在此环节中，还可以与之前学习过的知识点联系起来，增强学生学习知识时的连贯性。

学习资料的制作主要分为两种形式。一种是包括知识板块与自测板块的PPT形式，要求重点突出，内容简洁明了，可利用 PPT 的内置功能设置动态，逐层分段地推进知识，并以字体强调重点，自测板块利用"雨课堂"插件制作题目，同时标明正确答案，并附答案解析，帮助学生进行思考。另一种是案例素材板块的视频形式。虽然广告素材视频是现成的，但不进行解释或引导直接发放给学生，会使得学生摸不着头脑，观看变得没有方向。所以这一板块的制作重在串起素材，引导学生。视频的制作可以采用真人录课或屏幕提示，并使用活泼的语言、亮丽的颜色来吸引学生注意，风格尽量活泼、愉悦，形象定位是陪伴学生一起进行观看和问题讨论，而非给学生布置任务。开始要有简介和方向引导，中间要有过渡，结尾要有总结，整个视频不超过 10 分钟，以保证学生的注意力处于集中的状态。

（四）课程任务清单编制

课程任务清单是帮助学生认识在本次课程中需要完成的任务，包括课下自行学习的任务、课上的活动任务以及课后的作业任务。在课程开始前向学生呈现任务清单，可以让学生对于课程内容和任务量做好心理准备，也能够帮助他们在诸多学习任务并行的过程中安排好自己的时间，更好地完成本门课程的任务。任务清单的编制主要遵循几个原则。首先，任务清单是与教学目标和重难点相配套的，无用的任务不做。其次，任务清单不可过满、过难，应该注意节奏，难度适中，有一定的趣味性，也有一定的挑战性，特别是在课前和课后应该体现学生作为主体的参与性，确保任务清单的大部分内容，学生可以独立完成，而课堂上的重难点则由老师带领、引导学生完成。基于上述原则，针对本次课程的任务清单如下：课前部分（1）回顾普通心理学中关于记忆的基本知识，联想在观看广告的时候是经历了怎样的过程才对/未对广告产生的记忆。（2）观看三则广告，并根据自己的感受回答这三则广告有哪些使你印象深刻的地方？为什么你会印象深刻？（3）完成课前关于记忆基本知识的客观题目。课堂部分（1）理解不同的记忆阶段，广告对消费者的不同影响——广告的记忆过程；（2）了解广告可以通过哪些表示手段使观众形成记忆内容——广告的记忆类型;(3)从哪里入手可以制作出令人印象深刻的广告——广告的记忆策略。课后部分(1)观察生活中的广告,想一想它们是如何使用广告策略的;(2)作业:如果让你为食堂中最喜欢的一道菜进行广告策划,你打算使用哪些记忆策略呢?

(五)根据学生课前任务完成情况,进行课堂教学

"翻转课堂"在学生自习的基础上,能够有效延长课堂学习时间,深化课堂知识理解。在课堂教学前,教师要通过"慕课"或网络学习平台的后台数据(1)摸底:学生是否完成基础任务。(2)了解:学生对现有材料的思考情况以及是否出现了不理解、不懂的问题。通过对学生课前学习的掌握,在课堂上组织学生再一次开展学习与思考,通过面对面的引导、启发、发言、交流,再次推进学生的认识。此外,还要回应学生自主学习时产生的疑惑,对其认识偏颇的地方进行纠正,对其不能理解的地方着重说明和解释。

在第一部分,教师简单回顾记忆的过程,将教学的重点引导到广告的记忆过程上来,每一个过程设置一个简单的互动问题,旨在说明每一个过程主要的作用。例如识记过程,要强调的是识记过程对于观看广告来说是一个区分不同广告、建立起最初印象的过程。识记过程虽然看起来短暂,但如果广告的辨识度高,识记容易,便于观众将它与别的同类广告相区分的话,这部广告在通往消费者记忆的跑道上就已经领先了,所以识记过程是一个抓住观众眼球的过程。在此部分可以与学生完成简答的商标识记游戏,使用熟悉的和不熟悉的商标进行对比说明识记过程对于商品、商标识别的作用。在第二个部分,教师提示学生回答关于课前观看的三个广告的记忆,引出广告中的多种记忆类型的话题,由此系统展开对不同广告记忆类型的介绍,同时启发学生思考不同的记忆类型可能会适用于哪些广告和商品种类,要求学生进一步考虑他们已经看过的三段广告是否可以更改为针对消费者其他记忆类型进行策划,哪些更合适,而哪些不适合。通过采用实际案例的思考帮助学生更好地认识广告中不同记忆类型的使用依据。在第三个部分,由教师着重强调主要的广告记忆策略,由于策略多种多样,方面也各有不同,介绍的过程中同样要求学生考虑自己熟悉的广告中都使用了何种记忆策略,效果如何等相关问题。

（六）课程任务考核方式

无论是课前自学还是课堂教学，"翻转课堂"最终目标不是要告诉学生记忆是什么，而在于引领学生意识到即使是最基础的心理学要素，将其应用在广告中，变化是十分多样的，而产生的效果也是十分迷人的，从而让学生具备主动去思考、去探索的动机。考核方式依照课程安排分为三个部分。课前自学考核不仅通过学习平台的后台数据，考查学生是否完成基本的观看和预习任务，还可以通过学生答题成绩统计确认学生基本知识的掌握程度。课堂考核主要通过学生与老师的互动、小组讨论与发言以及课上提问及回答情况进行。课后任务考核即作业质量考核，要求学生以小组为单位完成一份广告策划，选择合适的广告记忆策略并且突出策略的使用，包括老师和学生互相评价作业质量以及完成度，评价结果排名靠前的作品还可以作为案例进一步进行欣赏和讨论。

四、结语

教育部《关于全面提高高等教育质量的若干意见》《关于"十二五"期间实施"高等学校本科教学质量与教学改革工程"的意见》强调了转变教育思想，更新教育观念，积极培养必将对应用型人才。伴随技术手段的进步，"翻转课堂"应运而生，这种新兴的教学模式在国内外多个高校组织成功得到了实践，并取得了相当的成效。"翻转课堂"与应用型人才培养的理念不谋而合，学生成为学习的主体，控制学习的进度和速度，也具有了更多的参与感与积极性。广告心理学作为心理学与消费领域的交叉课程，课程特点在于将心理学理论实现广告的多媒体、多渠道、多形式的应用。学生往往习惯背诵理论知识要点，对于灵活的应用表现束手无策。使用"翻转课堂"能够避免理论过多、案例过少的问题，通过学生在课前、课中、课后的不同层次的任务实践，应用的目的贯穿始终。"翻转课堂"的设置大大提高了课堂效率，而且也允许老师有时间给学生进行更多地应用展示，帮助学生将理论认识逐渐融入应用中，在知理论懂理论、之后，能够做到用理论。

中医音乐心理疗法及在教学中的应用

赵慧敏[①]

中医音乐疗法是在中国传统文化体系理论指导下，从人与自然作为一个整体的角度出发，从事物不断发展变化等辩证的思想出发，认为人的各种负性情绪不是孤立存在的，而是相互影响，相互制约。传统中医心理治疗实践中，医生能够辩证应用各种音乐形式进行情绪的调理，使病人的心身得以平衡，在心身疾病治疗方面，受到广泛关注和应用。

目前国内中医心理治疗领域的音乐治疗方法主要包括：五行音乐、音乐电疗系列法、音乐综合治疗方法等。

一、中医音乐疗法的历史

早在新石器时代，人类已开始用音乐和舞蹈来表达和宣泄各种情绪。原始社会的各种歌唱和舞蹈其实属于一种广义的音乐运动疗法，对于人们在艰苦的环境中得以舒缓紧张情绪、疏通筋脉、调理心身有一定的好处，在当时很容易传播普及 。

随着中华古代文明的全面发展，中国音乐保健治疗意识和方法也得到完善和发展，这是以《乐记》音乐理论，《黄帝内经》的五音学说为主要代表，形成了早期中医音乐心理治疗的主要思想。

《黄帝内经》中大量的资料认为，音乐与宇宙、天地和人体运行密切相关，人

---

① 赵慧敏，天津商业大学法学院心理学系副教授，心理学硕士。

类发出的五音与人体的内脏、情绪、人格等特征密切联系，还可以用来表达天地时空。

《黄帝内经》中有许多内容分别论述了人类所发出的五音的特性，及其与人体脏腑、阴阳、经脉的关系，提出治疗时应取的经脉和不同穴位。同时列举采摘或生产的五谷、五畜、五果和五味，再配合五色、五时来调和五脏及经脉，各有其重要作用。

二、中医音乐疗法的思路与原则

传统中医中的音乐心理疗法根据宫、商、角、徵、羽五音特征，以五调来分类，然后对应五脏的生理节律和特性，再结合五行、体质类型、人格类型，分别进行施乐，最后达到促进人体脏腑和气血运行的正常协调。

其中的五行学说，既是传统中医认识疾病和治疗原则的理论，也是音乐心理治疗的重要组成，在音乐心理治疗中，可以根据病情，再依据五行学说，选用适当的音乐形式获取较好的治疗效果。

中医心理治疗中，大夫把五音中宫、商、角、徵、羽（分别对应 1、2、3、5、6）与人的五脏（脾、肺、肝、心、肾）和五志（思、忧、怒、喜、恐）等生理、心理内容用五行学说有机联系在一起，进一步提出了："肝属木，在音为角，在志为怒；心属火，在音为徵，在志为喜；脾属土，在音为宫，在志为思；肺属金，在音为商，在志为忧；肾属水，在音为羽，在志为恐。"根据五音多与少、偏与正等属性来深入分析病人的身心特点。

传统中医用五音来表征大自然时空变化的规律，结合人的主要特点进行治疗，是"天人合一"学说结合实际的具体运用。

中医强调阴阳平衡，音乐心理治疗的原理也是如此，即利用音乐调节人体的阴阳平衡，然后机体逐渐康复。如音乐心理治疗可以根据"泻其有余，补其不足"原则，让阳亢患者通过主动参与式的音乐活动，或者倾听节奏、音色和音高比较刺激的音乐来获得平衡；相反，阴虚的患者可以通过被动的音乐活动，主要是倾听节奏、音色和音高比较安静型的音乐来获得阴阳平衡，最后恢复心身健康。

再如，土乐是以宫调为基本风格的，特点是悠扬、安静、淳厚、庄重，如"土"般宽厚结实，根据五音与五脏理论，宫音入脾，对中医所说的脾胃功能疾病及其所产生的情绪的治疗的作用明显;金乐以商调为基本特点,高亢、悲壮、铿锵有力、雄伟豪迈、嘹亮肃劲,有"金"之特性,根据五音与五脏理论,商音入肺,对中医所说的肺功能疾病及其所产生的情绪的治疗的作用明显;木乐以角调为基本特点,风格是悠扬绵长、生机盎然的旋律,曲调亲切、爽朗、舒畅,具有"木"之特性,角音入肝,对中医肝功能系统疾病及其所产生的情绪的治疗作用明显;火乐以徵调为基本特征,旋律是:热烈、欢快、活泼、轻松、层次分明、愉悦、欢畅,具有"火"之特性,徵音入心,对中医心功能系统的疾病及其所产生的情绪的治疗作用明显;水乐以羽调为基本特征,风格是:清纯、凄切、哀怨、苍凉、柔润,似行云,如流水,具有"水"之特性,羽音入肾,对中医肾功能系统疾病及其所产生的情绪的治疗作用明显。

三、音乐处方

中医音乐心理治疗的组成规律如下:

(1)中和平衡之道,医生强调原则和方法的和谐、自然,目的是平衡人的身心运行,帮助协调人类与大自然的关系。很适宜治疗各类情绪疾病或心理疾病,因为人类的疾病几乎都是由于各种的过度。

(2)情绪调节,传统中国音乐中有不少节奏缓慢,意境朦胧,具有超越时空的艺术氛围,这些都与人的心理节奏感相关联,传统中医认为,人类的七情过激过度,就会引起人体气机的相应变化,导致人体的体内物质和功能失衡,引起情志疾病和身体器官疾病。而音乐可以帮助实现情绪转移、制约和平衡,也可配合文学、美术和等其他艺术形式来更好地实现疗愈疾病。

举例说明:因为肝阳上亢而出现高血压的病人容易发怒,医生会指导病人聆听有商调式或悲伤色彩比较浓厚的音乐,这种类型的乐曲悲伤、凄切、感人,因而具有抑制愤怒、缓解情绪的作用,对稳定血压作用非常重要,与其他类型的音乐相比较,此类音乐效果非常显著。如果是阴虚阳亢患者,医生会选择羽调的水乐,这种类型的乐曲舒缓、柔和、清润,可以导引精气,滋阴潜阳。很多情况下,医生也会根据患者的心理特点和个人爱好,安排有欢快、愉悦类型的乐调,使患者受音乐感染,进入愉悦的情绪状态,或温和、踏实类型的音乐,使患者愤怒、抑郁、焦虑情绪得以转移、宣泄、抚慰,然后使用悲调乐曲,那么亢阳兴奋的状态则能得到有效化解,气血平衡,平和的情绪自然显现。

在操作中同时注意:选择不同类型的乐曲或表演方式,应该根据病人病情及患者的不同民族、地区、文化水平、兴趣、爱好和性格特点等,不能强迫病人反复听一首曲子(或感到厌倦的曲子),或强迫参与不喜欢的表演。否则会适得其反。随着科技的进步,中医音乐治疗也结合了许多其他方法,如物理的电疗方法、化学疗法。

如音乐电针疗法,是在电针的基础上,再结合音乐心理疗法,吸取电疗的特点,具有刺激穴位和音乐心理治疗的双重作用。与传统的针刺穴位相同,该方法通过穴位的刺激,可以疏通人体经络,调和人的气血,补虚泻实;同时,它又兼有音乐的愉悦性、娱乐性和欣赏性,发挥音乐影响人的生理、心理的特点,音乐信号经过换能处理之后,音乐的脉冲电流则具有了可以调制的特点,变成了低频、中频脉冲电流的频率集合体,可以随时转换,临床中发现,具有音乐风格和特点的同步音乐脉冲电流在刺激病人的经络穴位之后,治疗效果明显提高。

音乐电针疗法可以增加愉悦感,使人舒心,促进血液循环,可以镇静心情,促进睡眠,还具有止痛、抗炎功能,也有人发现还有降压、促进肌肉力量的功效。该疗法目前处于临床研究阶段,进一步的开发性研究正在开展,随着音乐元素中更有针对性的符合人体特性的信号规律的阐明和发现,该疗法将发挥更大的用处。

音乐治疗是针对患者心理,在中医理论的指导下进行治疗的一系列方法。调节心理状态的最佳手段之一,具体方法包括以下几种。

(1)顺志从欲法,就是通过满足人的生理需要、愿望、感情等来达到治疗心理障碍的方法。具体方法是以音乐意境配合其情绪状态,直接给以性质类同、感觉相近的音乐,得到共鸣后,引导患者疏导气机,恢复到良好的情绪状态,改善身体状况。在传统中医音乐治疗中,主要依据的是以情胜情原理,就是利用一种情绪的音乐,来帮助宣泄同一种偏多的情绪,从而达到心理状态和情绪的平衡。也可以是利用某一种情绪的音乐,去克服或纠正另一种性质偏多的情绪状态。因为音乐既是情绪的产物,又可影响人的情绪,情绪的和谐、改善与提升有助于机体的恢复。

(2)精神内守法,传统中医理论认为,心为五脏六腑之主,心动则五脏六腑皆摇。这就肯定了心理因素对各脏器的生理状况和过程的影响，那么保持心理的平衡和对环境的适应性是减少各种心理和生理疾病，加快身体康复的基本方法。中国传统古典音乐保持有某种有规律的合乎自然的节奏，能有效舒缓引起内心不安、焦虑和抑郁的刺激，有助于保持内心平静；可以有效对待七情之变，调节降低人的欲望，保持中和精神。

（3）认知疗法，因为人的行为主要还是受个人思维、信念、兴趣、态度、价值观等认知因素所支配，所以，要改变患者的不良情绪和行为，一定需要引导其认知的改变。传统音乐可以调和阴阳，舒畅血脉，通流精神而和正心。调整精神情绪，舒展血脉，不良行为和认知得到导引和改善。

（4）暗示疗法，音乐的非语言方式非常适合进行暗示，医生一般会采用语言或某种刺激物，再加以比较含蓄的、间接的方式，对病人的心理状况进行影响，引导病人接受某些理念，重塑自信，然后改变其情绪和行为，使其朝向特定的方式反应。该疗法比较适合于因为怀疑、猜测、误解、幻觉等，所导致的心理障碍以及因为文化因素相关的精神疾病。

（5）运动导引结合法，中国传统中医中建议的主动运动类型有很多，例如各种类的太极拳、易筋经、养生气功、保健功等，被动运动以按摩为主，在合适的音乐配合下，使人放松，进入状态，在清静整洁的环境中，在优雅、恬静的音乐环境下，或端坐或静卧，令身体放松，呼吸均匀畅达，宁神静气，进行调心、调息、调形，通过养心安神，吐浊纳清，运行气血精气，炼意调神，增强定力，聚精会神于音乐旋律之中，并体味相应脏器的感觉，令二者的波动谐振起来，即可鼓荡体内气机，疏通经络，平衡阴阳而强身健体。可以治疗精神心理疾患，尤其适合精神过度紧张，身心失调诸疾患者。除此之外，还有以音声导引，通畅经络祛病疗疾的方法，如六字诀、念诵法、歌咏法、乐器演奏等。

近十几年，随着信息传递的便捷，人类医学模式的转变，人们对中国传统医学的再认识逐步加深，中医传统音乐疗法逐渐开始受到国内外音乐心理治疗学者的积极关注，并不断展开了更加深入的研究。

我们发现，繁荣这一疗法还同时需要多学科专家共同参与，如声学、音乐学、现代生物物理学、现代医学、精神心理学等，还需要现代科学技术的各种支持，需要各级政府和不同产业的支持。

我们还需要把握音乐的心理效应,在继承传统中医音乐疗法的基础上,结合现代医学和音乐学的新趋势,理解、引进与使用现代音乐治疗技术和方法,逐步完善具有中国特色的中医音乐治疗体系,逐步满足人们不断提高的精神需求。

四、中医音乐疗法在心理学教学中的应用

在心理学系的许多课程中可以增加音乐疗法的理论和实践内容,如咨询心理学、学校心理辅导、社会学等课程,同学们对这些内容很感兴趣。

之前所开设的咨询心理学课中就有中医心理疗法,除了基本的中医理论和心理治疗方法外,有关音乐心理治疗的方法内容笔者也进行了整理,大家觉得很有趣,很感性化,例如孔子曾经赞不绝口的韶乐,为什么能使人"三月不知肉味",听了截取的一段音乐后,有音乐特长的同学反映很喜欢,没有音乐基础的同学对于这些奇特的方法很愿意了解和尝试,大家对节奏、音色、音程和五行、五色的结合很愿意进一步了解。

学校心理辅导课程中布置了小组作业,介绍自己感兴趣的疗法,有两组同学准备有关的内容,一个小组的内容是西方音乐疗法,从古希腊为减轻病痛的巫师所唱的歌曲开始,到自我暗示的近代催眠术,到现在西方国家流行的音乐治疗,都表达了人们为了减轻病人心理上的痛苦所做的有益尝试,为增加生活的乐趣和意义感所进行的艰苦尝试。最后总结时笔者希望大家结合中国的传统中医音乐疗法,用五调来对应人体五脏的生理节律,再结合病人的五行、人格特点、体质使用音乐,促进人体脏腑和气血循环的正常运行。还有一组介绍的是祝由疗法,同学们结合电视剧《甄嬛传》的片段,描述了人们对未知事物的恐惧和解决办法,其中的音乐疗法参与比例不少,这与西方古人的思路有很大的类似成分,如顺志从欲法,用音乐意境配合情绪状态给予性质类同、感觉相近的音乐以得到共鸣;或者用合乎自然节奏的传统古典音乐去疏导、缓解引起内心不安和骚动的外界刺激,保持内心的平静;因为音乐的非语言方式比较适合进行暗示,就是采用语言或某种刺激物,然后以含蓄、间接的方式,对病人进行影响,引导病人接受某种理念,重拾信心,改变其不良的情绪和行为,此法比较适于因怀疑、猜测、误解、幻觉等所导致的心理障碍,还有和文化因素相关的精神疾病。有中国特色的包括与运动导引有机结合的方法,如各种太极拳、易筋经、养生气功、保健功等,还有以按摩为主的方法,在合适的音乐配合下,使人放松,进入状态,在清静整洁的环境中,在优雅、恬静的音乐环境下,或端坐或静卧,令身体放松,呼吸均匀畅达,宁神静气,进行调心、调息、调形,通过养心安神,吐浊纳清。这样总结后,同学们都觉得收获很大。

在专业外语课程中,笔者增加了一篇最近出版的文献阅读,题目是《音乐治疗中的非洲鼓治疗心理疾病》,作者为英国伦敦皇家音乐学院教授。虽然英语文章读起来难度不小,但是同学们的阅读热情很高,我们一起学习了西方心理疾病的现状,音乐疗法中的非洲鼓打击乐的实验过程及结果结论等,最后也结合介绍和复习了中国传统中医中的音乐疗法。使大家进一步感觉"人生有涯而知无涯",需要学习的东西很多。

《心理矫治技能与实务》课程线上
教学模式的探索与实践

慕德芳①

线上教学是指利用网络技术,通过某个教学平台或软件(如"学习通""雨课堂""腾讯会议""钉钉"等)采取录播或直播等方式完成教学过程的一种教学模式。在2020年上半年的疫情期间,《心理矫治技能与实务》课程充分运用了网络优势,采取了线上教学模式进行授课,选取了优秀的在线课程资源,选用功能齐备的线上平台直播授课等方式完成了教学过程,拓展了教学思路。

一、课程性质与教学内容

《心理矫治技能与实务》是心理学专业司法心理方向的一门专业课程。该课程的教学目标是以咨询心理学理论为基础,让学生理解各种心理矫治技术或疗法的理论基础、适用对象,掌握各种心理矫治技术或疗法的基本操作步骤及技能,并通过大量的案例分析、个体体验与分享等方式提高学生灵活运用这些心理矫治技术解决实际问题的能力。

该课程的教学内容具有很强的针对性与实用性,包括各种心理矫治技术或疗法的理论知识、操作步骤及分析原则等,具体内容包括:(1)沙盘游戏疗法的理论基础、基本设置、适用对象、个体和团体沙盘游戏疗法的具体操作步骤、分析原则及案例分析等;(2)音乐疗法的概念、理论基础、适用对象和具体操作

---

① 慕德芳,天津商业大学法学院副教授,心理学博士。

步骤;(3)绘画疗法操作、分析解读原则及案例分析等;(4)心理情景剧要素、操作及剧本创作等。

二、课程线上教学的方式与特点

《心理矫治技能与实务》课程的线上教学以网络为介质,打破时空的限制,开展教学活动,通过选取优秀的在线课程资源,选用功能完备的网络平台进行直播、提问与答疑,建立教学档案,采取更加灵活的考核方式等提高了线上教学效果。

(一)选取优秀的在线课程资源

在线网络课程资料非常丰富,比如中国慕课网、学堂在线、"智慧树"等都提供了大量的优秀网络课程资源,不同教师在讲授方法、知识点及重难点的把握等方面都各具风格,因此,在选择在线课程资源时,我们充分考虑到该课程大纲的知识内容和要求,选取了与该课程大纲相契合的章节,按照教学计划,安排相应的在线课程资源让学生自主学习,比如中国慕课网站上上海师范大学的《音乐心理学》课程资源,华南师范大学的《绘画心理》《沙盘游戏疗法》等课程资源,让学生体会到多个教师不同的教学风格以及不同的观点与见解。这些在线课程资源的知识点清晰,案例丰富,讲解具体生动,对不同心理矫治疗法进行了深刻的解读,极大地丰富了线上教学活动。

(二)选用功能完备的线上教学直播平台

线上教学可以通过网络平台进行教学授课、教学管理及个性化学习。这种新型的教学模式可以跨越时空,让师生能够随时随地进行教学与学习活动,从而达到教学资源利用最大化、教学行为自主化、师生交流便捷等效果。该课程的线上教学活动通过腾讯会议平台进行实时分享课件、直播、即时文字聊天、答疑及讨论等活动。腾讯会议平台实行免费开放,操作方便,支持手机、电脑、小程序及微信入会。使用该平台进行线上授课,师生可以及时沟通与交流,保证了教学活动的正常有序进行。

除腾讯会议外,还有其他一些在线教育直播平台,比如在线教室(ClassIn),该平台具有学生管理、互动电子黑板、板书共享、抢答器等功能,教师可以使用"苹果"平板电脑或微软平板电脑写板书,教师与学生可以同时打开和观看多个文件并同时操作黑板。这些在线直播平台还提供了录播功能,在授课过程可以进行录像,让没有及时听课的学生有机会通过回放进行补课。教学直播平台的运用使得教学方式更加灵活,同时也大大提高了学生学习的自主性。

（三）注重提问与答疑,建立在线教学文档

在线上教学模式中,教师不能如同线下教学那样观察学生的听课反应,了解学生是否专注听讲,但教师仍然可以通过加大提问、答疑的方式探查学生听课的状态以及知识掌握的情况。此外,在进行线上教学活动时,每次上课前及时发布腾讯会议地址、课程内容、课件及答疑安排,并把这些内容都进行整理记录,形成该课程的线上教学档案,有利于课程总结与反思。考虑到线上教学中网速的重要性以及网络拥堵带来的各种可能性,所以在该课程的线上教学中也准备了第二套教学方案,提供在线教学资源及教学进度安排,从而保证线上教学的顺利进行。

（四）采取更加灵活有效的考核方式

传统的课程考试可以及时发现学生学习过程中所出现的一些问题,检验学生对所学知识的掌握水平。《心理矫治技能与实务》是一门应用性与操作性非常强的课程,要求学生掌握沙盘游戏疗法、绘画疗法、音乐疗法、心理情景剧等多种疗法的操作并能够将这些疗法与技术应用到实践中,尤其是针对具体的个案进行心理干预。传统的考试题型及考试方式更加适合考查学生对概念、基础理论等陈述性知识的理解与掌握,却往往很难全面地考查学生对具体疗法或技术的掌握情况。因此,该课程的考核方式主要通过线上讨论、制作并完成团体沙盘游戏、绘画分析、音乐疗法、心理情景剧创作等进行课程考核。这种考核方式不仅让学生体验到心理咨询师与来访者的不同角色体验,同时也对心理矫治技术或疗法有了切身的体会与理解,提高了对心理矫治各种技术或疗法的操作能力,比如,在心理情景剧剧本的创作中,学生基本掌握了剧本创作的要素、原则以及技术;在沙盘游戏的操作过程中,学生通过不断的操作和体验能够掌握个体和团体沙盘游戏疗法的操作步骤,理解了对沙盘游戏作品的分析原则和解读方法;在音乐疗法的实践当中,学生掌握了如何针对具体的心理问题选择不同的音乐进行心理干预。

三、线上教学效果的总结与反思

（一）线上教学可以提高学生自主学习与主动学习的能力

线上教学模式强化了学生自主学习与主动学习的意识与能力,学生不是被动地接受知识而是更加主动地学习与掌握知识。在传统线下授课的教学模式中,以教师讲授为主,讨论为辅,只有少数学生积极回答问题,但在线上教学中,大部分学生都积极在平台的留言区域表达想法,学生发言相比线下课堂更加积极活跃。在该课程的线上教学中,学生参与度很高,很少有学生请假,如果由于网速问题出现掉线等问题,学生都会在微信课程群里及时告知教师,线上教学模式使得学生更加注重自己在课程学习中的收获,更加主动地投入到学习中。

（二）线上教学丰富了教学与授课方式

线下教学模式是面对面授课,师生要受到时间、空间的限制和要求,线上教学没有固定的时间和空间约束,方式更加灵活,授课工具更加丰富,可以在各种网络平台、工具以及优质的在线课程资源中进行选择。在《心理矫治技能与实务》课程的线上教学活动中,上课前通过网络平台进行快速签到,提高签到效率,正式上课时采取课件实时分享进行直播、课程资源观看加答疑、课程资源观看加提问加答疑,以及小组讨论等方式丰富了教学形式,学生参与度与积极性都很高。授课工具和方式的多样化也增强了学生学习的兴趣,对心理矫治技术在实践领域的应用有了更多的了解。

（三）线上教学可能会产生一定的两极分化

线上教学模式也存在一些不足,比如学生进入教学平台后,教学平台仅仅记录学生的签到情况,无法在线获取学生的听课状况;有时由于网速等问题,线上教学没有要求每个学生都打开摄像头,因此,教师需要通过增加随机提问的次数以探查学生听课的状态和对知识的掌握情况。同时,线上教学也可能会由于学生自我控制能力的不同而产生一定的两极分化。自我控制能力比较差的学生可能会因为失去课堂监管,耽于娱乐,出现成绩下滑和倒退现象,而对自我控制能力较强的学生来说,线上和线下教学模式影响不大,线上教学模式可能会因为丰富优质的课程资源而收获更多。

（四）线上教学对教学设计提出更高的要求

虽然线上教学是对线下教学的有益补充,但由于教师无法直观检查学生的学习状态,现场问答和小组讨论可能也很难形成热烈的课堂氛围,因此,线上教学更需要整合资源并做好教学设计,比如通过友好的界面和自然流畅的节奏,提高情景教学意识,增强学生与课堂的联结,让学生积极投入到学习中。

在线上教学的教学设计中,需要考虑学生的个性化需求,满足学生不同的学习需求,准备不同的教学模块,让学生按照自己的学习节奏、学习进度进行自主和个性化学习。线上教学设计要减少不必要的教学环节和不合适的教学设计,教师要少讲、精讲,突出重点章节、重点内容,对于概念、分析规则及操作技能等知识的介绍要层层推进,在介绍操作技能等复杂问题时,应该将其分解为不同的成分或步骤,先教会某一成分或步骤,然后在延续上一技能的应用基础上学习新的成分或步骤,通过层层递进,让学生理解这些成分或步骤之间的关系,否则学生很难对这些操作或技能进行精加工。教学内容呈现方式可以采用总—分—总设计,首先是全景式地呈现所有教学内容,然后根据逻辑性将具体内容依次呈现,每个画面不超过 3 分钟,最后以总体呈现的方式对本节内容进行归纳与总结。在线教学也可以采取问题教学法,以提出问题、分析问题、解决问题为线索,根据课程计划提出相关问题,让学生基于网络资源或线下各类资源自主寻找解决问题的方案,从而锻炼学生信息搜索、归纳、独立思考及解决问题等能力。在线上教学的时间安排上,可以尽可能地增加师生互动时间,教师可以让学生对每个步骤进行自我解释,然后给予及时反馈。因此,在线教学设计需要充分考虑教学内容的呈现方式,重视教学过程设计,以学生评价和体验为标准,教师角色也将从单纯的主导地位变为学习的引导者和促进者,提高学生选择、判断、运用知识、发现问题及解决问题的能力。

综上所述,基于互联网信息技术的线上教学,使教与学的角色重新定位,实现了学生由客体向主体的转变,促进学生自主学习与主动学习,并非是简单的知识在线化,而是与线下教学相辅相成既丰富了教学方式,同时也对教学设计提出了更高的要求。在高校教学改革中,线上教学将成为传统线下教学的有益补充,如果能够将线上、线下两种不同的教学模式结合起来,根据课程性质、讲授内容及特点,选择适合的教学与授课方式,提高线上教学的质量,加强线上和线下教学的融合,进而建立线上线下有机融合的新型教学模式,将更加有利于教学水平和教学效果的提高。

专业课任课教师在高校学风建设中的作用*

刘　丽①

高校承担着为社会主义现代化建设输送和培养优秀人才的任务,学风不仅是衡量一所高校治学精神、教育教学质量及其办学水平的重要标准,同时也体现着所在高校学生思想道德品质、学习和精神面貌及其综合素质的高低,是校风的重要组成部分②。优良的学风不仅能够为高校的教学管理创造良好的氛围,促使大学生明确学习目标,端正学习态度,激发学习热情,形成正确的世界观、人生观和价值观,而且也能够为高校实现人才培养目标、提升办学水平、提高人才培养质量提供重要保证。因此,学风建设在高校人才培养中发挥着重要作用。

目前高校学风建设主要通过辅导员、班主任来进行,而最近提倡的通过班导师制度促进学风建设的办法,对班导师能力、时间和精力方面要求较高,辐射面较窄,在实施上有较大的困难。专业课任课教师与学生相处时间较长,在学生中具有较高的影响力和威望,对所在专业每个班级的学生的情况更熟悉、对所存在的问题更了解,因此比较容易掌握所任课班级的整体学习情况和思想动态,能够充分利用课堂和课余时间对大学生进行引导和教育,潜移默化地促进班级学风的建设和提升,促进学生健康成长和学业发展。

＊　本文系 2019 年天津商业大学《普通心理学》金课建设项目阶段性成果。
①　刘丽,天津商业大学法学院心理系副教授,心理学博士。
②　刘洋溪、魏兵惠、李青晓:《班导师引领学风建设的意义、问题与优化策略》,《西北成人教育学院学报》2020 年第 5 期。

一、目前高校学风存在的问题

（一）信息化教学带来的学风问题

网络作为一种新型的信息传播媒介，正逐渐吸引着当代大学生，并渗透到大学生学习和生活的方方面面，逐渐改变着大学生的生活方式。只要拥有一部联网的手机，就能够不受时间和空间的限制，随时随地在网上浏览各种信息。

网络在高校的广泛普及也改变着高校的课堂教学方式和大学生的学习方式。近两年，信息化的教学方式已经渗透到了高校教学的各个环节。线上线下混合式教学、线上教学、雨课堂、智慧树等各大教学平台已经在大多数的课堂教学中被教师使用。在课堂上，学生使用手机进行签到、观看课件、完成与教师的互动，通过一部手机就能完成所有的课堂活动。课下，学生利用碎片化时间，通过手机观看和查阅教学资料，完成各种测试和作业提交，完成翻转课堂环节。

信息化的教学方式有很多的便利，在此不再赘述。但是这种教学方式也会带来弊端，吸引学生将更多的时间和精力放到网络娱乐以及与学习无关的活动上去。有一些自制力差的学生，在课堂上打着学习的幌子，使用手机去做和教学无关的活动，比如浏览网页和打游戏。这样，信息化的教学方法反而提供给了学生更多使用手机的时间，形成手机依赖，导致在课上和课下沉迷网络。对于这部分学生，信息化教学不仅不会促进学习，反而会减少他们分配在学习上的时间，学习自觉性大大降低，导致课上学习的效果大打折扣，影响学习效果，给学风建设带来问题[①]。

另外，信息技术的过度使用也会使学生的动手能力、实践能力以及自主能力减弱。学生利用手机参与教学的所有环节，导致很多学生课堂上不记笔记，甚至不带教材，所有的资料都可以保存在手机里；弹幕的运用使学生通过打字与教师交流，减少了口头的提问和交流时间，难以培养学生的语言表达能力及其他能力。而且，大量现代教学技术在课下环节的使用（比如要求学生在课后环节看过多的视频，而这些教学活动无法利用课上时间完成），大量教学资料的使用会增

---

① 范乐佳、张晓报：《网络时代高校学风建设的挑战、机遇及应对》，《扬州大学学报（高教研究版）》2020 年第 5 期。

加学生的学习负担,导致学习倦怠,过度线上资源的提供会阻碍学生进行自主性思考,长此以往会降低学习效果和综合能力的培养。

（二）学生自身导致的学风问题

当代大学生性格特征鲜明,思想活跃,追求自由,比较容易接受各种新事物并受其影响,体现在学习方面,有以下几个特点。

第一,一些大学生存在着依赖心理,对学习的重视不够。他们刚刚脱离高中的学习方式,在大学里没有人反复强调学习的重要性,需要学生进行自主学习,但是有一些学生不清楚甚至不关心每一科的学习任务、学习内容以及考核要求。这部分同学对学习的重视程度不够,以为通过了残酷的高考之后就理应过上轻松舒适的生活,在大学里学不学都无所谓,因此丧失了进步的目标和动力,他们很少去思考自己喜欢什么、下一个阶段的理想是什么,以及怎样为实现理想而奋斗。

第二,一些大学生遇到困难容易放弃,抗挫折能力差。当代大学生从小就在长辈的呵护下长大,独立性较差,在日常学习、生活中遇到问题时常常不知如何处理,往往采取躲避或者过激的处理方式,缺乏灵活性、韧性和解决问题的科学方法。体现在学习过程中,这些学生遇到困难容易放弃,存在着享乐心理,不愿吃苦。比如,听不懂的课就不听了,不愿意上的课就缺勤、逃课,当发现所学专业不是自己心目中的理想专业,或与内心期望值相差较远时,就会对所学专业产生出一些消极想法甚至放弃学业,在学习上缺乏持之以恒的毅力和战胜困难的决心。

第三,一些大学生的思想和认知都还不够成熟,容易受到外界因素的影响。一些大学生自认为摆脱了高考压力,脱离了教师和父母的严格管教,认为在大学里要多玩,学习不是大学里最重要的任务。网络的普及、宽松的环境与大学生活的丰富多彩,使当代大学生很容易接受各种片面的思想、观点以及不正确舆论的引导,进而形成不正确的人生观、世界观和价值观。比如,知识无用论、就业难、娱乐价值观以及盲目追星等问题。一些"非热门"专业的学生更是受网络片面言论或信息影响,对专业就业前景不看好,产生厌学情绪和混学行为。因此,大学阶段一个人的社会价值观很容易发生转变,这种价值观的改变也会影响大学生改变对学习的看法,降低甚至丧失学习动力,在学习、生活和心理健康等方面都可能会出现问题。

(三)教师方面原因导致的学风问题

目前,大多数高校的专业课任课教师通常由学历高、专业知识扎实的教师来担任,他们一般具有较强的专业知识水平和良好的师德,在引导学生进行专业学习、鼓励学生参加各类实践活动、提高学生专业素养等方面发挥着重要作用。但是,还有一些专业课任课教师对自身的职业定位还不够准确,他们只是将教育工作的范围限制在课堂上,课后时间也大多是在进行自己的科研工作,很少参与到学生中去,对教育教学工作投入的精力不够,轻教学重科研。在课堂上,这部分教师也只是传授所担任课程的知识内容,没有承担起更高的教育教学目标,不能使学生尽快树立起正确的专业思想并制定出清晰的学业规划,对学生的关心关爱和引导都不够。甚至有极少数教师教学态度不够认真,教学方法不科学,教学能力较低[1]。

二、专业课任课教师在加强学风建设中的作用

专业课任课教师是学风建设中的主力军,在学风建设中起着关键性的作用,他们不仅是知识的传播者,更是学生身心健康发展的引路人,在学风建设中起着不可替代的主导作用。虽然已经进入网络时代,但是课堂教学仍然是高校教书育人的主阵地,专业课任课教师的思想和行为决定着高校人才培养的质量。专业课任课教师可以通过以下几个方面来促进高校学风建设。

(一)以教风促学风

良好的教风是学风建设的基础和关键。首先,高校要进一步重点对专业课任课教师开展职业理想和信念教育,要求教师把社会主义核心价值观融入教育过程,引导广大教师信仰、传播和践行社会主义核心价值观。教师应该具有良好的政治素质、精湛的业务能力、严谨的治学作风。教师要守护好课堂主阵地,牢牢掌握意识形态主导权,不散布有害的言论信息和错误的政治观点[2]。

---

① 王蕊:《关于加强新时代高校学风建设的思考》,《学校党建与思想建设(高教版)》2020年第1期。
② 朱司甲:《高校学风建设路径创新研究》,《湖北开放职业学院学报》2020第10期。

其次,专业课任课教师要根据当代大学生的特点,有效利用现代化信息技术手段,引导学生有效学习。一方面,专业课任课教师应该能够熟练掌握和使用现代化信息技术,合理运用网络资源和线上教学平台,精心设计教学环节,认真钻研授课艺术和教学方法,充分调动大学生的学习主动性和积极性,激发大学生的学习兴趣;另一方面,在信息化教学的各个环节,应该加大对学生的监督和考核力度,引导学生利用网络教学平台和资源进行专业学习和讨论、学科竞赛、学业考核等教学活动,减少信息化教学带来的弊端。

(二)利用课程思政主导学风建设

目前,课程思政的思想已经融入大学教学活动之中,为进一步推动学风建设,高校应该把课程思政和学风建设结合起来。在课程思政建设中,专业课任课教师可以依托课堂的力量,将社会主义核心价值观融入教学过程,在教学中潜移默化地引领大学生形成正确的价值认知,针对大学生群体中广为流传的"知识无用论"、精致的利己主义等现象进行合理引导。在课程思政过程中,任课教师能够充分地与学生进行思想文化方面的沟通和交流,引导大学生形成正确的学习态度,纠正各种价值观念的偏失,对学生进行良好的学术道德教育、价值观教育、思想政治教育、人生理想和信念教育等,促进大学生的全面和谐发展。

(三)利用专业知识引导学生

第一,专业课任课教师对所在专业的教学培养方案、专业培养方案、人才培养目标等都十分了解和熟悉,从而更容易在教学中引导学生了解本专业的培养目标和毕业要求,促使学生明确目标和要求,促进学生形成良好的学习风气。

第二,专业课任课教师也可以作为学生参加创新实践等活动的指导教师,通过大学生创业创新活动、"挑战杯"和"互联网+"等项目,引领学生进入学术殿堂,了解关于专业的最新研究成果及其应用实践,用参与竞赛和科研项目来提高学生的学习兴趣。通过指导学生参与这些活动,能够更好地培养他们拥有更广更深的知识体系,提高科学研究能力和综合素质,激发学生追求卓越,树立更高的学习目标。而且,在指导学生参加比赛和竞赛的过程中,专业课任课教师还可以通过榜样的力量影响和鼓励学生,使大学生潜心学术、树立正确的科研意识,引导学生积极向上,奋发进取,提早进行清晰的职业规划,提升职业能力,从而不断提升办学水平以及人才培养质量①。

第三，专业课任课教师要充分利用网络资源激发大学生学习专业的兴趣，引导大学生有效借助网络来学习专业课程，比如提供好的专业学习网站，与课程相关的优质网络资源（如课程视频、资源以及文献）的查询和使用方法，针对性地布置一些需要借助网络广泛查阅中外文资料才能完成的作业，鼓励大学生自己动手制作专业课程课件或课程讲解微视频等，培养学生的网络学习能力，使大学生充分认识到网络的学习和科研功能，掌握相关的操作技能，让网络为专业学习服务。

---

① 彭钰珂、王启要、庄英萍、高淑红、常雅宁、吴海珍：《浅谈新时代高校班级管理与学风建设——以班风促学风》，《教育教学论坛》2020 第 10 期。

课程思政建设与教学改革

《社会心理学》课程思政教育教学改革研究[*]

姚海娟[①]

2016 年 12 月召开的全国高校政治思想会议和 2019 年 3 月召开的学校思想政治理论课教师座谈会,体现了国家对高校思想政治教育工作和课程思政建设的高度重视,在专业课程的教学中,深入挖掘其中蕴含的思政元素,是高校教师践行"教育与育人相统一"原则的重要举措。

为加强课程思政建设,天津商业大学设立了课程思政改革课建设项目,依托该项目,对教授的《社会心理学》课程中所蕴含的思政元素进行深入挖掘,创新设计合适的教学手段,打造第一、二、三课堂的贯通,对该课程进行课程思政改革,力求达到教学与思政育人的协同育人效应。

一、高校专业教师课程思政教育的必要性

"立德树人"是教育的根本任务,课程思政是实现立德树人根本任务的一种有效保证。课程思政可以培养学生具有正确的世界观、人生观和价值观,通过课程思政的育人,引导学生树立正确的国家观、民族观、历史观、文化观,培养社会主义建设者和可靠的接班人。

课程思政是实现知识目标、技能目标和情感价值目标的多元统一。在高校专业课程的教学目标中,较多设计知识目标和技能目标,而忽视了情感和价值观

---

[*] 本文系 2020 年天津商业大学《社会心理学》课程思政改革课建设项目阶段性成果。

[①] 姚海娟,天津商业大学法学院心理学系副教授,心理学博士。

目标的设计。课程思政从某种意义上来说是对这三者重新统一的一种回归和强调。学生不仅是知识的学习者，同样还面临着很多心灵困惑，教师兼有传道授业和解惑的职责，这里的解惑不但是解决学业上的困惑、知识的难点，还要给学生的人生做积极的指引。课程思政正好具有这样的功能，在学生的入学适应、考试焦虑、职业生涯规划、人际关系和恋爱等方面解决困惑，让他们保持心理健康，从而更好地融入大学生活，调节和掌控好学习的节奏和时间分配，养成独立自主自强自信的精神面貌，将个人的成长与国家的进步发展结合起来，成为"为中国梦的实现而努力奋斗"的接班人。

二、高校专业教师课程思政教育的可行性

那么如何深入挖掘专业课程中的思政元素？教学设计中怎样根据教学内容合理地设置思政教育目标？怎样保证在专业教学的过程中融入思政内容，同时又能在有限的教学时间内完成既定的教学任务？以什么样的形式在课程中融入思政元素，可以使学生入脑入心、更易接受呢？

社会心理学是研究人的科学，也是研究社会对人的影响的科学。通过课程学习，帮助学生了解有关自我的一些概念，了解个体容易产生的自我偏差，掌握如何进行自我调节和自我完善；了解社会认知，分析个体知觉中可能产生的偏差，掌握合理的归因，从而改善情绪和随后的行为；了解侵犯行为的界定，分析侵犯行为的解释和影响因素，提出减少侵犯行为的方法；了解助人行为，分析助人行为和利他行为的关系，提高学生的助人行为；了解社会态度，分析态度形成和改变的理论，掌握说服和改变学生态度的方法；了解人际吸引的原因，掌握人际沟通的原则和方法，等等，学会用社会心理学的知识和技能解决现实生活当中遇到的问题。社会心理学课程的内容与社会文化、社会环境等因素息息相关，在教师的引导下学生可以通过教师讲解的案例、参与地课堂活动和讨论等，更好地认识社会，弘扬社会主义传统文化，做到爱国、诚信、团结、友爱，可以社会心理学教学过程中可深入挖掘的思政元素，对于大学生的思想政治教育非常重要。

三、社会心理学课程思政教育中的具体措施

（一）课程思政元素的相关设计

社会心理学的课程内容共分为八章，主要包括绪论、社会心理学理论和方法、自我意识、社会认知、社会行为、社会态度、人际关系、社会交换和社会影响,要结合每章内容,深入挖掘课程思政元素。例如,在讲授自我意识章节时,各研究者对自我意识进行了分类,有的研究者将自我意识分为生理自我、社会自我和心理自我,有的研究者分为立项自我、应该自我和实际自我,在讲授各种自我的含义的同时,这部分内容还能够融入思想政治教育,引导学生分析自我的不同层面,帮助学生解决追求自我理想与现实相悖产生的心理困惑。大学生都有自己美好的梦想,大学时期也是他们为理想奋斗的重要阶段。有的学生在理想与现实的巨大反差面前会产生迷惘、困惑、苦恼,对学习失去信心。引导学生正确认识自我,有效调控自我,合理确立"理想我",努力提高"现实我",不断增强意志力。

在《归因》这一节的学习中,了解"归因"的不同理论解释,推崇积极的归因,消除消极的归因,从而让学生对不利自己形象维护的行为进行合理的归因,促进学生行为的积极性。

在《社会行为》一章中介绍"亲社会行为"时,阐明亲社会行为的概念,利他行为的界定与助人行为的区分、亲社会行为的理论、影响亲社会行为的因素。这部分内容可以融入思想政治教育。通过对亲社会行为的最高层面——利他行为的介绍,让学生热爱生活,亲近社会,体现生命的价值,树立服务社会的意识,培养新的社会情感,遵守社会公德和社会秩序,尊重他人,积极参加社会公益活动和志愿服务活动,参加扶贫助困行动,养成亲社会的行为,成为社会中道德高尚的人。

在《社会态度》一章中,分析态度的构成成分,掌握态度形成和改变的方法。在对学生的培养和价值引领过程中,利用态度形成和改变的方法,引领学生树立正确的对待国家和社会的态度,不信谣、不传谣,在网络空间也能保持理智克制的态度,做合法守信的公民。

在《人际关系》一章中介绍"人际吸引"时,讲明人际吸引的原因、人际吸引的原则,人际吸引的影响因素,人际关系交往技巧等。这部分内容可以融入思想政治教育。大学生人际关系不良,也会导致他们备受孤独寂寞之苦,以致心情压抑,影响学习,甚至导致宿舍关系紧张,以及恶性事件的发生。通过介绍人际关系的相关内容,让学生了解人际交往的重要性,引导学生加强与外界的沟通交流,掌握人际交往的原则和技巧,建立良好的人际关系。

（二）课程思政教学手段的设计

在专业教学中融入课程思政元素，要融入得灵活自如，不能生硬，要营造出活泼、和谐的课堂氛围，在活动、测试和讨论中，将思政观念在学生们的头脑中打上烙印。

例如，自我意识部分的教学内容，适宜采用多媒体讲授法、测验法、小组合作学习、讨论法。对于自我概念的认识，采取测验法，让学生完成"我是谁"的自我意识20项测验，分析生理自我（身高、体重、相貌等生理状况）、心理自我（兴趣、爱好、能力、性格等心理特征）和社会自我（自己与老师和同学的关系、自己在集中的位置与作用等），然后让学生自我评价，分析自身存在的优势和劣势。教师讲授心理学在社会心理服务中的作用和对社会的价值。小组成员合作搜集心理学在社会心理服务中的具体贡献，并进行展示交流，小组讨论感悟、今后在专业发展中有何规划、拟在哪方面对自己的知识和技能进行强化，树立专业信念……

对于亲社会行为部分的教学内容，适宜采用多媒体讲授法、案例教学法、启发法、谈话法、讨论法。通过案例展示个体的某个行为，要求同学们仔细思考：你是否同意这位同学的做法？如果你是这位同学，那么你应该怎么做呢？设想一下，如果我们每个人都能像那位同学的行为一样，我们的生活、我们的社会、我们生存的环境将会变得怎样？然后，阅读并体验规则小短文，感受规则的美好。请同学们举例公共生活规则的作用。再次，要求同学们进一步思考：在日常生活中，你做过哪些遵守公共规则的小事情？你做完这些事情的体验和感受是什么？

对于人际关系部分的教学内容，适宜采用多媒体讲授法、案例教学法、游戏活动法。介绍一则大学生的人际关系心理咨询案例：女大学生因人际关系冲突导致情绪焦虑，睡眠不好，学习效率下降。让学生了解通过合理情绪疗法，心理咨询中如何帮助该大学生认识到自己在处理人际关系中存在的不合理信念。请同学们思考：当自己在大学生活中遇到人际关系问题时，你会如何调整自己的不合理信念？介绍宿舍中小王和小李的人际交往案例故事，分成小组，各组同学讨论：如果你是小李，面对这样的问题，你会怎么办？如果你是小王，你又会怎么解决？游戏活动：说一说——学会赞美。以两人为一组，每个人取出一张纸条，接着老师叫学生在纸上写出对方的三个你最敬佩他/她的地方，然后交换对方纸条,读出对方纸条的内容,最后,双方进行拥抱,大声说出"你很棒!"听一听——学会倾听。当你的朋友向你倾诉他的烦恼时,你会如何反应呢?你会安慰朋友或对朋友表示同情吗?还是表现出不耐烦的表情?还是置之不理?请同学们简单说明一下你这样做的理由。

（三）第一、二、三课堂横向贯通

把第一课堂、第二课堂和第三课堂（网络空间）进行横向贯通,充分发挥第一课堂的主渠道作用,不断加强第二课堂的实践育人作用,着力提升第三课堂的网络教育内涵。三个课堂相互联系、相互影响、相互补充。在第一课程的课堂讲授过程中,设计每节课的课程思政目标,挖掘社会心理学每一章节中的思政元素,通过教师对所学学科、所学专业的内在价值、社会价值的讲解,让学生了解专业,热爱专业,解决学生胸怀伟大理想和面对专业时懵懂与迷茫导致的"现实我"之间的过大差距,掌握有效调控自我的能力,合理确立"理想我",努力提高"现实我",增强意志品质;引导学生将个人发展与社会发展、国家发展结合起来,帮助学生解决思想困惑,激发学生为国家和民族学习的动机,帮助学生在创造社会价值的过程中明确自身价值和找准社会定位,树立社会心理服务意识,努力掌握社会心理服务的本领。引导学生在社会中发扬助人的风格,实施助人的行为,践行社会主义核心价值观。

在第二课堂中,要和学院辅导员等行政人员协同育人,由专业老师负责从专业知识方面指导学生准备参加竞赛的作品,由辅导员老师带领学生去参观、实践、参加讲座等,共同辅助学生完成相应的竞赛流程,取得竞赛成绩。

在第三课堂中,要积极引导学生利用网络去搜索学习资料,参与老师在网络上留下的讨论和习题,观看相关的视频,更多地利用网络资源来学习社会心理学知识。

综上所述,课程思政的目的就是为了在课程思政中深入挖掘思政元素,与思想政治理论课同向而行,实现协同育人,共同承担起培养祖国建设者和接班人的根本任务。要想更好地在《社会心理学》课程中实现课程思政,还需要教师一如既往地设计每节课的思政教育目标,创新教学手段和方法,开发和社会心理学课程相关的竞赛,通过开展院级的竞赛和组织的活动等,与辅导员等其他老师实现协同育人。

关于《中国法律史》教学中课程思政的思考

郑全红 ①

　　教育部印发《高等学校课程思政建设指导纲要》，提出全面推进高校课程思政建设。提升大学生的全面综合素质是大学教育的基本使命。《中国法律史》是法学专业核心课之一，学好《中国法律史》课程，能够追溯中华法律文化五千余年的法律传统。因此《中国法律史》历来是司法考试、法律硕士必考科目之一。《中国法律史》课程日常教学如何贯彻《高等学校课程思政建设指导纲要》，实现提升学生素质的目标，对此，在《中国法律史》日常教学中引入课程思政显得愈加重要。本文对于课程思政在《中国法律史》日常教学中所发挥的作用及其可行的教学方式进行粗浅探讨。

　　一、课程思政在目前《中国法律史》授课课程中的必要性

　　课程思政建设，是指围绕全面提高人才培养能力这一核心点，围绕政治认同、家国情怀、文化素养、宪法法治意识、道德修养等重点优化课程思政内容供给，提升教师开展课程思政建设的意识和能力，系统进行中国特色社会主义和中国梦教育、社会主义核心价值观教育、法治教育、劳动教育、心理健康教育、中华优秀传统文化教育，坚定学生理想信念，切实提升立德树人的成效。结合指导纲要，根据《〈中国法律史〉教学大纲》的基本要求，对《中国法律史》教学内容进行重新整合和提炼，设置出若干专题，从某个具体问题出发，结合多种教学方法进

---

① 郑全红，天津商业大学法学院教授，历史学博士。

行教学,以提高学生分析问题、解决问题能力的一种教学方式,就成为《中国法律史》教学的迫切需要。显然,进行课程思政,提升教师课程思政建设的意识和能力是最重要的。教师在《中国法律史》日常教学中下决心进行课程思政是教好《中国法律史》的前提。授课教师运用专题教学模式对于提升大学生政治认同、家国情怀、文化素养、宪法法治意识、道德修养的好处是显而易见的。通过多年的《中国法律史》教学来看,大部分学生按照教学大纲的要求对琐碎的知识记忆较牢固,但分析问题、解决问题能力欠缺。因此,要改变现状,应该在《中国法律史》断代讲解的基础上,引入课程思政专题教学模式,这样才能引发学生思考,激发学生学习兴趣,培养学生的批判性思维和合作意识。

二、《中国法律史》日常教学中的课程思政教学

中国法律史课程授课目标旨在帮助法学专业的学生以专业而全面的视角来看待传统中国和当代中国,培养他们的传统视野,从而更为深刻地去认识中国法律的变化。为了实现上述授课目标,在《中国法律史》日常教学中如何实施课程思政这是我们首先需要探讨的话题。

(一)《中国法律史》课程引入课程思政的可行性分析

《中国法律史》是讲述历史上中国法律制度和思想的专题性课程。专题教学引入到《中国法律史》日常教学中符合法学类教学质量国家标准,另一方面也是培养优秀人才的主观需要。

长期以来,《中国法律史》一直是法学专业的专业核心课程,法学类教学质量国家标准注重培养学生的批判与创造性思维,尊重教学过程中学生的主体地位,在《中国法律史》日常教学中,引入课程思政不仅能够培养学生政治认同、家国情怀还能培养学生的批判与创造性思维,这点尤为重要。

关于《中国法律史》课程培养人才的导向性,基于专业的视角出发,《中国法律史》课程关注对学生传统视野的培养。因此,在《中国法律史》日常教学中设置课程思政教学符合我国培养具有中国法律文化传统的优秀人才的主观需要。

(二)《中国法律史》课程进行课程思政教学的主要内容与方式

举例来说,《中国法律史》教学不仅关注中国法律史方面,还关注中国法律思想史方面的内容。就中国法律思想史而言,先秦诸子的法律思想是必然要讲授的重要内容。在讲授先秦诸子的法律思想时,一定会讲授到先秦诸子的生平和主张。那么在这个专题教学中可以引入先秦诸子的人格理想内容。比如儒家弘毅进取、刚健有为、自强不息的精神造就了君子型人格,道家无为逍遥的隐士型人格,墨家兼爱实用的工匠型人格,法家举轻若重的人格理想。讲完这些可以让同学体会中华民族自古以来的仁人爱贤、义薄云天、谦恭礼让、厚德载物、质朴简约、睿智好学、正直勇敢、诚实守信、节操不移、精忠报国、孝慈友恭、自强不息的优秀美德。这些中华民族传统美德的熏陶是学生们综合素质提升的重要途径。

总的说来,在培养学生政治认同和家国情怀、提升学生综合素质、培养学生高尚人格等方面,课程思政教学模式在《中国法律史》课程的教育中可以起到弥补与促进的作用。

三、小结

中国大学教育以培养社会需要的复合型人才为目标,培养复合型人才需要以现实的社会需要为导向,课程思政提供了《中国法律史》日常教学实现大学生综合素质提升的方式。同时,在今后的《中国法律史》教育教学改革中,课程思政教学模式的适用与架构仍需继续完善,以推动人才培养能力的不断提升。

高校推进课程思政建设问题探析

——以《法学概论》课程为研究视角 *

高　茜①

　　《法学概论》是 1998 年根据中宣部、教育部《关于普通高等学校"两课"课程设置的规定及其实施工作的意见》(以下简称《意见》),在非法律专业中设置的公共基础课,要求有关院校政治理论专业和财经类、政法类专业,设置《法学概论》这门基础课。在当前全面推进课程思政建设、落实立德树人根本任务的要求下,探索如何有效推进课程思政建设,尤其是在以《法学概论》课程为代表的公共基础课中如何完善教育教学,进一步落实好课程思政建设,对于培养和提升大学生法治意识、法律信仰、爱国热情以及推进全面落实依法治国战略具有重要意义。

一、高校推进课程思政建设的重要性

　　"立德树人是高校立身之本",切实做好学生的思想引领工作、品德培养工作和人格塑造工作是高校建立良好口碑、获得长远发展的重要任务和关键环节。②落实立德树人根本任务需要实现价值塑造、知识传授和能力培养的统一。全面

　　*　本文系 2019 年天津商业大学"课程思政""金课"建设项目——"法学概论"阶段性成果之一。
　　①　高茜,天津商业大学法学院讲师,法学博士。
　　②　何宏莲、魏名萱:《"课程思政"推行中的若干问题及建设路径探析》,《黑龙江教育》2020 年第 10 期。

推进课程思政建设的目的就在于实现此三者的统一，即在知识传授和能力培养的过程中通过思想引导帮助学生塑造正确的世界观、人生观和价值观。在专业课教育教学中重视思政内容及其理念的教育，将中华民族优秀传统文化、中国特色社会主义制度、社会主义核心价值观、爱国主义、家国情怀、依法治国等精神理念传递给学生，从而切实提升高校立德树人的实际成效。做好这项工作，可以增强大学生的"四个自信"，激发他们对党、国家和民族的热爱与认同，从而培养出真正合格的社会主义建设者和接班人。我们党的事业、民族复兴和国家长治久安才能后继有人。因此，高校既要注重显在的知识和技能教育，同时也要突出价值取向的塑造和培养，从而使大学生的道德秉性得到进一步修炼，以更加契合高校立德树人这一根本任务和目标的扎实推进与顺利实现。①

全面推进高校课程思政建设，要让每门课程都成为育才和育人的阵地。《法学概论》课程作为非法律专业学生的公共基础课，立足法学基本理论知识传授，强化课程思政教育，对于提高大学生法治意识，培育法律信仰，在潜移默化中影响学生树立正确的世界观、价值观和人生观，为实现全面依法治国储备人才具有重要作用。

二、课程思政建设中存在的问题及挑战

（一）专业教育与课程思政教育亟待深度融合

尽管不同层次、不同类别的高等院校都在认真贯彻党的教育方针、落实立德树人根本任务，积极推进课程思政建设。但不可否认，仍然不同程度地存在诸多问题，例如课程思政设计方式形式过于单一、简单将课程思政教育理解为在教学中增加几个含有思政元素的案例、思政教育环节形式化、课程思政简单"贴标签"，一些专业课堂"只有课程没有思政"等问题。这些问题都暴露出当前在专业教育中，课程思政教育与专业教育的融合程度不够、水平亟须提高，尤其是"蜻蜓点水"式的课程思政是典型的形式主义，这些问题不解决，难以实现课程育人的预期。就《法学概论》课程而言，也在某种程度上存在上述问题，课程思政建设只

---

① 何宏莲、魏名萱：《"课程思政"推行中的若干问题及建设路径探析》，《黑龙江教育》2020 年第 10 期。

停留在表面,或者说缺乏深耕细作。

（二）专业课教师队伍的思想政治理论水平有待提升

全面推进课程思政建设对落实立德树人根本任务至关重要,但该战略举措也对专业课教师在思想政治理论水平上提出了更高的要求。专业课教师的专业水平与素质毋庸置疑,但在涉及课程思政教育教学领域,无论从知识储备还是理论水平方面,都远远不及思政课教师,这种现实情况确实会影响全面推进课程思政建设的实际效果。尤其是教育教学实践中,部分教师开展课程思政建设的意识还不够强,再加上缺乏相应的思想政治理论学习,很难圆满完成课程思政教育教学任务,尤其是当学生在某些涉及思政领域的问题上存在困惑时,专业课教师很难拨开云雾,为学生答疑解惑。以《法学概论》课程为例,在具体教学过程中,往往有学生会就诸如国家安全、国际条约履行、国际关系、人权、政治体制、民主制度等问题提出疑问,这些都是对授课教师思想政治理论学习及其水平的现实考验。解决不好,很难达到对学生的教育引导目标。因此,广大教师开展课程思政建设的意识和热情虽然高涨,但其理论水平和课程思政教育能力仍亟须全面提升,否则高校立德树人的成效很难提高。

（三）忽视实践教学中课程思政建设的重要作用

实践教学是高等教育教学的关键一环,而且其在培养人才过程中的比重日益增大。尤其是对法学专业课程而言,实践教学是提高学生综合素质的必由之路。当前,在全面推进课程思政建设的过程中,实践教学以及具体教学过程中的实践环节中,课程思政建设的重要性似乎并未引起足够的重视。以《法学概论》课程为例,该课程授课以传统课堂教学为主,总学时为 48 学时,其中授课学时为44 学时,实践学时只有 4 学时。这里不仅存在实践学时过少问题,更为重要的是,在为数不多的实践学时中,如何推进课程思政建设,似乎并非易事。实践学时少,又要进行课程思政教育,如何平衡好学时安排与思政教育开展的关系,是高校教师面临的一个重要课题。由于实践学时少,在教学过程中,很容易出现无法兼顾二者关系的情况,因此往往存在教师忽略实践学时中的课程思政教育的情形。须知,实践教学对提高学生综合素质具有重要作用,在这个环节,如果不能有效开展课程思政教育,必然会影响实际教育引导效果。

三、深入推进课程思政建设的建议

每一门课程中都蕴含着某些值得深度挖掘的育人元素或资源。有效深入推进课程思政建设,贯彻落实立德树人根本任务,可以从以下方面开展工作。

(一)深度融合专业教育与课程思政教育

针对实践中存在的诸如课程思政简单"贴标签""只有课程没有思政"、课程思政建设形式化等"蜻蜓点水"式的课程思政行为,需要进一步加强专业教育与课程思政教育的有效衔接、深度融合,防止出现"贴标签""两张皮"等现象。要解决上述问题,首先,要对不同类型、学科的专业课程有所区分,分类进行课程思政教学指导。① 这也意味着诸如公共基础课、专业课、实践类课程等不同类型课程需要具体问题具体分析,课程思政教育不能搞一刀切,应该针对不同类型课程,对课程思政教育内容及其精神有所区分和侧重,这样才便于课程思政教育在不同类型课程中更好地落地。《法学概论》课程就属于非法律专业本科生的公共必修课,是一门基础课程,也是一门综合性的法学课程。该课程是对法学基本原理和基本知识的概要论述,其内容包括法学基础理论、宪法、民法和刑法的基础知识。在推进课程思政建设中,该课程教学就应该注重提高学生的法律意识,培育法律信仰,并树立良好的职业道德与修养。注意深入挖掘与法律相关的思政元素,分类进行课程思政教育,才更符合教育教学的客观实际。其次,课程思政教育要扎实落地。教师在进行课程思政建设时不能满足于简单地增加几个思政教育案例、增加几个思政理论介绍环节,必须将其蕴含的思政理念,例如爱国热情、家国情怀、法律信仰、社会正义等传递给学生,使其内心受到触动,产生共鸣,从而起到教育引导作用。

(二)完善课程思政设计,提升教育效果

深入推进课程思政建设是一个系统工程。要根据各类专业课程的教学内容、特征和教学方法,深入挖掘其课程思政元素,再通过巧妙的构思设计融入教学中,这样才能实现良好的教育教学效果。

首先,课程思政不能仅仅限于课堂讲授部分,它应该融入教育教学的全过

---

① 吴寒斌、高虹:《课程思政教学设计的文化理念与基本原则》,《黑龙江高教研究》2020 年第 10 期。

程。包括课程设置、教学大纲、教案课件、分析研讨等都要体现课程思政设计及其理念。其次,要积极创新课堂教学模式,并大胆利用互联网技术,例如引入翻转课堂,增加学生的学习研讨比重。使用"雨课堂"等智慧教学平台、在课件中插入视频、动画等配合教学,图文并茂,生动课堂教学,这样不仅可以有效调动学生的学习积极性,还有利于引导学生展开思考。这样通过改进课堂教学过程管理,可以提高课程思政内涵融入课堂教学的水平。再次,课程思政设计要构思巧妙,不能生硬植入,如果设计环节过于刻意,不但难以达到预期教育引导效果,还会引起学生的逆反情绪。因此,课程思政设计需要在教育教学过程中不断摸索、尝试,引入课程思政教育设计必须衔接自然,应该说最好的状态就是"润物细无声"式的。

(三)课程思政建设的效果应是"随风潜入夜,润物细无声"

课程思政建设应该是潜移默化、春风化雨般浸润心灵,它强调的是一种内心感受,这种感受也许短时间内并不显见,但是它会内化为一种精神力量,一种别样的情感,一种根植内心深处的信念,在其人生的道路上,无论是在工作中、学习中还是对家庭成员乃至身边人,都会形成一种正面影响。因此,推进课程思政建设,虽然需要师生的互动,引发学生的共鸣,却很难以量化来审视课程思政建设的效果。这个效果将在人的一生中慢慢展现、绽放。因此对于高校课程思政建设而言,如何更好地推进,应该着力从教师角度入手,提升教师的课程思政建设意识、提高其建设能力。对课程思政建设的考核也不能过于急功近利、单纯追求某些具体指标。

(四)加强理论学习,提高思想政治素养

高校教师必须不断加强理论学习,提升自身思想政治素养。有好的老师,才能为更好培养学生提供必要条件。深入推进课程思政建设,必须先从教师培养入手。首先,要提高教师对当前推进课程思政建设重要性和必要性的认识,增强其开展课程思政教育、引导学生、立德树人的责任感与使命感。其次,要提高教师推进课程思政建设的能力,加强教师队伍的学习培训。一方面,在校内积极推动建立课程思政集体教研制度,开展思政课教师与专业课教师的合作教学教研活动;另一方面,增加教师理论学习,组织教学观摩,并增加提高教学能力的多方面培训机会，为提升专业课教师综合素质、有效推进课程思政教育提供有利条件。

（五）加强实践环节的课程思政探索

深入推进课程思政建设，不能单纯依靠教师主动传授，必须加强实践领域的参与和探索。在课堂形式上，既要充分抓牢第一课堂，也不能忽视第二课堂的重要作用，二者相辅相成、相互统一。应当探索充分发挥第二课堂的魅力，尤其是挖掘"行走的课堂"的思政教育元素，深入开展形式多样、丰富多彩的实践活动，不断提升学生的课程学习体验和学习效果。当前，很多高校已经进行了多种相关探索，也取得了良好的效果，例如石河子大学就将"兵团精神"引入课堂，邀请多位"兵团精神"传承人走进"道路与人生"思政课堂，引领学生深入体会其扎根新疆、建设新疆、奉献新疆的经历和故事，以增强学生的课堂体验感和参与度。

《法学概论》课程也应该重视实践教学的重要作用。在实践教学环节，应该开辟"行走的课堂"，例如带学生走进庭审现场旁听，通过更为直观的形式，增强学生对什么是法律规则、法律责任，为何要诚实守信、维护公平正义等理念的内心感受。这种课堂体验给学生带来的触动与震撼要远远大于传统课堂的讲授方式。因此，应该充分利用好、发挥好实践教学的重要作用，不能让实践教学流于形式。其次，应当增加实践教学学时。目前对于本科生教学，仍然以传统的课堂教学方式为主，在不影响正常课堂教学的同时，有必要增加实践学时。实践教学中尤其应该加强课程思政教育。对于《法学概论》这类公共基础课，增加实践教学学时，并结合课程思政教育引导，可以更好地教育引导学生学、思、践、悟全面依法治国理念，坚定理想信念，培育法律信仰，增强职业责任感，培养诚实守信的职业操守，做优秀的社会主义建设者和接班人。

《国际经济法》课程思政建设探析[*]

孙佳颖[①]

国际经济法是随着国际经济关系的发展而发展起来的一门新兴的独立的法律学科,其调整的对象是国际经济关系,国际经济法包含的法律主体众多,调整的法律关系庞杂,涉及的法律规范更是繁多,既有国内法规范又有国际法规范,既有公法规范也有私法规范。《国际经济法》课程是我国教育部所规定的法学的16门核心课程之一,随着经济全球化所带来的国与国的融合越来越紧密,以及我国在世界经济舞台的参与度越来越高,我国对于复合型涉外经济法律人才的需求也越来越大,而《国际经济法》课程在我国涉外经济法律人才培养方面起到了至关重要的作用。《国际经济法》课程历年来无论是对教师的"教"还是对学生的"学"来讲,都是属于比较难的一门科目,围绕《国际经济法》的课程改革也是学者多年来探讨和研究的重点。

高等学校的人才培养是育才和育人相统一的过程,教育最根本的问题是培养什么样的人、怎样培养人以及为谁培养人。党的十八大以来,习近平总书记先后主持召开全国高校思想政治工作会议等重要会议,作出一系列重要指示,强调要加强高校思想政治教育。而检验高校工作的首要标准应该是立德树人的成效。要落实立德树人根本任务,则必须把价值塑造、知识传授与能力培养三者结

---

　　* 本文是 2019 年天津商业大学校级教改项目"'国际经济法'课程思政改革课建设项目"的阶段性成果之一。

　　① 孙佳颖,天津商业大学法学院讲师,法学博士。

合起来,缺一不可,三者是不可割裂的关系。我们必须将《国际经济法》的课程改革寓于课程思政的大背景下来进行研究,本文拟从《国际经济法》课程思政建设的基本内涵、必要性以及具体思路和构想三个方面来进行讨论。

一、《国际经济法》课程思政建设的基本内涵

课程思政概念的提出最早始于上海市教委的教育实践活动。早在 2004 年,中央便先后出台关于进一步加强和改进未成年人思想道德建设和大学生思想政治教育工作的文件,上海市率先分阶段开启了学校思想政治教学改革的探索实践活动,在此阶段,"课程思政"的理念逐步出现,其核心的目的是强调课堂教学在德育教育方面所能起到的作用,强调必须在教学的全过程中贯穿着思想政治的教育,着重教育中"育人"的环节。

在习近平总书记做出一系列重要指示,强调要加强高校的思想政治教育之后,众多学者开始深入研究课程思政的基本含义。田鸿芬和付洪对课程思政给出了明确的定义,他们认为,所谓"课程思政",是指思想政治教育施教主体在各类课程教学过程中有意识、有计划、有目的地设计教学环节,营造教育氛围,以间接、内隐的方式将施教主体所认可、倡导的道德规范、思想认识和政治观念有机融入教学过程,并最终传递给思想政治教育的受教主体。[①]

2020 年 5 月 28 日,教育部印发《高等学校课程思政建设指导纲要》的通知,提出要在全国所有高校、所有专业全面推进课程思政建设,这一文件的出台为全国高等院校推进课程思政建设提供了更为明确的指引,更明确了课程思政建设的目标要求和内容重点,要求高等院校要结合专业特点分类推进课程思政建设。

具体到《国际经济法》这门课程,笔者认为在开展课程思政建设的过程中,《国际经济法学》专业课教师要始终坚持以马克思主义基本原理为指导,积极构建中国特色国际经济法学的学科体系以及话语体系,帮助学生深入了解国际经济法律制度的形成过程以及西方话语权在其形成过程中所占据的主导作用,用马克思主义的哲学观、法律观和价值观引导学生正确认识国际经济关系和国际

---

① 田鸿芬、付洪:《课程思政:高校专业课教学融入思想政治教育的实践路径》,《未来与发展》2018 年第 4 期。

经济法律制度规则体系,深入理解用马克思主义基本原理解释国际经济法律制度的必要性,在传授知识和能力培养的过程中,塑造学生形成正确的世界观、人生观、价值观,并用来指导今后的工作实践,全面提高人才培养质量,真正培养出德智体美劳全面发展的社会主义建设者和接班人。

二、《国际经济法》课程思政建设的必要性

(一)用马克思主义思想解释国际经济法律制度的必要性

马克思主义思想阐明了人类历史发展的一般规律,恩格斯和斯大林都曾经做出关于马克思主义是科学的论断,斯大林认为马克思主义是关于自然和社会的发展规律的科学。① 用马克思主义思想来理解国际经济法律制度是极为必要的,因为只有用马克思主义思想来理解和解释国际经济法律制度,才可以使我们正确认识国际经济法律制度的形成及其发展的内在规律,帮助我们更好地建立国际经济法的学科体系。

国际经济法这一法律学科的兴起是在第二次世界大战之后,在战后,国际政治关系和国际经济关系进入一个新的阶段,世界各国认识到两次世界大战给整个人类所带来的惨痛教训,决定以国家与国家合作的方式来规范国与国之间的政治经济等各方面的关系,通过大家共同创建规则并共同遵守的方式来获得共同的发展,避免战争的再次发生。布雷顿森林体系的确立被认为是国际经济法形成的标志。而随着国际经济关系的发展以及经济全球化的出现,国家与国家之间的联系越来越紧密,国际经济法律规则的范围进一步扩大,国家和国家相互之间依靠国际公约或条约所形成的约束范围也越来越广,程度也越来越深。以协调国际贸易关系的关贸总协定和世界贸易组织的规则体系为例,在布雷顿森林体系确立之初,关贸总协定所涉及的仅仅是货物贸易领域的国际规则,最主要的还是成员方之间的关税减让及关税约束问题。在关贸总协定之下展开的八个回合的谈判中,前五个回合主要是关税减让的谈判,一直到第六个回合开始才开始涉及非关税问题,到1986年开始的乌拉圭回合谈判,议题除货物贸易外,更扩

---

① 吴炜、曹敏:《客观规律与历史性:马克思主义科学概念的两重意蕴》,《科学社会主义》(双月刊)2019年第6期。

展到服务贸易、与贸易有关的知识产权、与贸易有关的国际投资措施、涉及农产品的贸易以及贸易管理方面的各种措施，如两反一保、海关估价、进出口许可程序、技术贸易壁垒等方面。

用马克思主义思想去理解国际经济法律制度形成和发展的过程，我们会发现在国际经济法律规则制度真正形成的早期阶段，话语权主要掌握在西方发达国家的手中，布雷顿森林体系主要是建立在美国强大的政治、经济基础之上，在这个时期，大多数发展中国家尚未取得民族独立，所以并没能参加到规则的制定当中。到 20 世纪五六十年代，随着亚非拉民族解放运动的兴起，很多殖民地半殖民地国家获得独立，开始主张自己的权利以及在国际社会的话语权，也取得了一定的成果，比如《自然资源永久主权宣言》《各国经济权利和义务宪章》的通过。但是由于经济力量的悬殊以及历史等原因，国际经济法律规则的制定者仍然主要是发达的资本主义国家，形式上的各国主权平等以及互利共赢等原则，并不能解决实质上各国在国际经济链条中的不平等。西方话语具有一定的误导性，并不符合马克思主义价值观，与马克思主义价值观是不一致的，也是不科学的，所以必须要用马克思主义的价值思想来解释国际经济法律制度。

（二）《国际经济法》课程思政建设是推进"一带一路"的必然需要

国际经济关系是不断变化发展的，国际经济法律制度也是在不断地变化发展的。随着经济全球化的深入，各国的力量对比发生了巨大的变化，尤其是中国经济的迅速崛起使得中国越来越接近世界经济舞台的中央。"一带一路"倡议的提出是我国在新的历史时期对外关系方面所提出的重大构想，打造政治互信、经济融合、文化包容的利益共同体、命运共同体和责任共同体的理念，不仅代表了中国在与沿线国家的经济交往中所要追求的目标，更是中国对于国际关系所作出的重大贡献，人类命运共同体的概念已经被国际社会广泛接受。人类命运共同体的概念是在追求自身发展的同时谋求各国的共同发展，体现了一种对于人类共同利益和共同价值的追求。

我们不仅在课堂上要用马克思主义思想来研究国际经济法律制度的发展规律，在对我国对外合作的解读上也必须应用马克思主义思想。"一带一路"倡议可以被视为是马克思主义理论与中国实践的成功结合，必须深刻把握马克思主义思想的内涵,才可以更好地理解"一带一路"倡议的重大历史意义,更好地以实际行动推动"一带一路"的实施并取得丰硕的成果。

三、《国际经济法》课程思政建设的具体思路和构想

(一)用马克思主义哲学观和法律观解释国际经济法律现象

马克思主义哲学观的辩证唯物主义和历史唯物主义揭示了自然、社会和人类发展的一般规律。马克思主义法律观是辩证唯物主义的法律观,其法治价值取向是"以人为本"。马克思主义法律观的主要特征,体现在理论性与实践性相统一、特殊性与一般性相统一、科学性与革命性相统一。① 马克思主义法律观认为法律是只属于社会关系的法律,并且只能以生产力的发展为动力,强调法律必须以人民为主体,马克思主义法律观认为最终人类社会所需要的是要符合最广大人民利益要求,保护人民的自由和权利、促进人民的自由和发展的法律,马克思主义法律观还强调权利和义务二者之间的平衡,认为真正的法律应该是人类社会发展的必然,并且是促进人类社会共同进步的法律。② 把辩证唯物主义法律观应用到国际经济法律现象的解读,可以帮助我们更好地批判性地认清国际经济法现象本身,把握其最终的价值追求以及发展方向。

(二)用马克思主义政治经济学来解释国际经济法的发展规律

马克思主义政治经济学的研究对象是经济关系。马克思、恩格斯通过剖析资本主义的经济关系,揭露了无产阶级与资产阶级之间阶级对立和斗争的经济根源,论证了资本主义必然灭亡和社会主义必然胜利的客观规律。马克思主义政治经济学还揭示了垄断资本主义的特征,这些特征决定了资本主义国家在对外经济交往中制定有利于自己的法律,但是不会有利于发展中国家,马克思主义政治经济学是以人类社会为立足点的政治经济学,其运用了历史批判的方法,解释了人类社会发展的必然规律。用马克思主义政治经济学来阐释国际经济法的发展规律,我们会看到国际经济法最终会向着对发展中国家越来越有利的方向发展。

---

① 凌莉:《马克思法律观视角下的法治建设进路思考》,《学术前沿》2019 年第 11 期。
② 唐代兴:《论马克思法律理论的核心思想》,《甘肃社会科学》2017 年第 1 期。

（三）用科学社会主义观来解释"一带一路"的重要价值

科学社会主义是关于无产阶级解放斗争发展规律的科学,历史证明,其理论是正确的,社会主义具有强大的生命力,当然这也不是一成不变的,会随着实践的发展而不断发展、不断深化。用科学社会主义观来解释"一带一路",我们会发现"一带一路"之所以能够得到各个国家的广泛认可以及迅速地推进,是因为它是代表相关国家的共同利益的,也符合人类社会的发展方向和整体利益的构想,因为它关乎相关国家的合作共赢,而且"一带一路"的意义不仅仅局限于相关国家在经济方面的合作,更体现在全人类的共同发展、人类社会的共同安全及社会文明等多个方面,是着眼于整个人类社会共同进步的宏伟蓝图。

《法学概论》课程思政建设初探*

邹淑环①

《法学概论》课程作为"专业法律普及课",以"培养具有基本的法律知识、初步的法律应用能力、坚定的法律信仰的'社会主义法治的忠实崇尚者、自觉遵守者、坚定捍卫者'"为课程目标②。在课程思政的建设中,要在教学内容和教学方法上努力寻求改革的路径,既完成《法学概论》课程知识的教学任务,又达到育人的目的。

一、《法学概论》课程思政建设的主要任务

课程思政是一种课程观③,它要求"以构建全员、全程、全课程育人格局的形式将各类课程与思想政治理论课程同向同行,形成协同效应,把'立德树人'作为教育的根本任务的一种综合教育理念"④。为体现这种综合教育理念,本文认为《法学概论》课程思政建设的主要任务包含以下几项:

(一)对社会主义核心价值观的引领

以"富强、民主、文明、和谐,自由、平等、公正、法治,爱国、敬业、诚信、友善"

---

　　* 本文系"2019 年天津商业大学'课程思政''金课'建设项目——法学概论"阶段性成果之一。

　　① 邹淑环,天津商业大学法学院副教授,法学硕士。

② 韩钢、吕晓伟:《法学概论课的定位及其应用》,《福建师大福清分校学报》2019 年第 1 期。

③ 高德毅、宗爱东:《课程思政:有效发挥课堂育人主渠道作用的必然选择》,《思想理论教育导刊》2017 年第 1 期。

④ 搜狐百科:《课程思政》。https://baike.sogou.com/v167545601.htm? fromTitle = 课程思政,2020 - 9 -6。

24 字为主要内容的社会主义核心价值观,凝结着全体中国人民共同的价值追求。2018 年 3 月 11 日第十三届全国人民代表大会第一次会议通过的《中华人民共和国宪法》修正案将"国家倡导社会主义核心价值观"写入宪法[1]。培育社会主义核心价值观要融入国民教育全过程,这其中一个非常重要的阶段是大学本科教育时期。在我国,步入大学进行本科学习的基本是 18 周岁左右、刚刚脱离父母"束缚"的年轻人,大学时代是他们的人生观、价值观、世界观等决定其一生基本走向的指导性观念形成的重要阶段。在《法学概论》课程思政建设中,首先要让学生认识到社会主义核心价值观对其成长的意义;其次要通过教学活动,使其知晓社会主义核心主义价值观的要求,特别是要全面掌握与该课程相关的一些基本理念的内涵,如民主、自由、平等、公正、法治、诚信等。通过该课程的教学活动,对学生进行社会主义核心价值观的引领。

（二）帮助学生加固社会主义法治理念

社会主义法治理念是体现社会主义法治内在要求的一系列观念、信念、理想和价值的集合体,是指导和调整社会主义立法、执法、司法、守法和法律监督的方针和原则。在立法、执法、司法、守法和法律监督这几个方面,守法是每个公民的义务,每个公民也是广义的法律监督的主体。作为正在接受高等教育的学习者,大学生应该成为守法的模范、法律监督的重要力量。需要指出的是,我校《法学概论》课程的授课对象是公共管理类大一年级的学生,他们是按照大类招入我校,学习一年后将分至行政管理专业、土地资源管理专业和会展经济与管理专业,按照这三个专业各自的培养目标,学生毕业后将有一部分直接从事行政执法工作,这种关联直接反映了该课程开设的意义。帮助学生加固社会主义法治理念既是该课程自身的要求,也是其课程思政建设的任务之一。

（三）加强学生的法律意识

《法学概论》课程的授课对象是非法学专业学生,教学内容覆盖面极广;但由

---

[1] 《中华人民共和国宪法》第二十四条规定:"国家倡导社会主义核心价值观,提倡爱祖国、爱人民、爱劳动、爱科学、爱社会主义的公德,在人民中进行爱国主义、集体主义和国际主义、共产主义的教育,进行辩证唯物主义和历史唯物主义的教育,反对资本主义的、封建主义的和其他的腐朽思想。"《中华人民共和国宪法》,人民出版社 2018 年版,第 16 页。

于课程性质、课时等因素决定,该课程将通过简要地介绍法学原理和主要部门法使学生获得对法学这门社会科学的初步认识。正是概论课程这种"泛"而不"专"的特点,使学生了解到了多个法律部门,而多个法律部门调整多种社会关系,会使学生产生一种社会生活中"处处有法"的感觉,这无疑有益于加强学生的法律意识。课程思政强调"立德树人"为教育的根本任务,而"立德树人"的核心是"树人",而这个"人"应该是具有基本法律素质的人。这样的人在处理工作、生活、学习等大事小情中,能将自己的行为约束在法律所规定的范围内,随时警醒自己的行为不触犯法律底线,在头脑中有"法"这根弦。

(四)培养学生法律素质

素质教育的内涵是要使学生学会做人、学会生存、学会共事,能辨别是非,明确自己肩负的历史使命,坚定理想信念。《法学概论》课程是对法学理论和法律规则的概要论述,具有基础性、综合性、覆盖面广等特点,设置本课程的目的是使非法学专业的学生掌握一些重要的、基础性的法律知识,通过对法学基础知识和主要法律部门的介绍,把学生"领进门",使其具有初步的法律应用能力。当他们面临该不该做、怎样去做、如何维护正当权益的时候,借助已学的法学知识,查找到相应的具体法律规则,指导其行为,依法行事,成为一个不仅知法,而且懂法、会运用法的人。

二、实现《法学概论》课程思政建设任务的具体路径

(一)搭建合理的教师梯队

课程建设的保障性要素之一是要有合理的教师队伍。对此本文认为,一是要有足够的专任教师。《法学概论》课程作为专业法律普及课,通常是某些非法学专业多班开设的课程。以本人任职的学校为例,一个学期有 8 个班级开设这门课程。为保证教学质量,8 个班以安排 3 至 4 名专任教师开展小班教学为宜。一是课程组成员要高级与中级职称相结合,形成互补的合力,且任课教师要固定,以保持课程组有良好的稳定性;二是课程组成员对《法学概论》课程思政建设的基本认识要一致,这是其课程思政建设能否成功的前提条件;但这不是把所有课程组成员如何实施教学计划统一化,每位教师开展教学活动的方式可以多样化,用不同的方式实现相同的目的;三是积极开展教研活动,形成良好的研讨氛围。教学团队不是人数的简单相加,而是要能形成合力,产生 1 加 1 大于 2 的效果。为此,有计划、经常地开展教研活动应该成为课程组活动的常态。在良好的研讨氛围中,成员各抒己见、取长补短,为实现《法学概论》课程思政建设的目标献计献策。

(二)精心设计教学内容的输出过程

每门课程都有其固有的教学内容,即该讲的东西,不存在教学内容的设计问题。但课程内容是生冷的知识,教师要通过设计其"输出"的过程把它变成容易被学生接受的东西。在这其中,如何将"课程思政"元素加进去并能自然地讲出来值得研究,需要精心设计,避免生硬。为此,教师要在专业知识储备和授课技能两个方面下功夫。在专业知识储备方面,教师在备课时不仅要参阅多种法学教材、涉及法规和案例等专业文献,还要认真学习马克思列宁主义、毛泽东思想、邓小平理论、"三个代表"重要思想、科学发展观、习近平新时代中国特色社会主义思想,领悟马克思主义法学的精髓。在授课技能方面,对教学内容输出的过程教师要做好预设,采用多种教学技术、手段和技巧,恰当地处理每一个教学环节,以保证在讲授本课程固有知识的同时完成其课程思政建设的任务。

(三)选择适宜的教学方式

随着科技手段和新的教学软件的应用,《法学概论》课程采用不同的教学方式成为可能。2019 年 10 月 24 日教育部公布的《"双万计划"国家级一流本科课程推荐认定办法》将一流本科课程教学类型分为以下五种:(1)线上。这是国家精品在线开放课程。(2)线下。即以面授为主的传统课堂教学。(3)线下线上混合式。这种方式发挥线下传统课堂教学和线上新媒体教学的双优势,要求学生线下自主学习的比例要占 20% ~ 50%,其前提条件是要有慕课或者其他在线课程视频资料。这种教学方式以学生有一定的自主学习能力作为保障,对学生的自主学习能力是种考验。(4)虚拟仿真实验教学。(5)社会实践。这种方式要求有 70% 的基层实践活动。① 这五种教学方式的选择要因"校"而异、因"课"而异。

---

① 教育部:《教育部关于一流本科课程建设的实施意见》。http://www.moe.gov.cn/srcsite/A08/s7056/201910/t20191031_406269.html,2020 - 9 - 10.

以本人任教的学校为例,目前《法学概论》课程教学方式应该在除虚拟仿真实验教学之外其他四种方式中选择,本文认为选择线下教学方式为宜。不选择线上教学方式的原因是《法学概论》课程的教学内容各个院校根据授课对象的专业不同均有所取舍,且取舍的内容不同,不易用统一的视频资料。不选择线下线上混合教学方式的原因:一是目前该课程的专任教师只上过二轮或三轮《法学概论》课程,尚未积累足够的资料;二是本校《法学概论》课程的授课对象是大学一年级本科生,正处于由中学学习向大学学习转变的初期,一部分同学自学能力较弱,而具有良好的自学能力恰是线下学习的保障;三是作为概论性质的课程,对法学的介绍既要有广度又要注意深度,这两个"度"学生在自学中不好拿捏。不适宜选择社会实践方式的原因:一是该课程的性质不宜进行大规模社会实践;二是目前每名教师平均授课的学生人数过百,难以指导基层实践。需要指出的是,即使采用线下教学方式,也要对其进行改革,改变传统教学中教师一人"唱独角戏""满堂灌"的做法,将学生拉进课堂授课中来。比如通过"雨课堂"等检查学生上课情况、多与学生互动、通过测试及时掌握学生对某个知识点的学习效果并发现问题所在;特别是可以通过"雨课堂"、公共邮箱、微信群等发布课后学习资料,以克服《法学概论》作为一门"浓缩"课程、许多内容无法展开讲授的弊端。这种线下教学有利于发挥教师的引领作用,有助于将课程思政要贯彻的理念渗透给学生。

三、《法学概论》课程思政建设中应注意的问题

(一)将课程思政与教学内容融会贯通在一起

在专业课中强调贯彻课程思政是要将这一理念自然融入专业课程内容之中,切勿脱节、生拉硬拽。《法学概论》体现课程思政的理念具有很强的优势,比如社会主义法治的内涵、与人治的区别、依法治国的科学含义等本身就是该课程的教学内容,极易体现课程思政的理念。但我们依然要注意:不是讲了这些教学内容就完成课程思政建设的任务了,而恰是给本课程的课程思政建设提出了更高的要求。因为随着教学内容的不断深入,学生会发现更深层次的问题。比如某一法律制度(例如选举制度)我国与西方国家有差异,这就要求教师在教学中做具体的、深入的、专业性的分析,让学生明白我国做法的优越性和可行性,这其中就有一个贯彻课程思政理念问题。再比如，学生们通过各种信息渠道了解到司法机关在个案处理中存在失误现象，对此问题，教学中不仅不能回避，更为关键的是要讲清楚我们为减少和避免失误的出现所做的事前防范和事后补救，平复可能出现的某些较为激进的情绪，使学生看到希望、坚定信心。从这个角度上讲，在《法学概论》课程中体现课程思政理念也存在自身独有的角度和难度。

（二）体现《法学概论》课程的专业性

《法学概论》课程在我校是公共管理类学生的必修课，同普遍开设的普法类的法律基础类课程在性质上不同，该课程要从专业的角度介绍法学；但《法学概论》课程与普遍开设的《道德修养与法学基础》课程存在密切的联系。《法学概论》课程的这一特质容易产生两个误区：一是该课程没有必要强调进行课程思政建设；二是将该课程内容讲成政治思想品德类课程。为避免这两个误区的出现，我们必须坚定《法学概论》也肩负着课程思政任务的信念，全面理解其要实现的目标。同时要坚持法学是关于法律的科学，是一门有着悠久发展历史的社会科学门类，教学中要以足够的深度、从专业的角度指出西方法学和马克思主义法学的本质区别，揭示马克思主义法学的科学性、进步性，教导学生树立正确的法律观，赋予《法学概论》课程思政建设以专业性。

（三）突出学生的主体地位

"坚持以生为本的主体性原则，这是法学'课程思政'改革的本质需要。"①传统课堂教学是以教师为中心、为核心点，学生难以主动参与到教学活动中去，这种灌输型的教学模式不利于培养创新人才，应转变为以教师为教学主导、学生为学习主体的教学结构。教书的任务归结到底是育人，课程思政就是要求将育人融入教学之中。因而在教学中，教师要事先掌握学生的所思、所想、所求，使每个学习者都有机会使自己的潜能获得发展，通过上课有获得感：既学到了法学知识，又在人生观、价值观、世界观的树立上获得有益的帮助，并能在今后人生的道路上以法律规范自己的言行，做一个知法、守法、会用法的公民，成为一个有良好法律素养、有正义感的人。通过课程学习能使学生具有获得感也是检验教学效

---

① 沃耘：《高校法学"课程思政"教育教学改革路径与对策》，《天津日报》2019 年 3 月 4 日第 9 版.

果的一个重要标准。

　　课程思政要求以全员、全程、全课程育人格局的形式将各类课程与政治思想理论课同向同行。《法学概论》教学中要结合该课程的特点，贯彻"立德树人"的理念，将法学知识传授与价值引领相结合，教书与育人相结合，真正达到该课程的教学目的。

基层教学组织建设与改革

法学专业基层教学组织创新探索*

蔡文霞①

高等教育中的法学专业是一个实践性很强的专业。要适应当今社会对法学人才的需求,必然要求高校将法学专业的学生培养成具有法律思维且综合知识储备丰富的复合型人才。面对这样的培养目标,单纯依靠专业教师的"单打独斗"是难以实现的,必须依靠教学团队的共同努力。基层教学组织作为高校教师开展教学活动、进行教学研究、推动教学改革的最基本教学单位,是高校教学质量的重要保障。② 通过发挥基层教学组织的作用,提升高校教师的教学能力和水平,从而培养出符合时代要求的法学专业人才是各个高校提高法学专业人才培养水平的必经之路。法学专业的基层教学组织从组织构建、功能作用到实践活动需要通过进一步的创新以实现对教学活动的更大推动。

一、法学专业基层教学组织的构成

尽管拥有法学专业的各高校的专业设置略有不同,但是基本都会设置基层教学组织。这些基层教学组织的设置多为以下三种:第一种是"系—教研室"模

---

* 本文系 2020 年天津市高等学校本科教学质量与教学改革研究计划项目——"一流专业建设视角下完善高校基层教学组织的探索与实践"子课题"域外高校基层教学组织的考察与镜鉴"(课题号:A201006902)阶段性成果之一。

① 蔡文霞,天津商业大学法学院讲师。
② 陆国栋,孙健,孟琛,吴华.高校最基本的教师教学共同体:基层教学组织[J].高等工程教育研究,2014,(1).

式:在法学系的范围之内以不同培养方向为单元组建"教研室"或者以部门法的分类组建"教研室"。采用这种模式的高校多是法学学科实力较强的高校,法学专业教师人员较多,同一部门法的授课教师多达几人,甚至十几人,培养方向划分细致。第二种是"学院—专业"模式:在学院范围之内以法学专业为单位建立专业。采取这种模式的高校多为法学学科实力一般的高校,法学专业教师不多,同一部门法的授课教师只有一两个人,只能以法学专业为单位组建基层教学组织。第三种是"专业—课程(组)"模式:其以从事具有相同或相关性课程模块教学的团队为单位建设。采用这种模式的高校也多为法学学科实力较强的高校,法学专业教师较多,有足够的师资力量以课程为单位组建基层教学组织。

有些综合性高校,在学校中不仅法学学科的实力较强,与法学学科相关的其他学科教师人数也比较多,科研能力强劲,能够形成跨学科的教学团队,往往以教学团队的形式组建基层教学组织。这种"交叉学科教学团队"模式:以具有创新性的教学研究与实践团队为单位,鼓励跨学科跨学院跨专业建设更具创新性。哈佛大学就有类似的做法。该校教师被鼓励开设跨系的、跨学科的综合性的课程,这既为教师在教学进行跨学科探索提供了机会,还开阔了视野,增强了创新能力,提升了教学水平,也为学生展示了学科之间的差异性和互通性,促进了学生之间的互动与启发,更容易产生创新思想,培养学生的创新意识。我国法学及相关学科实力强劲的综合性高校完全可以采取"交叉学科教学团队"模式,鼓励教师之间的跨学科合作,并建设交叉课程体系、特色课程资源、创新教师队伍,同时强调教学模式创新研究。通过这样的建设模式,加强跨学科教师之间的交流和合作,提升教师之间的科研创新能力,同时有利于教师在教学过程中对学生创新意识的启发,符合当今高等教育教学对创新人才的培养目标。

二、法学专业基层教学组织的功能

（一）以研促教

高等教育中教学水平的提高不仅仅在于专业知识传授的水平,更多依靠对专业知识本身的理解深度和相关知识点的联系广度以及对实践应用的灵活度。高校的学生具备基本的阅读和理解能力,能快速地阅读教材内容并基本理解相关意思,所以课堂授课不再是对专业基础知识的重复讲授,巩固记忆,而应是对专业基础知识来龙去脉的剖析以及对此知识具体实践应用的详细展示。课堂教学是对教材内容的补充和拓展,是重点提示和难点解析的过程。当前,教育部发力本科教育,着力打造"金课",就是强调课程质量。高校专业课程学习不再是学习粗浅的表面知识,而是理解知识的内涵,从而由此及彼,举一反三。客观上看,实现教学质量的突破,必须以深厚的科研基础做支撑,法学专业更是如此。每一个法律规定背后必然有基本的法学理论支撑,同时还涉及社会伦理和生活经验。例如,在课堂上讲授《中华人民共和国刑法修正案(十一)》新增的罪名——"妨害安全驾驶罪",不仅仅是对本罪名概念、犯罪构成、认定、处罚等基础知识点讲授,更重要的必须讲解清楚增设此罪名的立法缘由,此罪与交通肇事罪、以危险方法危害公共安全罪在司法实践中应如何区分,本罪的设立是体现了刑事司法权的扩张还是限缩?学生通过这样深度的学习,会逐步养成独立思考并尝试运用理论去解决、实践司法问题的习惯。而教师如想完成这样的教学,则必须深入研究专业知识。

法学基层教学组织是以相同部门法或者相关部门法授课教师而组建的。教师对部门法的知识背景的储备大致相同,对课程教学内重难点问题有较为一致的意见,在对课程所涉知识点的研究和理解上可以相互探讨,共同研究出创新性的讲解思路和分析方法。法学基层教学组织无论是以教研室为单位探讨还是以课程组为单位探讨,都可以针对教学内容的传授方法进行集体研讨,再分别授课进行实践后反思总结教学经验。集体备课、集体研讨是借助教师们的集体智慧,形成有效的教学思路,从而进一步推动教学整体水平的提升。

(二)培养法律思维

当今法学本科教育中,法律思维的培养成为衡量法学教育质量的一个重要因素,引起了法学教育者的高度重视。法律思维是学习法律专业者通过认真学习领会、实践训练法律知识和方法,特别是从部门法知识和方法的学习训练中获得的职业思维。[①] 从本质上看,法律思维是在特殊目的(权利与义务的确定)、制度化程序(程序规则)的约束下,在对抗性对话框架中(说服性对话)构建、分析、

① 孙笑侠:《法律人思维的二元论》,《中外法学》2013 年第 6 期。

批判法律论证的思维活动,它的核心是发现、分析和评价理由。① 在法学本科阶段,对法学专业的学生进行法律思维的培养,有助于提高学生发现法律问题的敏感性,有助于提升学生解决法律问题的逻辑性,还有助于增强学生的法律自学能力。因此,作为法学的专业教师,在课堂教学中,应通过各种形式强化学生对法学基础知识的记忆,强调严谨的体系思维意识、锻炼法律推理能力、加强法律适用的训练,从而真正地培养学生的法律思维能力。

法学专业基层教学组织正是通过日常教学活动培养学生的法律思维。法律思维是一种专业的思维习惯,不可能通过一节课的授课或者一门课的授课就能掌握,必须通过各门法学专业课程的逐步递进式学习而形成。实际上,不同部门法基于其不同的特点,在整体法律思维一致的情况下,分析问题因部门法的不同而有所区别。不同部门法的基层教学组织不仅可以在同一教学组织内研讨,思考如何帮助学生形成本部门法领域内的法律思维方式,还可以通过不同部门法的基层教学组织相互研讨,拓展各个部门法之间的关联性知识,以帮助从不同部门法的角度开展研究工作并引导学生多视角思考问题。

（三）拓展实践活动

法学作为一门实践性较强的学科,其专业性体现在司法文书的规范上、法庭辩论的逻辑性上、诉讼技巧的运用上,等等,这些能力必须从司法实践中习得。所以,不少法学专业的高校都会在课堂教学之余,开展法学实践学习课程。如社会调查、毕业实习等课程。此外,针对实践课程的教学需要,不少高校在原有专职教师已经具备司法实践能力的基础上,还聘任了司法实践中的工作人员,如法官、检察官或者律师等人员承担部分实践课程的教学工作。实践课程的开展扩大了学生们的眼界,同时对司法实践的了解不限于理论逻辑的推演,更多着眼于现实生活中的经验判断,帮助学生将学习到的理论知识准确运用于实践。由此,法学基层教学组织的作用发挥也不仅在课堂教学,更是要体现在实习实践的教学活动中。

法学专业基层教学组织吸纳司法实践中的工作人员,不仅补充了教学队伍,

---

① 林喆:《法律思维学导论》,山东人民出版社 2000 年版,第 198 页。

更为重要的是通过司法实践人员和理论研究人员的交流以及对实践教学工作的探讨,从不同的角度开展教学实践活动,丰富了学生的见识。法学专业基层教学组织针对实践教学的教研活动尤其强调对实践教学方法和手段的改进。伴随学生法律思维的逐步养成,在各种教学实践活动中如何巩固已有的法律思维,并通过实践活动中不同学生的表现进一步说明法律思维和其他思维方式的差异,帮助学生有意识地自我锻炼法律思维,始终是实践教学课程中各位教师思考的重点问题。

三、法学专业基层教学组织的创新活动

(一)设计创新性教学方式

法学专业基层教学组织在日常的教研活动中,针对法学课程的特点,可以创新性地设计不同的教学方式,以提升学生的自我学习意识和自我学习能力,让学生形成主动掌握专业知识并积极研究的习惯。本文提供了以下几种教学方式以供参考。

1.先"破"后"立"的教学设计

先"破"后"立"的教学设计中,"破"是指对现有的知识误区的破除,"立"是指对正确知识观点和知识体系的建立。先"破"后"立"就是对已有的错误的知识和观点的破除,并建立起正确的知识观点和体系。在学生对法学知识点的学习过程中,往往运用自己已有的日常生活中的观念来理解法学专业知识。例如,抢劫,学生很容易理解抢劫他人财物的行为。但在刑法中界定的抢劫行为不仅仅是日常生活中见到的抢劫,还存在由其他侵财性犯罪转化而来的抢劫犯罪。这往往突破了学生原有认知中的专业知识。在教学过程中,教师需要先破除学生的旧有固化观念,再通过理论讲解逐步帮助学生树立新的正确的专业知识的观念。实际上,学生从错误判断中学习到的正确知识印象更为深刻,记忆时间更长。基层教学组织的各位教师可以结合自身的教学经验,将学生的易错点和常见误解之处总结出来,在课程组或者教研室的范围内设计出针对这些错误的先"破"后"立"的具体教学设计。

2."翻转课堂"的实际运用

"翻转课堂"是运用现代技术实现知识传授与知识内化的教学模式,是一种师生互动、激发学习兴趣的有力手段,真正体现了"以学生为中心"的教育理念,被称为大势所趋的"课堂革命"。法学专业的教学过程中可以适当地使用"翻转课堂"的教学形式,但不能在某一门的课程中全程使用。这主要是基于法学理论的运用离不开对具体案例的分析和讲解,而学生的自学能力有限,很难达到学以致用的能力。所以,"翻转课堂"只能运用于基础知识较为简单,学生能够通过教材、教辅资料或者微课视频资料轻松掌握的专业知识部分的学习。在学生自学之后,教师将自学中易混淆问题设计到具体案例中,通过学生的分析过程发现学生的不足之处并加以指导。对课程学习中的重难点问题,法学专业教师还需要以课堂讲授的方式进行分析,以强化学习效果。针对哪些内容可以采取"翻转课堂"的形式,课程组内的教师可以结合以往授课经验商定确定,也可以通过不同学期内针对不同内容,结合授课效果来具体确定。针对"翻转课堂"和课堂讲授的不同,课程组内的教师也可以分工授课,有人专门负责"翻转课堂",有人专门负责课堂讲授。

3．"实案研讨"的案例教学

案例教学一直是法学专业教学里的重中之重。每个部门法的专业教师在授课过程中都是通过对案例的讲解,帮助学生理解法学理论在实践中的具体运用方式。但囿于课堂时间有限,几乎所有的教师在授课过程中都是简化案例事实后对案例进行讲解的。学生在课堂中难以看到司法实践中真实案例的全貌。法学专业基层教学组织中的各位教师可以在课余时间内组织"实案研讨"的案例教学活动,由老师或者学生将事先收集好的真实案例通过线上发给学生,学生们可以以小组为单位结合自己所学对案例进行分析,并提交初步的分析意见。专业教师可以通过线上或者线下的形式针对学生提交的案例分析意见进行专业点评和指导,帮助学生提高对案例分析的能力。

（二）教学竞赛活动

法学专业基层教学组织通过组织教学竞赛活动,激发专业教师对教学的投入热情,帮助青年教师更快地适应教学工作,提升教学水平。结合法学的专业特点,教学竞赛可以设置案例解析、日常授课与课件制作等方面的比赛,不仅可以开展线下的形式,还可以通过线上视频展示的形式展开。通过以基层教学组织为单位的教学观摩、教学研讨来促进各项教学比赛中参赛教师水平的提升,并将比赛中获得的经验运用于日常教学活动中,使学生受益。

（三）指导实践活动

实践活动能帮助法学专业的学生锻炼综合能力更快地成长起来。法学专业基层教学组织也应该更重视对学生实践活动的指导,通过不断改进指导方式使得学生最大限度地从实践活动中受益。根据不同的学生赛事的特点,法学专业基层教学组织对教师的指导工作进行更细化的分工。模拟法庭辩论赛是法学学生展示口才与逻辑思辨能力的一个重要赛事。对该比赛的指导工作更多强调整体辩论策略和技巧,相关部门法的教师可以和学生一起集思广益制定辩论策略和应对方案,提升学生的整体参赛水平。大学生创新创业活动是体现学生创新能力的实践活动。具有司法实践经验的教师可以针对学生在司法领域中发现的新问题,指导学生调查研究并提出创新性的解决方案。法律文书写作竞赛是表现法学专业学生专业书写能力的竞赛。法学专业基层教学组织需要在日常教学过程中注重对学生"法言""法语"的规范性训练,并结合各类实习活动予以提高写作能力。该能力的提升是一个长期训练和培养的过程,也需要各个部门法的教师在授课过程中都予以注重和培养。

一流专业建设背景下高校教研室功能定位的再认识[*]

刘 剑[①]

在我国当前高等院校的组织架构中,教研室作为居于最末端的组织形式,在落实、执行各项工作中扮演了极为重要的角色,发挥了极为重要的作用。随着高等院校在其发展过程中新任务和新形势的变化,教研室的功能定位也呈现出一些新的问题,需要在当前我国高等院校发展的大背景下对其再分析、再认识,以有利于其功能的发挥,有利于其服务高等教育教学水平提升。

一、高等院校教研室制度的源与流

(一)高等院校教研室制度的起源

大学教育模式对于我国而言是舶来之物,高等院校教研室的设置也是如此。我国高校教研室的设置以及对其功能和地位的认识,都是向其他国家既有模式学习和引进的结果。

1. 德国的"讲座制"模式

根据一些教育学专家和学者的观点,普遍认为发端于德国近代大学产生和发展过程中的"讲座制",是一种较为具有代表性的早期教研室组织的类型。"讲

* 本文系天津市普通高等学校本科教学质量与教学改革研究计划重点项目——"一流专业建设视角下完善高校基层教学组织的探索与实践"子课题"一流专业建设视角下基层教学组织的治理结构研究"阶段性研究成果之一,项目编号:A201006902。

① 刘剑,天津商业大学法学院,副教授,法学博士。

座制"主要是按照学科或者专业来设置,每一个讲座由一名教授全权负责。在讲座的过程中,教授将自己在专业领域学术研究的心得和成果,向学生进行传授和讲解,也需要指导学生在一定主题范围内的学习和研究。这种"讲座制"作为一种组织形式,担负着教学、科研的双重任务,同时也是大学中有着相对独立财务和行政管理权限的基层单位。①

这种组织形式对世界其他国家大学的发展也产生了深远影响。麦克莱兰说:"近代西方社会所有的大学中,德国大学可能是最有意义的。它们首先将教学和科研职能结合起来,从而创造了近代大学模式。"②受到德国"讲座制"的影响,一些国家大学在对其进行吸收和改造的基础上形成了与之区别的"学系制"③。学系制很大的一个创新点在于,它不再以某个权威教授作为组织体的核心,而是以知识、专业本身的内在联系作为组织体的核心。并且这种"学系制"日益被更多国家建设大学制度时借鉴和发展。

2. 苏联的"教研组"模式

将大学体系中最为基层的组织形式称呼为"教研组"或"教研室",最早是从俄国开始的。"1863 年,沙皇俄国颁布的《大学章程》提及增加教研组数量,给予他们更多的科研机会。"④十月革命胜利后,苏联为了促进大学的发展,对大学的组织架构结构进行了重新的调整,确立了大学"校—系—教研室"三级管理体制⑤。在这种管理体制中存在的教研室一方面以专业知识和学科体系为核心而设立和活动,另一方面排除了德国"讲座制"模式中对科研因素的强调,而是更加注重教研室组织教学活动的功能。教研室成了致力于组织教学、服务教学的单一功能的组织。

---

① 陈六平:《近代德国大学讲座制及其影响》,河北大学,2010 年硕士毕业论文。

② Charles E McClelland:State, Society, and University in Germany, 1700—1914[M],Cambridge University press,1980:2.

③ 贺国庆:《德美大学发达史》,人民教育出版社 2003 年版,第 194 页。

④ 王义高:《苏俄教育》,吉林大学出版社 2000 年版,第 56 页。

⑤ 刘小强、何齐宗:《重建教研室:教学组织变革视野下的高校教学质量建设策略》,《高等教育研究》2010 年第 10 期。

（二）我国高等院校教研室制度的确立与发展

1. 我国高等院校教研室制度发展概况

苏联高等院校教研室制度的发展，对我国相关方面制度的确立产生了不可替代的影响和作用。在我国教研室制度的发展过程中，对于教研室自身的功能定位进行了有益的探索和实践。在探索和实践的过程中大体可以分为如下几个阶段：

首先，单纯教学组织阶段。1950年，教育部颁布了《关于实施高等学校课程改革的决定》，提到"全国高校教师在教研组的指导下进行集体性教学工作的学习、研究与交流"，等等。根据文件的精神，这一时期的教研室是单纯的教学组织，组织其成员听课、备课、展开教学方法和教学内容等方面的研究。

其次，教学与科研并重阶段。1961年《教育部直属高等学校暂行工作条例（草案）》（即"高教六十条"）中提到，"高等学校的教研室应有计划地、有计划地按照一定方向开展科研活动"。这一文件成为教研室教学与科研双重职责的开端。尤其是后续的发展过程中，科研在大学工作中占据了非常重要的地位。1978年，《全国重点高等学校暂行工作条例（试行草案）》不仅强调了教研室工作的重要性，同时也赋予了教研室更重的责任和使命。

最后，作用弱化阶段。随着对于科研任务的强调，科研组织工作的侧重和科研成果水平的追求，科研占据了大学各方面工作的重心。这在一定程度上淡化了对大学教育教学工作的关注，也在一定程度上淡化了对教研室工作重要性的认识。

2. "一流专业建设"中教研室制度的新发展和新使命

"一流专业建设"更强调本科教学工作的重要性。不能否认，大学应当承担着"创新知识"和"传播知识"的双重使命。尤其对于本科阶段而言，抓好抓实教学更具有现实意义。2018年6月，新时代全国高等院校本科教育工作会议提出"以本为本"的基本精神。在我国高等教育发展的新时期，明确"高教大计、本科为本"的指导思想，明确本科教育教学作为高等教育的根和本的战略地位，至关重要。为了全面贯彻、落实本科教育大会"以本为本"的精神，教育部提出计划在2019—2021年，建设一万个左右国家级一流本科专业点和一万个左右省级一流本科专业点。通过加强一流专业建设，全面提升本科教育教学的质量和水平。

大量的本科教学工作需要借助基层教学组织来组织和实现,教研室就是曾经在基层教学活动中扮演了重要角色的中坚力量。虽然,在一段时期内,由于国内大学发展过程中对于科研活动和科研成果关注的倾斜,很多高校对于教学活动的重要性认识普遍有所降低,相应地对教学活动,尤其是本科教学活动的重视有所不足,教研室发挥的作用和教研室建设被搁浅。在对这种倾向进行纠偏的新形势下,重视本科教育教学,则对教研室的功能和地位不能不提高上来,让教研室在组织和优化本科教学中继续发挥不可替代的作用。

二、高校教研室功能定位中存在的问题

在我国高校发展的过程中,对教研室的作用和功能定位的认识经历了波折的过程。在波折的发展过程中,所体现出来的问题具体表现为下面几个方面。我们需要重新审视教研室的功能与作用,以期更好地服务于"以本为本""一流专业建设"任务的实现。

(一)教研室功能边缘化

作为高等院校,传授知识和创新知识的双重身份,同样重要。但是,在一段时期内,受到评估、排名、升级等活动中对于硬性科研指标关注度过高的影响,很多高校在无法兼顾的情形下,自觉或不自觉地降低了对教学工作的重视程度。相应地,对于项目组、科研团队等科研为主的组织形式投入了更多的关注和支持。也即在教学工作与科研工作二者的关系上,教学工作的地位有所下降,作为基础教学组织的教研室的地位和作用也相应地被边缘化。

(二)教研室功能单一化

在教学工作和教研室地位整体有所下降的背景下,教研室的功能也有所萎缩,变得较为单一,也就是很多学者所说的"教研"室的工作和作用变得"有教无研"。教研室只是单一地组织教学日常活动,而缺少组织老师们对教学内容、手段等内容的研究。从服务于教学工作的主旨出发,教学本身也应当包含着对于教学内容和教学方法的深化与更新、反思与探究、总结交流与提升。这样的理性思考和研究的过程,本身就是一种"学术活动""科研活动"。这种"教学学术"教育理念是由美国学者博耶提出和倡导的。博耶所谓的"教学学术",是从学术的视角重新审视教学活动,将教学纳入学术研究的范畴,认为高校教学活动和科研活动具有同样重要的地位。① "教学学术"的理论赋予了教学活动学术性内涵，是对传统"教学"概念的深化与革新，也是对传统"学术"概念、"科研"概念的全新阐释与拓展。

（三）教研室功能行政化

由于教研室是高等院校中最为基层的教学组织，是直接面向教师的组织，这使得学校、学院，甚至是系、部的很多行政性工作的最末端任务都落到教研室的身上。在很多高校，收发教学材料、安排教学任务、统计教学信息等日常性、行政性工作成为教研室工作的重头戏。这种情况，一方面是对教研室功能定位不明确的结果，另一方面也是教研室应有功能缺位导致的功能空地被挤占的必然结果。当教研室应当履行的职责和功能未能得到充分发挥时，其繁杂的日常性、行政性事务则相对地成为工作的常态，致使教研室的功能异化和偏差变得日益严重。

（四）教研室功能流程化

教研室作为最基层的教学组织形式，是教学组织链条的最末端，是沟通教学组织与教师的真正的中间环节。由于其"最末端""最基层"的处境，教研室的功能更多的是流程化的，是学校、学院、系、部文件和要求的传达者，缺少其独立的主体意识。教研室很少从发挥功能的需求出发，独立地组织以实现教研室自我价值为目标的活动。所属教师在意识上也多以学院和系、部作为身份归属划分的标准，对于教研室很少有心理上的归属感。

三、高校教研室功能定位的新思考

2018 年以来，国家大力倡导对高等院校本科教育教学质量的关注，力争通过多种举措提升我国高等学校本科教育教学水平。毫无疑问，这是一项系统性的工程，在这项工程中，需要多部门、多主体的协同。教研室作为基层教学组织，是这一工程中必不可少的一个环节。为了更好地服务于"以本为本""一流专业建设"，需要对教研室制度的功能定位进行再思考、再明确。

---

① 田岗、胡晓琴：《基于中外比较的我国高校教研室制度建设》，《高等财经教育研究》2016 年第4 期。

（一）明确教研室服务教学为主的功能定位

纵观教研室制度发展的历史，可以看出其产生和发展的模式有着很大的不同。具体而言，在其功能定位上仍有着究竟是追求"教学与科研并重"，还是仅仅以"服务教学"为主的选择。在德国模式中，更侧重的是两大功能并重；苏联模式则更强调教学的单一功能。我国的教研室制度的发展历程中，最初效仿苏联模式，以服务教学为主。但是，在后续发展阶段，由于其与校—二级学院或者校—二级学院—系的组织形式相对接，在教研室的作用和功能上也出现了教学与科研并重的趋势。

但是，如果从教研室自身的使命角度出发，其回归"服务教学"的单一功能更为适合。教研室的设立主要以专业的设置、课程体系的设置为依托，主要由承担专业方向相同或相近的教师所组成，规模较小。教研室的工作也主要以组织相同或相近课程的教学和研讨为中心。在实践中，科研活动开展之前或者同期，团队的组建和培育作为开展研究的必要条件，也不应当受制于教研室的既有设置。与之不同，不论是自然科学还是社会科学的科研工作，其科研团队的组建往往是以研究的问题为中心、为导向，与课程的设置一般没有直接的关联关系。根据研究问题的实际需要，科研团队的成员不是固定的，可以是跨课程、跨专业方向的；也可以是非常专门化的、仅仅包括某一课程之中某一具体问题的研究人员。并且，随着科研项目的研究结束，科研团队也可以重组或解散。与科研团队的这种灵活性和流动性相比，教研室的建制是稳定的、长期的。

教学活动与科研活动，各有其组织特点。因此，应当从更有利于其功能发挥的角度来分析其角色的分配。教研室专注服务于教学、科研团队专注于项目的推进，各自在其定位上发挥其各自的优势。

（二）充分发挥教研室服务教学的具体举措

1. 通过"教学学术"研究提升教学质量

"教学学术"研究的理念，是将教学活动本身也作为一项需要不断反思、不断研究的学术工作。以教研室为中心，教育教学活动中很多方面、很多领域都有进行科学研究的必要：对课程体系的设置是否科学进行研究？对教学内容的安排是否妥当进行研究？对于教育教学的方法和手段的运用是否更有利于教学任务的完成？更有利于教学效果的实现进行研究？对于教学活动中师生的关系和互动进行研究，对于教学效果的反馈机制、评价标准进行研究，等等。教研室的功能中不仅有对日常教学活动的组织，也应当包括"教学学术"活动的开展。在专业方向相同或相近的课程之间、教师之间进行的"教学学术"研究更具有针对性，效果也会更为直接、更为显著。在很多高校中，已经对此予以了更多的关注，如同对待科研项目一样，对于教研室层面的教研项目给予了更多的扶持和资助。只有重视教研活动，才能从理论上对教学活动进行更高层面的反思，也才能更好地促进教育教学质量的提升。

2. 通过团队文化建设促进师资队伍发展

与科研团队相比，教研室教师之间的联系更加稳定。由于是专业方向相同或相近的教师组成的教研室，所以教研室内部教师之间的交流会有更多共鸣，也更加深入。并且，在新、老教师之间也更容易相互帮助、取长补短、共同进步。但是，由于高校教师弹性工作的特点，即使是同一教研室的老师也总是苦于没有更多的时间和机会进行交流。所开展的活动往往是在学院或系部的范围内，以教研室范围开展的活动普遍较少，这使得同一教研室的老师的身份归属感和心理归属感较差。针对于此，应当通过增加教研室层面的活动，加强团队文化建设，增强教研室的凝聚力，促进师资队伍的良性发展。

3. 通过物质保障建设为功能发挥创造条件

在多数高校中，由于办公条件紧张，都没有为教研室设置专门的活动场所和活动设备。这种现状使得教研室开展教学观摩、教学研讨、团队建设等活动时，只能临时性地拼凑、借用会议室或教室等场所。没有固定的场所，更谈不上固定的设备、设施。物质保障条件的缺失，也在一定程度上妨碍了教研室服务教学功能的发挥，妨碍了教师之间的交流研讨和沟通互助。为了更好地发挥教研室的作用，应当为其创造适合的物质条件保障。

教研室作为高等院校中最为基层的教学组织形式，在服务于高校本科教学工作中发挥了重要的作用。同时，实践中也存在着一些妨碍其功能充分发挥的问题。我们需要对其功能有更清晰的定位，对其活动的内容和形式有更理性的认识，使其更好地服务于"一流专业建设"，更好地服务于本科教育教学水平的提升。

院级教学质量保障中的基层教学组织建设研究[*]

刘　婧[1]

　　教学质量是高等学校发展的生命线,也是高校综合实力的反映,提高教学质量需要不断强化和完善教学质量保障体系的建设。教学质量保障体系是本科教学审核性评估"三个强化"之一,也是我国高校本科专业类教学质量国家标准的重要标准之一,一流专业建设也将质量管理作为考查指标和审核项目单独列出。目前我国高校普遍实行校院两级教学质量保障体系,学院负责专业视阈下教学质量保障体系的具体落实。在新的教育形势下,学院更新质量保障理念,建立科学有效的院级教学质量保障体系,是学院提高人才培养质量、实现内涵式发展的重要课题。基层教学组织是高校本科教育的最基本单位,为日常教学管理、教师专业能力提升和教学质量保障做出了突出贡献。在我国高等教育进入新时代的背景下,全面振兴本科教育、保障本科教学质量离不开基层教学组织的底部支撑[2]。2018 年以来,我国共出台了 17 份与基层教学组织建设相关的文件通知,通过政策驱动将基层教学组织建设纳入质量治理轨道,基层教学组织建设成效

　　＊　本文系天津市普通高等学校本科教学质量与教学改革研究计划项目——"一流专业建设视角下完善高校基层教学组织的探索与实践"子课题"一流专业建设视角下基层教学组织的治理结构研究"（项目编号：A201006902）；天津商业大学本科教学改革研究项目——"校院两级管理体制下院级教学质量保障体系研究"（项目编号：TJCUJG202070）的阶段性成果之一。

　　①　刘婧,天津商业大学法学院助理研究员,硕士。
　　②　洪志忠：《高校基层教学组织的变革与发展》,《教育发展研究》2020 年第 19 期。

成为国家级一流本科课程和一流本科专业建设"双万计划"的推荐和评审条件之一。基层教学组织建设已成为高校基层质量治理能力提升的重要标志。

一、基层教学组织教学质量保障回顾

教研室作为最主要形态的基层教学组织，是确保高校教学质量、推动高校教育内涵式发展的基石。我国高校教研室从 20 世纪 50 年代形成后，经历了初创期、定型期、恢复和转型期、虚化期四个基本阶段①，起初承担纯教学职能，之后又增加了科研工作和基层行政管理职能。20 世纪 90 年代以来，由于高等教育科研评价导向的盛行，高校、系部和教师的工作重心偏向于科研工作，教研活动流于形式，日渐式微，教研室等基层教学组织逐渐边缘化。基层教学组织的教学事务性管理功能日渐凸显，在组织安排教学任务、实施教学考核，以及教学研究与改革、课程建设、教材建设等质量工程建设方面多进行的是事务性工作。需要教师集体进行的有组织的交流研讨和有指导的集体学术活动，变为了教师个人的经验活动，教师在专业发展上单打独斗、缺乏团队支撑，在一定程度上影响了高校教学质量的提升。

教研室作为基层教学组织，在基层教学质量保障实践工作中也偏于被动和应付，在高校院级教学质量保障体系建设普遍欠缺的情况下，教研室通常被动地执行学校教务部门和教学质量保障部门的各项要求，教学质量保障措施也多为听评课、教学秩序检查、学生评教等常规工作内容，缺少院级的基于专业和课程特色的教学质量保障措施。教研室作为最贴近教师和教学一线的基层教学组织，其在教学质量保障中的能动性和创新性亟待发掘。

二、基层教学组织在院级教学质量保障中的问题分析

随着高校内部治理结构由"校—系（教研室）"二级管理转向"校—院—系"三级管理，管理重心逐步上移，教研室等基层教学组织在人、财、物等事务方面的权力逐步弱化，对成员的控制能力显著下降。同时，在教育领域"项目治教"模式下，高校集中资源投入项目制主导的教学改革，如精品课程建设、教学团队建设等，对教研室的投入力度很小，教研室进一步陷入发展困境。总之，随着高校治

---

① 洪志忠：《高校基层教研室的演化与重建》，《大学教育科学》2016 年第 3 期。

理结构的变迁和高校职能的多样化扩展,传统基层教学组织的功能和作用逐渐弱化,无法发挥其在教学教研、师资培养和质量提升等方面的功能。主要表现在以下方面:

（一）理念陈旧

教师、基层教学组织的教学理念与教育发展的变化不相适应。"以学生为中心、成果导向、持续改进"的教育理念并未全面落实和贯彻,未引起教师和基层教学组织的重视。新时代的创新创业教育、多学科交叉融合、课程思政等理念还未完全融入教师的实际教学过程中[①]。院级教学质量保障更多地关注于常规教学管理、学评教和督导评教,涉及学生学习参与、学习成果评价的管理与服务并不多见,以学生为中心的教学质量保障理念还未深入人心。

（二）动力不足,功能弱化

在重科研轻教学、重学科轻育人的背景下,高校对基层教学组织建设的重视程度不够,经费投入不足,考核激励机制不健全。基层教学组织的组织功能弱化,课程建设、教学研究、听课评课等教学质量保障工作流于形式,教师之间缺乏教学研讨和交流,无法产生浓厚的教学学术氛围。此外,基层教学组织封闭,与外界开展教学交流较少,教师培训、教学技能提升多为教师自主行为,基层教学组织在组织教学研究、培养教师方面没有发挥相应的组织作用,难以发挥团队合力,形成高水平的课程组和教学团队。

（三）学科导向,缺少协同

当前高校基层教学组织构建逻辑主要采用学科导向的构建逻辑,以专业或课程群为基础设置,呈现传统的直线式、单一式的专业或课程教研室、教学团队形式,其组织名称、功能定位、管理机制等都体现学科逻辑和理论知识学习导向的特点,以学科融合机制、校企协同育人机制为导向的构建逻辑还未有效体现,在新时期跨学科、跨界交叉融合的教育趋势下,封闭的组织结构将造成运转效率低下,在教师能力结构、协同机制等方面难以应对高校育人战略发展和组织制度

① 苏冰琴:《OBE 理念下基层教学组织的建设与实践》,《给水排水》2020 年第 11 期。

创新①。

（四）权责不明晰

基层教学组织在日常教学管理中面临"有责无权、有事无钱"的困境，缺少足够的资源配置授权。基层教学组织对本组织成员的考核评价、人员聘任基本没有发言权，基层教学组织的负责人在学院事务中也少有实质的话语权，影响了基层教学组织参与教学事务的积极性和主动性。因缺乏有效的资源保障，基层教学组织陷入权责不对等的困境。

三、新教育理念和教育形势下教学质量保障对基层教学组织的要求

新时期基层教学组织既是高校教学质量建设的直接参与者，也是高校院级教学质量评价与管理的重要实施者，肩负着教学质量建设与保障双重重任。

（一）质量建设方面

基层教学组织建设与一流专业和一流课程建设对接，是一流专业和一流课程建设的重要考核指标，基层教学组织建设成为高校教学质量保障的题中之义，与高校教育质量建设同向同行。需要建设好基层教学组织，焕发其在课程建设、教师培养方面的生机和活力。

首先，教师在面对线上教学、课程思政、智能化教学等新使命时，囿于知识结构、年龄局限、畏难心理等因素，在教学理念、技术和方法的跨越上存在难度。基层教学组织需要担当起先进教学理念、技术、方法的引进、示范与推广，经过组织内讨论—试点—调整等论证过程，结合本单位实际和特点进行扬弃，为教师提供教学示范、榜样引领和技术支持，继而助推教师专业化发展和教学质量提升。其次，教师个人的教学经验和"教学学术"研究，多呈现零散、无体系状态，教研室、课程组等基层教学组织可通过组织教学示范、"教学学术"沙龙、案例分享等方式，使教师零散的教学经验和教学研究系统化、理论化，形成可供推广共享的教学成果。新教学成果通过基层教学组织试点成功，逐步扩展到院系，直至辐射到学校及更大范围，惠及更多的师生，提升育人质量。最后，基层教学组织推进教

---

① 潘丽云:《"双高"建设背景下的高职院校教师教学创新团队研究——基于基层教学组织重构的视角》,《中国职业技术教育》2020 年第 29 期。

学成果和教研项目申报,鼓励教师发表教研论文,将成果固化和推广,形成促进基层教学组织创新、教师专业能力提高、院系教学质量提升的良好效应,催生新的教学生产力。

(二)质量保障方面

基层教学组织在教学质量保障中运用全面质量管理理论,将课程、教学和管理作为服务,把学生作为最主要的服务对象,关注学生的学习成果。在教学评价中注重师生的共同构建,强调评价的多元价值观。

1. 以学生为中心的教学质量保障

从高等教育质量保障发展的国际趋势看,教学质量保障的重点越来越趋向于学生及其学习,关注学生体验和学习成果。然而目前我国高校教学质量保障侧重以资源和教师为中心,无论是教学管理部门还是基层教学组织,都存在重教轻学的惯性思维,在教学管理和评价中更偏重于教师和教学,对学生的关注仅仅在于学习成绩、思政水平,对学生学习过程和学习成果的管理与评价相对较少。从具体的院级教学保障措施来看,目前普遍采用的质量保障措施就是学评教、督导听评课、学生信息员评教以及常规的学期期初、期中、期末教学检查,能够有效促进学生学习和发展的教学质量保障举措不多。近年来,我国教育界高度重视以学生为中心的高等教育。教育部出台的《普通高等学校本科专业类教学质量国家标准》,突出"以学生为中心""产出导向"和"持续改进"三大原则;教育部召开的新时代全国高等学校本科教育工作会议,提出坚持"以生为本",推进"四个回归";教育部发布的《关于加快建设高水平本科教育 全面提高人才培养能力的意见》,明确提出"坚持学生中心,全面发展"的基本原则。以学生为中心的教学质量保障体现"重学"导向,以评价和服务为两条主线。教师和基层教学组织需要转变教学质量观,注重来自学生对课程、教学、管理的系统评价,了解学生学习状态,及时优化课程设计,调整课程教学和管理,帮助学生改善学习过程,提高学习成果。

2. 协同育人教学质量保障

以新技术、新产业、新业态和新模式为特征的新经济发展,以交叉、跨界、融合为特征,要求高等教育从理念、内容、标准和方法实现全方位创新,新工科、新医科、新农科、新文科"四新"建设就是这种创新的结果。"四新"建设以创新和跨界融合为特征,人才培养模式也以交叉融合和跨界培养为必然选择,专业和课程的"教学学术"必然产生交叉融合和创新性的发展态势。在此背景下,教师教学理念和教学能力需要随之变化,教学组织形式也要发生改变。需要不同学校、学科、专业的教师在教学学术研究中互促融合、协同成长。建立有利于"教学学术"发展的长效机制,需要基层教学组织扮演重要角色。建设跨专业、跨学院、跨校、跨界的教学团队等教学组织,有助于充分调动各类资源,开辟全新教研领域,建设精品通识课程和专业课程,促进教学模式的与时俱进。

四、加强基层教学组织建设,构建与高等教育质量建设相适应的基层教学组织

基层教学组织以服务教育教学实践、提升人才培养质量为目标,为教师交流、研究、提升教学能力提供支持机制,为践行先进教学理念、推广先进教学方法提供培训示范平台,最终通过提升教师教学素养,实现艺术化、人性化、科学化的知识传递[①]。在新形势下,加强基层教学组织建设需要恢复、完善和提升原有的基层教学组织功能,同时要进行思路转化和组织创新,探索新形式新形态的基层教学组织。

（一）强化政策引领,重视基层教学组织建设工作

各级教育行政部门要将加强基层教学组织建设作为一流本科教育行动方案的重要组成部分,制定出台高校基层教学组织建设专项计划,做好顶层设计和实施方案,引导高校重视基层教学组织建设工作,通过政策引导确定基层教学组织的合法性。省级教育行政部门以项目引领的方式激励高校基层教学组织建设,定期认定省级优秀基层教学组织,对不同类型高校进行分类认定,对入选的基层教学进行定期考核评估。安排专项经费支持高校基层教学组织工作,加强高校之间的宣传和交流,总结基层教学组织建设经验,发挥示范引领作用。

（二）加强基层教学组织制度化建设

高校要建立健全基层教学组织的管理制度,对基层教学组织的权责范围、负

---

① 曾建潮:《虚拟教研室:高校基层教研组织创新探索》,《中国大学教学》2020 年第 11 期。

责人条件、人员构成、配套经费、权责范围、考核机制等事项做出规定,为基层教学组织的运行提供具体制度保障。设立专项经费,保障教研活动用房和相关办公设施,为基层教学组织提供良好的工作条件。高校各院级单位进一步完善基层教学组织的教研活动制度、议事决策制度、听课评议制度、教学督导制度、质量考核制度等基本工作制度,做好教研室、课程组、教学团队等基层教学组织的整体规划和工作安排。学院尝试建立基层教学组织工作质量标准,具体实施基层教学组织的考核与评选,探索建立跨学科、跨院系、跨校、跨界教学团队的合作机制和考核方式。将基层教学组织建设作为校内教学评估、专业评估的重要观测点,纳入学院和学校的教学质量报告,将基层教学组织的考核结果作为院系考核的重要依据,使基层教学组织成为高校院级教学质量保障体系的重要组成部分。

(三)多种形式基层教学组织探索

院系在构建基层教学组织时,可打破按学科设置的传统思路,以课程群为主线建设,或在学院内推进跨学科建设的实践探索。跨学科、跨校际、同行业企业合作建立基层教学组织,突破了原有基层教学组织人员的单位归属,可以跨越学科专业界限,从更加宏观的角度把握和审视"教学学术"问题,也易于探讨因行政归属而被遮蔽的教育教学层面具有共性的理论和现实问题。通过跨界交叉融合,实现共享教学资源、转化教学研究成果、优化教学体系、提高教学成果实践应用的效果。

(四)激励教学研究,激发教学研究热情

提升教学质量、实现卓越教学,教师需要具有扎实的专业知识,进行相应的"教学学术"活动。通过研究"知识传递的学术",教师将学科知识和专业内容转化为适合特定学生需求和接受能力的教学内容、教学形式和教学语言,将教师所学转化为学生学习成果。在偏向科研的评价体系之下,教师参与基层教学组织、开展"教学学术"的主动性不强,对知识传递中的普遍、共性问题研究不深,对教育教学涌现的新理念、新技术和新方法疏于研究和探索。需要协调好教学与科研的关系,改革教师激励制度,建立教学与科研相结合的评价体制,将教师关注重心和工作重点转向教学改革和"教学学术"。将教师参加基层教学组织情况作为教学业绩考核评价和专业技术职务评聘的重要依据,激发教师活力,推进基层教学组织建设。

（五）对基层教学组织的权责分配进行明晰界定

高校各院级单位要担负起基层教学组织建设的主体责任，在权责分配方面要赋予基层教学组织在人员组建、经费使用、教学考核等方面更大的自主权，在开展专业技术职务评审、申报教学质量工程项目、各类评优评奖活动时，首先由基层教学组织对参评人出具教学鉴定意见，对不合格者实行一票否决。通过权责统一，促进基层教学组织的正常运行和健康发展。

（六）深入挖掘基层教学组织在教学质量保障中的重要作用

基层教学组织要以质量文化为核心，以课堂教学和课程建设为抓手，做好教学任务落实、"教学学术"与研讨、组织教师教学培训等常规工作。在教学质量评价与管理服务中，深入学生和课程，切实关注学生的学习和发展。在现代信息技术与教育教学深度融合的趋势下，发挥基层教学组织在"慕课"建设、线上教学等教学改革中的重要作用。鼓励跨学院、跨校、跨界基层教学组织探索多元化教学研讨活动。课程思政方面，基层教学组织在教学研讨过程中可深度挖掘专业课程中的思政教育资源，使专业课程与思政课程同向同行，协同育人。院级单位结合学院特色丰富基层教学组织的活动形式和内容，在传统听课评课、线上教学研讨、集体备课等活动形式的基础上，举办"教学学术"讲座、教学工具研发、多层次教学培训、教学研讨沙龙等教学交流与研讨活动。发挥基层教学组织在创建教学文化、促进科教融合、创新人才培养等方面的功能，不断提高基层教学组织活动的专业含量，使基层教学组织在院级教学质量保障体系建设中切实起到支持教师集体学习、共同提升教与学能力的作用，带动教学质量的不断进步。

高校班导师工作内容刍议*

王　硕①

专业教师担任本科班导师,是高校教学管理制度的重要环节。从历史的角度观察,班导师制度是在高校辅导员数量普遍不足的情况下,为解决人才培养的瓶颈问题而采取的措施。班导师一般由专业教师担任,与辅导员共同构成了高校教学管理体系的重要支柱。本科生班导师制度是目前高校摆脱教育教学困境的有效手段。学生人数的不断增加使辅导员岗位明显出现力量薄弱的状况,班导师和辅导员共同完成管理学生的任务可以满足学生全面发展的需求,同时也可以促进专业课教师和学生之间的交流互动,对学生的学业能起到事半功倍的效果。② 当然,在实际运行过程中,高校班导师制度的"应然状态"与"实然状态"之间也存在一定的差距,出现了一系列亟待解决的问题。因此有必要重新审视高校班导师的工作内容,明确定位、理顺关系,以期在教育工作中发挥应有的作用。

一、班导师制度的理想状态

由专业教师担任本科生的班导师,有利于弥补辅导员工作的不足,完善高校

＊　本文系天津市普通高等学校本科教学质量与教学改革研究计划重点项目——"一流专业建设视角下完善高校基层教学组织的探索与实践"子课题"一流专业建设视角下基层教学组织的治理结构研究"阶段性研究成果之一,项目编号:A201006902。

①　王硕,天津商业大学法学院讲师,法学博士。

② 徐月华、刘宪云:《高校班导师工作效果的初步探讨》,《教育教学论坛》2016 年第 44 期。

教学管理制度。由专业教师担任本科生班导师这一举措的实施，使传统教学模式中教师只负责课堂专业知识的讲授转向对学生身心发展的全面关注。教师职业行为的示范性和教育性决定着教师应以身作则，为人师表，班导师通过表率的作用影响学生，引导学生，使学生潜移默化地受到教师人格品质的感染，从而规范自己的言行，强化对学生的全面培养。① 专业教师担任班导师的主要优势在于：

首先，有利于提升学生的专业水平。与大量非专业出身的辅导员相比，专业教师在专业学习方面的引导作用非常明显，有利于直接提升班级的学习氛围。更容易对症下药地解决学习方面的问题。

其次，有利于提升专业教师的价值感和职业认同感。教书育人是教师的本职工作。担任班导师的专业教师更容易与学生有效沟通和交流，强化班级凝聚力。这既是取得良好教学效果的必要前提，也是提升教师组织与协调能力、与学生共同成长的有力途径。

最后，有利于畅通学生与学校沟通的渠道。考虑到辅导员等专职学工人员数量普遍不足的实际情况，平时与学生能够实现较为密切接触的班导师可以及时掌握基本学情，察觉学生的诉求，倾听学生的意见，尽快得到教师、学院及学校的关注，有利于学校的稳定发展。②

二、班导师制度存在的主要问题

从学生的角度观察，班导师普遍处于"兼职、业余、被动"的状态，其职责定位模糊，难以与辅导员的工作相区分。相当部分的学生认为班导师就是"第二辅导员"。除了传达学工部门的任务之外没有什么独立的工作内容。日常班会的主要作用更像是学工部门的传声筒，在专业方面的引导不足。除了班导师自己讲授的课程之外，学生与班导师在专业方面的交流很少。班导师的工作往往缺乏针对性。总体而言，学生对班导师的感知度较低。而从专业教师的角度观察，班导师工作往往缺乏明确的考核标准和有效的激励机制；特别是班导师与辅导员

---

① 张雪扬：《从本科生班导师制看新时期高校教师职能的转型发展》，《高教论坛》2019 年第 15 期。
② 李芳：《关于高校专业教师担任班主任的思考》，《河南教育》2018 年第 2 期。

之间权责不分,工作动力不足,缺乏积极性。许多相对量化的工作实际上是辅导员工作的翻版。总体而言,工作随意性大,相对缺乏专业性和规范性,缺少进取的动力。①

三、原因分析

班导师制度在实际运行过程中出现的诸多问题,其主要原因可能包括:

(一)专业教师科研与教学压力较大

在高校普遍以科研成果作为利益分配主要标准的情况下,教师特别是青年教师必须将主要精力放在科研方面。专业课教学方面的时间分配尚且要受到挤压,遑论针对所带班级的专门指导。科研与专业课教学方面的双重压力导致教师无法投入更多的时间和精力用于班级的管理和指导。在缺乏与学生深入交流的情况下,例行公事式的班会等工作反而容易适得其反,引发学生的反感,降低班导师在学生中的专业权威,破坏班导师与学生之间的信任关系。

(二)专业教师缺乏系统的教育、心理学知识

理想状态下的班导师应当具有过硬的综合素养,既能"教书"又能"育人"。专业教师、特别是年轻教师虽然普遍拥有博士学位,在专业知识方面值得信赖,但绝大部分都不是教育类专业出身,在教学以及与学生的沟通方面,知识相对欠缺。上岗前的教师资格考试以及短期的学习培训,难以弥补知识结构方面的固有欠缺。"教书"的知识足够,但"育人"的知识有短板。在教学、管理、沟通方面的经验知识很大程度上需要年轻教师自主摸索和积累,难以迅速实现对学生的有效引导。

(三)班导师与辅导员的工作缺乏界限

前已述及,班导师与辅导员之间存在权责不分的问题。其深层原因在于高校对于班导师工作的基本定位不明。许多高校出于惯性,将班导师的工作与学工部门、辅导员的工作混为一谈,并未充分认识到班导师工作的专业性、独立性。这就导致班导师极易沦为学工部门的"传声筒",大大淡化了专业教师的身份;学生也很容易将班导师看作是学工部门的附属,日常主要工作就是与辅导员一样

---

① 晋浩天:《大学班主任该如何发挥作用》,《光明日报》2019 年 1 月 29 日,第 8 版。

的上传下达,这样便难以在师生之间建立起有效的信赖关系,从而使班导师理论上的专业辅导功能无法发挥。而且由于高校对班导师管理缺乏规范、全面、量化的评价考核机制和有效的激励机制,导致出现"做好不见功,有事功全无"的现象,在很大程度上挫伤了班导师的工作积极性、主动性和创造性。[①]

四、完善建议

（一）明确班导师的基本定位

在顶层设计上必须突出班导师的独立地位,与学工部门的日常管理工作划分出明晰的界限。必须明确班导师的工作是日常教学工作的组成部分,区别于日常管理工作。班导师绝不能沦为学工部门的传声筒,不应与辅导员的工作相混淆。班导师应当在正常的课堂教学范围之外,对所带班级的学情有充分的掌握;在课堂教学之外帮助学生解决专业问题,提升学生对于专业的热情,因材施教,尽可能实现个性化的指导,切实提升学习的效果。上述一切工作都需要将班导师从"兼职、业余、被动"的状态中解放出来,以正规教学授课的状态、标准从事班导师工作,彻底重塑学校与班导师之间、班导师与学生之间的关系。

（二）明确班导师的基本工作内容

一般而言,班导师的基本工作内容应当包括以下方面:

1. 指导学生初步认识相关学科的内涵与外延

这一工作对于大一新生而言格外重要。大一新生对于专业的了解和认识往往非常粗浅,志愿填报未必具有专业层面上的理性。这时,班导师对于专业的总体讲述和引导就显得尤为重要。班导师应当创新工作方式与方法,通过专题讲座、毕业生返校交流等多种方式,迅速提升学生对专业的认识水平,强化学生对专业课程的学习兴趣。反之,这一工作如果落实得不到位,会直接损害学生对于专业的热爱程度以及学习积极性,其不利影响很可能一直持续到毕业。

2. 指导课程学习方法

对于学习方法的指导,不仅仅在于言传,更在于身教。学习方法的重要性无须赘言,但并非所有学生都有能力真正掌握一套行之有效的、有针对性的、高效

---

① 孙宝成、李井明:《高校班导师工作的课程化模式》,《教育与职业》2016 年第 15 期。

率的学习方法，往往流于表面，缺乏实际功能。有些学生在高中时期就懵懵懂懂，进入大学之后仍然是一头雾水，难以建立起一套符合自身条件的学习方法，在考研、就业乃至工作之后都难以高效率地获取知识，这是十分令人痛惜的。而专业教师特别是年轻教师，结合自身的实际经验，强化对学生学习方法的指导，授人以渔，往往事半功倍。

3. 竞赛、科研方向指导

动员、组织、指导学生参加各项竞赛是班导师的重要工作职责。参与竞赛是锻炼学生综合学术能力的主要手段之一，学生获奖情况则是评价学生学术水平的重要指标，是奖学金评定和保送研究生指标分配的重要指导性依据。竞赛指导应当成为班导师工作的重要内容。此外，在科研方面，也应积极将有志向的学生导入相应的研究课题组，使其尽早接触学术训练，为将来打好基础。

4. 指导考研和就业目标

在就业和考研方面，班导师应当与学生尽早规划，明确目标，有效分流，重视细节，坚决执行。特别是在考研方面，至少在大二时就应当引导学生做好基本的方向规划。尽早确定是考研还是就业，如果准备考研，基本的方向、欲报考学校的档次、甚至具体学校及导师等方面都应当尽早确定。以上诸多重要的决策，都应当在切实掌握充足信息、冷静思考的基础上做出。应当向学生反复强调，毕业季才确定分流方向是绝对错误的打算，务必及早规划未来的去向。不同的规划方向意味着不同的奋斗路径，意味着不同的学习内容。而基本目标和方向一旦确定，则不应轻易改变。在高年级的考研和就业过程当中，班导师应当在专业知识方面给予充分的帮助和引导，与学生保持充分的互动，鼓励学生建立自信心，及时解决问题，稳步前行。[1]

（三）明确班导师的基本工作方式

前已述及，班导师的工作应当被明确定位为教学活动，纳入教学环节。从这个意义上讲，可以考虑以"课程化"的方式集中梳理班主任的工作方式。所谓班导师工作课程化是指在高校班导师工作职责框架下，用教学的理念认识班导师

---

[1] 米建勋等：《本科班导师工作的思考与实践》，《教育教学论坛》2019 年第 16 期。

的工作性质,用课程的形式规划班导师的工作内容,用教学的标准要求班导师的工作行为,用科学的方式评价班导师的工作效果,促进班导师履行教师的职能,发挥教育的功能,优化工作的方式,提升班导师工作时效。课程化模式下班导师的工作可以以课程体系的方式设置。譬如可以将其区分为不同的单元,如思想政治教育单元、学习与就业指导单元、班级管理单元、个体督导单元等。不同单元的教学内容应当以正规课程的形式设计,制定包括教学目标、教学内容、教学重点、教学方式、教学要求、教学评价等在内的教学大纲,制定相应的教案等。由此有利于实现班导师工作职责具体化、工作标准明确化,有利于促进班导师工作的规范化、制度化、科学化。[1]

(四)建立健全班导师的考核、激励机制

前已述及,在顶层设计方面,应当明确班导师工作的教学属性,独立于学工部门。班导师的考核机制也应当纳入教学环节,以教学绩效评估的方式进行。班导师工作的课程化,意味着班导师每学期应当固定以班会授课的形式与学生接触,班会不再是松散的上传下达环节,而是严肃的授课活动。班会授课应当纳入正常的教学工作量。班导师应当以日常授课的标准准备教案、PPT 等,并定时提交工作报告。教学管理部门亦应当按照日常授课的标准组织听课,对班导师的日常教学工作进行有效的监督和评估。建立健全科学的考核机制,以教学管理组织评价、同行评价、学生评价相结合的方式对班导师的工作进行有效评估。强化反馈机制,及时跟踪和反馈评估考核结果。实施有效的激励机制,结合精神奖励和物质奖励,融合正向激励,全面提升班导师的积极性和工作效率,提升育人质量。

---

[1]　孙宝成、李井明:《高校班导师工作的课程化模式》,《教育与职业》2016 年第 15 期。

高校基层教学组织的改革进展、问题及对策*

陈　濛①　陈　丹②

在我国高等教育进入新时代的大背景下,全面振兴本科教育离不开基层教学组织的支撑。高等教育需要基层教学组织,基层教学组织是高校开展教学活动的基础。随着国家对高等教育的重视,基层教学组织的形式也日益多样化,其职能也在不断扩大。如何在社会发展中正确看待基层教学组织的改革进展,并且突破基层教学组织的发展瓶颈,找到对策,成为高校本科教学亟待解决的问题。

一、我国高校基层教学组织的沿革

中华人民共和国成立后,基于当时的中苏关系,苏联对我国的影响较大。所以国内的高校基层教学组织也是借鉴了苏联的体制与模式,以教研室作为最基本的基层教学组织。③ 苏联的高校专家来到我国指导高校建设基层教研室,这种形式延续至今。当时教研室的主要目标与任务是:开展教学活动,研究教学方式与方法,从事科学研究工作。

改革开放后,我国经济发展道路由计划经济逐步转变为市场经济。高等教

　　*　本文系 2020 年天津市高等学校本科教学质量与教学改革研究计划项目——"一流专业建设视角下完善高校基层教学组织的探索与实践"子课题"域外高校基层教学组织的考察与镜鉴"(课题号:A201006902)阶段性成果之一。

①　陈濛,天津商业大学教学质量保障中心教师。
②　陈丹,天津商业大学法学院教授。
③　毛礼锐、沈灌群:《中国教育通史》(第六卷),山东教育出版社 1989 年版,第 105 - 106 页。

育发展模式也由单一的选择苏联模式,逐步开始对接欧美高等教育模式。由此,基层教学组织也逐渐吸收学习欧美模式,传统教研室开始向研究中心(研究所)转变。

如今,我国高校治理结构基本形成了"校—院—系"三级管理体系,设立了专业、学科方向为主的教研室,教研活动比较丰富并且充满活力。基层教学组织的发展壮大,让高校教师获得了工作的认同感和集体荣誉感。随着国家对教育事业的重视程度不断提高,国内高校又纷纷进行教学改革,尤其对组织教学、开展研究的基本单元——基层教学组织进行了探索,基层教学组织机制也得到了不断深化。

国内大多数高校将院(系)与课程进行合并或重组,整合更好的教育资源,基层教学组织的形式呈现出百花齐放的态势。根据高校的性质、规模、定位不同,其基层教学组织的模式各有差异①:研究型高校,以研究所、研究中心为主;教学研究型的高校,通常是研究所和教研室、系并存的形式;在以本科教学为主的教学型高校,以教研室为主。

不难看出,基层教学组织的模式在发展的 70 多年中,教研室模式仍然是最基本、最主要的模式之一。作为一个学科组织,教师在教研室积极开展教学研究活动,对培养方案及时优化更新,伴随社会的发展对课程及时作出调整,淘汰边缘化课程,筛选出优质课程补充进去,选择更优质的教材,整合多方面资源来提高教学质量。

二、高校基层教学组织发展中出现的问题

近年伴随我国高等教育事业突飞猛进地发展,对高校基层教学组织的探索也从没有停止。但结合实际情况,国内高校基层教学组织的发展仍然会出现一些问题。这些问题主要集中在以下几个方面:

(一)政策引领不够明晰

基层教学组织的发展离不开国家的政策支持,国家政策的导向会加快基层教学组织的快速发展。建立健全是国家政策层面对基层教学组织的要求,国内

---

① 王晓敏:《高等学校教学基层组织问题探析》,天津工业大学硕士学位论文,2002 年.

高校已经根据各自实际采取针对性的方式方法。但目前来看,国家层面给予建立健全的建设性意见并不多,导致高校在执行过程中很多仍然停留在如何提高教师的专业能力、如何提高课堂教学水平以及如何规范教学管理等方面。① 而在课程思政、一流课程、一流专业、金课建设、质量保障等方面,研究并不多。对于基层教学组织的"建立",高校已经实现;但对于基层教学组织的"健全",实际上还有更大的上升空间。什么叫健全、如何健全、健全的特征是什么,这是基层教学组织今后发展的方向。

(二)师资建设发展滞后

基层教学组织是高校的一部分,需要教师的参与。随着我国教育越来越普及化,基层教学组织的运转压力增大。一方面对教师的要求增加,教师需要承担更多的教学和相关工作;另一方面又使基层教学组织在统筹布置教学任务中增加了困难,协调和沟通二者关系同样更加困难。同时,教育普及化从一定程度上加重了基层教学组织的管理工作,对于教师的授课及教学水平有了更高的要求。学生人数的增加使教师指导每个学生的时间减少,平均花在每个学生身上的精力缩短,加上学生素质良莠不齐,对于教学过程来说,增加了教学难度,阻碍了教学质量的提升。

现实中,青年教师发展滞后越来越影响基层教学组织的发展。由于学科间、专业间的知识跨度大,教师在授课方法、授课理论以及经验交流上的互动少,仅有的沟通也停留在课件的制作、教学任务的制定等,上升不到共同的协作与研究。所以青年教师在这样的过程中,无法得到老教师有效、实用的教学方法。这反映出基层教学组织对青年教师培养的滞后性,长此以往便会阻碍学科专业建设的发展。②

(三)行政权力过于干预

我国的基层教学组织受苏联模式的影响比较大,形成的是高度集中制的教育培养机制。这种模式虽然在改革开放后几经改革融入了欧美现代教育思想,

---

① 洪志忠:《高校基层教研室的演化与重建》,《大学教育科学》2016 年第 3 期。
② 杨水根、徐宇琼:《问题与对策:地方高校青年教师教学能力培养的理性思考》,《继续教育研究》2015 年第 5 期。

但仍然存在高度集权的高等教育管理机制。正是这种管理机制的存在，使得基层教学组织缺少足够的话语权。所以基层教学组织的"带头人"虽然同时具有"学术话语权"和"行政话语权"，但他们往往更看重的是"行政话语权"，喜欢用行政的力量处理学术事务。[①] 这样将会造成非常混乱的局面——权责不对等，责任不清楚，权力很模糊。因此，大大阻碍了基层教学组织成员的能动性，限制了基层教学组织发挥其功能的空间。

（四）教学职能大大忽视

高等教育中的教学研究与科学研究应该相辅相成、互相促进。但是受近些年高校中"重视科研"的思想导向，基层教学组织的教师越来越看重科研方面，而忽略了对教学的有益探索。[②] 其实，这也是行政权力干预的结果。科研量化考核与申报科研项目、取得科研成果、发表科研论文等成为教师岗位晋升的主要依据，使越来越多的教师重视科研而忽视教学。教师研究教学问题的积极性受挫，使教师对于教学研究的投入只占个人精力很少的部分。

三、高校基层教学组织的发展对策

针对上述问题，促进基层教学组织健康持续发展的关键为国家的政策导向，前提要改革组织结构，基础是明确权责界限，动力在完善考核机制。

（一）强化政策导向

全国各级教育主管部门，需要从思想上高度重视高校基层教学组织的建立与健全，对于没有建立基层教学组织的高校要督促指导其尽快建立起有效的基层教学组织；对于已经建立起基层教学组织的高校，要加强引导不断完善。需要制定并颁布"加强高校基层教学组织建设的基本指导意见"，从而强化政策导向，指导全国高校高度重视基层教学组织的建设。

在本科教学评估、专业评估、专业认证、一流专业和一流课程评估、教学督导检查等各级各类的评估审查工作中，各级各地教育主管部门要将基层教学组织实施建设情况作为一项重要的评价指标。各省级教育主管部门可规定基层教学

---

① 洪志忠、李静：《大学教学改革中的教研室建设》，《教育评论》2017年第1期。
② 高丹：《地方新建本科高校基层教学组织发展研究》，《牡丹江教育学院学报》2019年第9期。

组织标准,将基层教学组织评等级、评星级,定期对管理范围内的高校基层教学组织进行评价。也可以采取各高校择优推荐的方式,确定基层教学组织优秀名单。对于高等级、高星级以及优秀组织,省级教育主管部门可以安排专项工作经费支持基层教学组织工作的开展,对外做好对高等级、高星级以及优秀组织的宣传,发挥示范作用。①

（二）加强组织管理

各高校应高度重视基层教学组织的实施与开展,要从学校角度加速对基层教学组织的改革,保障其不断向前发展。高校要充分利用信息技术,构建灵活开放的基层教学组织。打破传统封闭式的结构模式,充分利用网络技术,使教师之间的沟通更加方便、快捷,构建虚拟化、网格化的基层教学组织新结构,促进成员之间的交流。②

高校应当健全基层教学组织管理体系,明确基层教学组织的制度保障、工作职责等要求。健全基层教学组织的教学管理机制、教学改革机制、教学发展机制、教学研究机制等。在选拔基层教学组织负责人时,应当考虑其综合能力与素质,既要政治素养过硬,又要管理能力极强,既要教学经验丰富,又要协作能力极高,要在"学术话语权"和"行政话语权"中找到最佳的平衡点。要加强教学团队后备人才建设,严格落实青年教师培养工作制度,开展形式多样的青年教师教学能力提高活动,建立健全青年教师培养制度。

（三）明确权责界限

基层教学组织以"传播知识"为目标,这就决定了基层教学组织中,要以学术为主,而不是行政为主。决定一个基层教学组织权威性高低的标志是知识的应用程度高低和创造力的强弱。③ 使行政权力与学术权力分离,行政要为学术服务,推进行政权力由"管理者"向"服务者"的转变。强化学术权力,建立起关于教学改革、教学研究、专业建设等学术工作的机构,充分提高"学术话语权"。同

---

① 韩超、查君君、张明艳等:《高等学校基层教学组织建设探索》,《教育现代化》2019 年第 3 期。

② 余玉龙:《信息技术嵌入与高校基层学术组织治理创新》,《中国高校科技》2018 第 Z1 期。

③ 陆国栋、张存如:《基层教学组织建设的路径、策略与思考——基于浙江大学的实践与探索》,《高等工程教育研究》2018 年第 3 期。

时，要完善学术管理章程与办法，保证学术权力的落实。

在基层教学组织权力方面，要赋予基层教学组织在团队组建、教学活动、督导考核、资金落实等方面具有更多的自主决定权。在展开教师评奖评优工作、职称评定等事务时，要首先征求基层教学组织对评选人的评价。

（四）完善考核机制

针对"重科研、轻教研"现状，基层教学组织首先要平衡教学和科研的关系，促进两者共同发展。高校的教学和科研是两大基本职能，基层教学组织可以强调教学的中心职能，但不能将教学与科研完全分开，二者是相辅相成的，否则将违背教育发展规律和高校办学规律。① 院系要加强对基层教学组织的监督，建立教学和科研的激励机制和监督机制，以提高教学质量。在设立评价指标时，应当建立教学与科研结合的动态评价指标，充分调动起教师的积极性，并对通过考核指标获评优秀等次的教师给予对应的奖励，还可以在示范课程等方面给予进一步的支持。

完善基层教学组织之间的合作与交流机制，进一步推动不同学科在更深层次上的交叉融合。鼓励教师在基层教学组织中的流动性，将聘用机制和人员的职责、权利协调起来，实行灵活的考核制度，从而激发教师的积极性。

总之，只有不断探索适合高校基层教学组织的模式，协调好教学与科研、教师个人发展与教学团队之间的关系，才能促进高校基层教学组织的发展，从而提高教学质量，为国家培养出更优秀的社会主义建设者和接班人。

---

① 宋争辉、王勇：《大学基层学术组织的发展困境及治理路径——学科制度的视角》，《南京师大学报》（社会科学版）2019 年第 5 期。

高校监察体制改革研究*

肖灵姗①

《中华人民共和国监察法》于 2018 年 3 月第十三届全国人民代表大会通过，值得注意的是本次国家监察法将高校管理人员纳入国家监察的范畴，高校监察体制需要进行改革才能顺应国家监察体制改革的形势。② 十九届中央纪委三次全会也强调，纪检监察机关也要顺应时代形势，不断加强自身监督能力，不断创新监督方式，从而实现精准、有力监督。高校作为重要的教育系统基地，需要为教师、学生提供一个廉洁清正的高校环境，深入加强高校监察制度模式研究是客观上的要求，也是贯彻国家监察体制改革的必然举措。

一、高校监察体制改革现状分析

第一，高校监察机构设置情况。高校间的纪检监察机构在设置和职能方面存在较大的差异，仅从名称方面就存在差异，有的高校称为纪委办公室、监察室、监察处等，大部分高校为纪检、监察、审计合署办公或者是纪检、监察合署办公，高校纪委受到上级纪委以及高校党委的双重领导，一定程度上弱化了纪委部门的职能和权力。还有一部分高校没有单独设立纪委领导，而是由高校的其他部

　＊　基金项目：天津市哲学社会科学研究规划项目"监察委员会职务犯罪调查措施研究"（项目编号：191029）。

　①　肖灵姗，女，山东东营人，助理研究员，研究方向为教育管理、法理学。

　②　赵银仁、陈国芳：《国家监察体制改革背景下完善高校监察工作的对策探讨》，《高教论坛》2019 年第 2 期。

门领导或者是校领导兼任,由于领导事务较多,使得纪检的力度减小,检查监督受到一定程度的弱化。有的高校纪检机构设置不合理,行政管理人员较少,这些都影响高校纪检部门的运转和职能发挥。

第二,高校监察机构履职情况。相当一部分高校的纪检监察部门存在履职不清、职能错位等情况,纪检监察部门不仅承担了纪检监督审查等方面的工作内容,有的还承担党委主体的部门责任,承担着抓党风廉政建设、文件材料起草工作等,职能边界不清晰问题突出,大部分二级学院没有设立纪检委员,有的二级学院设立纪检委员,但是纪检委员没有起到实质的监督、审查的作用,纪检监察部门成为摆设和形式。

第三,高校监察机构人员结构素质情况。纪检监察部门是一个对人员业务素质要求极高的部门,纪检监察部门干部及工作人员需要定期进行培训和学习,要具有对自身工作的敏锐性,需要对各个部门的机构设置、干部职责等相当熟悉和了解,纪检监察干部需要有坚定的理想信念和政治立场,高校中存在很多干部对自身要求不高,对业务不熟悉,仅是停留在表面现象和形式工程上。打铁还需自身硬,纪检干部会不时接触到腐败贪污等现象,遇到各种考验和诱惑,如果没有坚定的信念和立场,就无法完成自身监督的使命。纪检干部要有极强的担当和责任意识,高校中有的干部对于工作存在畏难情绪,具有老好人的思想,怕得罪领导,怕惹是生非,怕影响了自己的人际关系。但是,纪检监察队伍是守护党纪的重要组成部分,应当具有敢打硬仗的勇气和魄力。

第四,高校监察机构人员工作方式情况。大部分高校纪检监察部门对于高校各个部门中出现的问题存在"得过且过"的态度,认为同属于一个教育系统,能够通过教育批评就不会严重警告处理,这就是从思想上没有认识到自身职责使命的严肃性,另外现在高校纪检监察部门仍保留着传统的工作方式,没有紧随时代潮流,利用大数据等新的科学技术,调查取证、行使职能等,高校纪检监察部门在这方面面临着巨大的挑战。如何运用互联网等新媒体进行监督和舆论引导?这对高校纪检部门提出的新要求。

二、高校监察体制改革存在问题分析

第一,法制不完善、改革压力大。高校虽然具有很多党规党纪,但国家尚没有一部完善的类似高校监察法这样的专项法律，党规党纪只是中国共产党员应该遵守的纪律规范，规范的范围较小，有的纪检监察部门工作人员的法律意识也比较淡薄，多用违纪代替违法处罚。2018年《中华人民共和国监察法》颁布实施，全国各高校也纷纷进行改革，寻找符合自身发展的道路，目前只有北京大学等极少数的高校设立了大学监察委员会，其他高校尚未能跟上国家全面深化改革的战略部署和国家监察委的要求。①

第二，结构不健全、权责不清晰。我国大部分高校虽然设立了纪检监察部门，但是像二级学院、系、部等并没有设立，还没有形成完善的校级、院级、系级垂直管理系统。二级学院设立纪检监察部门的工作一直在推进，但是，效果并没有非常明显，大部门设立了纪委委员等，但是还没有设立监察部门，出现问题时，依然是党纪处分，二级学院是纪检监察的空白点和盲区。我国高校的大部分模式可以分为三种，纪检和监察合署模式、纪检监察和审计合署模式和整合模式三种办公模式，高校的纪检监察部门名称不一，职责也不尽相同，没有统一的规范。高校纪检部门与党委、行政之间的职责不明晰，高校纪委是学校的纪律检查部门，主管高校党纪，监察部门是行政部门，主要进行行政管理、行政处分，但是大部分高校党纪政纪不分，权责不清晰。

第三，自我意识差、执纪顾虑多。一方面，高校纪检监察部门监督全校人员的纪律和行政监察工作，但是对纪检监察部门的监督仍然是一个问题，需要提高自我意识督促自己。随着反腐斗争越来越激烈，纪检监察部门的权力越来越大，有的纪检监察人员自我监督意识薄弱。另一方面，高校纪检部门与高校系统内部人员存在熟人社会关系，教育系统又是一个温和的系统，导致其独立办案、监督问责的实际效果大打折扣。

三、高校监察体制改革存在问题的原因分析

第一，高校监察体制改革存在问题最根本的原因就是立法的不完善，我国现在依据的是2018年3月通过的《中华人民共和国监察法》（以下简称《国家监察法》），《国家监察法》中规定，可以对公办教育单位中从事管理的人员进行监察，

① 《探索实现自我净化的有效途径》，《中国纪检监察报》2019年1月17日，第1版。

但是国家监察法中的监察机构跟高校的纪检监察机构存在一定的区别，不能直接适用，应该如何适用法律规定还需要进一步研究，其次就是教育部印发的一些规定和建议，数量不多，强制力也比较小。

第二，高校监察体制改革存在问题的另一个原因就是双重领导体制的弊端。大部分高校纪检监察部门受到上级纪检监察部门和党委的双重领导，上级纪检监察部门对于高校的运作缺乏深入了解，无法正确行使领导职权。纪检监察部门受到高校党委和组织、人事部门的太多限制，监督职权无法正常发挥。

第三，高校监察体制改革存在问题的主要原因是体制问题。高校部门受政府监督管理较多，行政色彩浓厚，高校的主要目标是培养学生、进行科研，在体制探索上投入较少，一方面高校受制于政府管理的惯性，自主办学目标难以实现，另一方面也难以形成具有自身特色的监察体制。

四、高校监察体制制度模式设计

第一，建立监察专员制度。《国家监察法》12 条规定，各级监察委员会根据工作需要，可以向本级管理公共事务的单位派出监察机构、监察专员。高校本身并不能产生监察机关，需要通过监察委员会直接监督或者派驻检察专员进行监督。在高校，监察委员会直接监督很难实现，效果也很难保证，向高校派驻检察专员更容易实现的监督的目标，并且能够保证改革的平稳进行。一方面，监察职能最基本的特征就是独立性，监督者只有处于法律意义上的独立地位，才能保证监督实效，不同利害关系主体之间才能实现有效监督，如果监督者与被监督着职责不明晰，监督者对于被监督者毫无独立性，那么监察机构也是形同虚设。另一方面，监察职能的发挥需要权威性，只有权威性才能保证监察权的实施。

派驻监察专员入高校进行监督，既能实现监察机构的独立性，又能实现权威性。《国家监察法》第 12 条规定，各级监察委员会可以向本级中国共产党机关、国家机关、法律法规授权或者委托管理公共事务的组织和单位以及所管辖的行政区域、国有企业等派驻或者派出监察机构、监察专员。[1] 根据条文规定，各级监

---

[1] 杜伟、曲雁：《基于协同论的高校纪检机关监督创新研究》，《国家教育行政学院学报》2017 年第 4 期。

察委员会可以向本级的高校派驻监察专员。进一步确定派驻监察专员的职责。《国家监察法》第11条规定,监察委员会依照本法和有关法律规定履行监督、调查、处置职责,然后具体列举了三种情况,依据条文规定,高校监察专员可以行使监督、调查、处置职责,跟上改革的脚步。

第二,建立具有中国特色的高校监察体制。《国家监察法》的颁布说明我国的监察制度一直处于摸索继续改革中,高校应该跟上改革步伐不断推进改革。高校的监察体制在符合中国国情的基础上还要具有高校特色,一方面,高校监察体制改革一定要融入国家监察体制改革中,根据《国家监察法》的规定,不断规范自身的体制机制,积极部署、落实。另一方面,高校监察体制改革要保持教育系统的特点,改革要围绕着更好的自主办学目标进行。因而,高校监察体制的设立应该综合考虑到高校公权力特点以及行业特色。可以从以下几个方面努力:

一是加强垂直领导。深化高校监察系统的垂直领导,理顺领导关系,加强派驻专员的专业性,更好地实现监察专员监督,加强垂直领导的比重,监察专员更好地实现职权,形成高校监察机构垂直领导,层层派驻的检查系统,实现监察改革的稳步进行。

二是建立监察系统。随着改革的不断深入,可以将监察专员系统进行部门化管理,可以适当增加监察专员的编制,类似组织员制度,高校形成监察专员机构,向二级学院派驻学院监察专员,层层派驻,这样可以将监察专员进行有效的管理和整合,可以进一步细化监察专员的选拔机制,进行统一的人事、组织管理,这样可以有效保证独立性和权威性的发挥。

三是增强监察专员的专业性。定期邀请具有办案经验的专家进行国家监察体制改革的研究讨论,各高校之间进行互相调研和学习,定期对监察专员进行行业务能力培训,根据岗位职责和要求进行专业性的培训和考察,重视培训的实效性,既要增强监察专员的理论知识又要提高他们的业务能力和水平。不断进行工作方式的创新,利用互联网技术、大数据应用等提高业务水平和办案效率,最终形成一支专业能力强、监察本领优的队伍。①

第三，推进行业立法工作。一方面要增强高校监察专员的法治意识，定期开展专题讲座、集中培训等，不断学习法律知识，提高监察专员依法办事的能力。另一方面，结合《国家监察法》以及自身行业的特点出台专项规定，将高校监察机构的设立、专员产生方式、职责范围、监察权限等进行规定，使各项工作的进行都能做到有法可依、有规必依、执法必严、违规必究。

高校监察体制改革任重而道远，此方面改革的进行不仅有利于高校监察体制的完善，而且对于高校自主办学，建立现代大学制度，推进高校治理体系和治理能力现代化具有重要的意义，国家监察体制依然在改革的过程中，所以，作为高校要紧跟国家改革步伐，深入研究国家出台的关于此方面的法律规定，制定改革计划，循序渐进，稳步进行，不断进行尝试，发现问题，改正问题，逐渐将高校监察体制完善起来，最终建立一个符合中国国情，具有高校发展特色的监察体制模式。

---

① 马博虎、袁一芳：《从应然之思到实然之举：现代大学制度下高校纪检监察机制论析》，《国家教育行政学院学报》2017 年第 8 期。

高校研究生党建工作育人效果提升路径探析

——基于研究生党支部建设的视角*

张　琪①

随着近十几年高校扩招,各高校研究生人数激增,2019 年考研报考人数达 290 万,研究生的培养质量成为衡量各高校教育教学质量的重要指标②。党建工作通过思想道德品质教育促进研究生的学风建设,进而起到提高研究生培养质量的作用。研究生党支部作为高校基层党组织的"神经末梢",是党在高校实现教育、管理和监督研究生党员与开展党建工作的重要平台③。然而由于研究生党建的特殊性以及大多数研究生在升学之时还未形成稳定的世界观、人生观、价值观等,研究生党建工作的育人效果并不理想。本文在分析高校研究生党支部建设中存在问题的基础上,就高校研究生党建工作育人效果的提升路径提出几点建议。

---

　　* 本文系天津市普通高等学校本科教学质量与教学改革研究计划重点项目——"一流专业建设视角下完善高校基层教学组织的探索与实践"子课题"一流专业建设视角下基层教学组织的治理结构研究"阶段性研究成果之一,项目编号:A201006902。
　　① 张琪,天津商业大学法学院组织员。
　　② 白贝迩:《研究生党建与学风建设互动共建调查研究——以青海师范大学为例》,《青海师范大学民族师范学院学报》2019 年第 1 期。
　　③ 蔡建壮、陈佩:《关于高校研究生党支部建设问题的几点思考》,《法制与社会》2020 年第 17 期。

一、高校研究生党支部建设中存在的问题

1. 党支部梯队建设规范性不足

大学生党支部的党员因身份阶段的不同可划分为三个梯队:第一梯队为包括支部书记、支委在内的支部党员,在支部中发挥先导引领作用;第二梯队为支部培养的积极分子,是支部的后备军与活力源泉;第三梯队为支部的入党申请人。通过支部不同梯队的建设能将支部的育人功能层层辐射,逐渐深入。然而,目前研究生支部梯队建设存在着规范性不足的问题:

第一,支部骨干业务能力欠缺,梯队引领性不足。高校研究生党支部书记一般选择辅导员、优秀党员教师或优秀学生党员担任,支委一般选择支部当中的学生党员担任。首先,由于部分研究生党员对自身身份认同感低且往往面临着较大的科研压力,不愿担任支部的骨干,一些党组织往往未经筛选就任命党支部书记或支委,而政治素养不过硬、理论基础不扎实的支委往往会影响第一梯队引领作用的发挥。其次,由于研究生党建工作与本科生党建工作相比存在着许多特殊性,例如在新生入党材料审核方面需要核验本科生党员身份、积极分子身份,对此如果没有针对支部书记或支委进行过专业的发展党员工作培训,很可能致使支部建设的必要性流程滞后或遗漏。

第二,忽略积极分子培养,梯队承接不顺畅。入党积极分子作为支部建设的中间承接者,对于支部的持久发展有着重要作用。从本科升入研究生阶段后,积极分子数量骤增,一些高校的研究生党支部因工作量大等往往忽略对积极分子的培养,部分积极分子从未接受过培养考察、从未参与过支部活动。在进行发展党员工作时,往往只单纯参考积极分子在学业、生活、学生工作中的表现,而未考虑其在支部生活中的表现与发挥作用情况。致使积极分子不了解基本的政治理论知识、支部常识,对党员身份没有清晰的认知,既为第一梯队的建设带来难度,也未将影响辐射至下一梯队,不利于支部的可持续发展。

第三,存在入党动机功利化现象,梯队根基不稳固。由于就业压力等,个别学生怀着有利于找工作、参加就业考试等功利化的动机入党,不注重平时日常表现,却对结果十分重视。一些学生入党后认为自己已经是党员,不认真对待组织交代的任务,参与活动的积极性差,在个人利益与集体利益发生冲突时,不能做

到"把大我放在首位"。

2. 党建工作、专业教育不能有机融合

学生党建本应是专业教育的助推器，是专业教育的压舱石，但目前的党建工作与专业教育还存在着严重的割裂现象。第一，在组织架构方面，实现将支部建在系、教研室上的教工支部，不仅方便业务工作的开展，也有利于支部活动的进行。但部分研究生支部仍以同一年级学生为单位成立支部，与研究生所在的科研团队、课题组不相适应，由于时间不统一、党员归属感低等问题，给支部活动的组织、管理带来难度。第二，在"三会一课"中，支部存在只是机械地学习政治理论，而未将其与学业、生活紧密联系起来的问题，支部党员学习政治理论知识的能动性、自觉性较差。第三，学术科研活动是研究生阶段需要完成的重点任务，然而大多数支部在进行组织生活时没有将学术科研活动融合其中，起不到"党建带科研"的良好效果。

3. 党支部思想政治教育作用发挥不明显

研究生群体相对于本科生群体来说身心相对成熟、思想较为独立，但处于进入社会前的过渡时期，在学业、婚恋、科研、就业方面心理压力较本科生更大。由于研究生阶段班级观念淡化，沟通联系较多的多为同一课题组的同学，支部开展集体活动难度加大。集体活动变少加上生活压力增大，个别同学的心理压力无法合理释放，甚至会出现许多极端行为。

基层党支部作为研究生党建工作的主要抓手，本应发挥其思想政治教育功能，充分利用谈心谈话的契机，加强与支部党员、群众的沟通联系，通过获取分析思想信息、说服教育的方式达到缓解冲突、释放压力的目的。但部分党支部只是将支部工作局限地定义为发展党员、管理党员，没有从重视思想政治工作的高度上来理解，也没有从考虑学生切身利益、全方位育人的高度上来理解，从而对于同学们身上出现的许多问题不闻不问不作为，致使党支部思想政治教育作用发挥不明显。

二、高校研究生党建工作育人效果提升路径探析

1. 提升党支部梯队建设的规范性

第一，开展个性化骨干业务能力提升培训。为了解决支部党员担任支委动力不足的问题，应设立适当激励机制，如将支委从事党建工作情况作为评奖评优重要依据，作为年底民主评议党员的重要依据。为了充分发挥第一梯队的示范引领作用，在筛选支部书记、支委委员时应对其进行能力、素养方面进行综合考察。支委当选后党组织应尽快与其进行谈话，使其明确在工作方面承担的责任与义务。以往的支部书记线上线下培训往往偏重于党史、党章等基础知识培训，对于支部建设、发展党员等具体业务工作涉及较少。由于研究生发展党员与本科生发展党员流程上有其特殊性，因此应对支委开展个性化骨干业务能力提升培训，培训内容需涵盖本科党员材料如何审核、本科积极分子身份如何认定、研究生阶段发展党员的标准、研究生支部建设与发展党员过程中的注意事项。

第二，完善积极分子培养机制。首先，应严把入口关，在推选确立积极分子的过程中，应严格遵循流程筛选。积极分子作为支部的后备力量，除了原本的必须履行的积极分子培养流程，例如培养联系人每半年与积极分子谈话一次，了解其半年的变化、进步，指出其改进的空间外，还应做尝试性突破。第一梯队应做好对第二梯队的带动作用，支部"三会一课"、党日主题可吸纳积极分子加入，并在活动中观察积极分子的日常表现、素养、能力，将其作为发展党员的参考。积极分子应单独设微信群，便于对积极分子的引导、管理、监督，同时便于学习资料的分享。由于研究生阶段学情与本科阶段有区别，因此在培养积极分子、发展党员过程中要将科研学术表现纳入考核指标。

第三，将实践活动、志愿服务与入党教育紧密结合。对于入党申请人或积极分子，通过与其谈心谈话可能无法了解其真实入党动机，通过讲座、集体学习等方式也无法保证入党教育的针对性与效果。因此，支部可定期组织党员、积极分子、入党申请人开展志愿服务活动，例如前往特殊儿童机构从事志愿服务活动、前往社区进行普法宣传与垃圾分类政策宣传、与其他支部共同组织开展考研经验交流会等。通过与社会不同群体的互动不仅能够将党组织的影响力更好地传播，更能让学生们了解，"共产党员"不仅是一种荣誉称号，更是一份责任。通过

这些活动也能够更好地充实学生们研究生阶段的科研生活,缓解科研与生活压力。

2. 整合支部建制,将学术活动融入组织生活

为了将党建工作与专业教育更好地融合,可整合支部建制,以同一专业、同一课题组为载体成立党支部;为方便支部活动的开展,可根据年级的不同设立党小组。这样可以将支部活动与学术活动整合起来,更好地发挥党建育人的效果。支部每学年应开展针对不同年级的学术交流活动,如针对研一的学术入门、学术规范性提升计划,针对研二的课程专题制作经验分享会,针对研三的就业升学经验交流会。

3. 畅通支部沟通联系渠道

支部书记是支部的第一负责人,其品质、才能、工作方式对支部的发展及凝聚力起着重要作用,支部书记除了应做好上级指示的贯彻与日常工作的执行,还应做支部成员的知心人、贴心人、引路人。支部书记首先应做到了解学生,了解学生的学业进展、性格特质与支部党员定期进行一对一谈心谈话,关心支部成员的学习生活,并对其生活、学业、职业规划提出建议。同时应通过设立支部公开邮箱、支书接待日等形式,征求群众对支部建设、党员发展等方面的意见、建议、诉求。支部可通过微信群、公众号等形式加强支部成员之间的沟通。

总之,在研究生阶段,只有针对研究生群体的特点将党建工作与研究生的生活、学习、科研、实践紧密结合起来才能够发挥党建工作应有的育人效果。

应用型高等学校基层教学组织的
发展困境与出路[*]

陈　丹[①]　单爽爽[②]

摘要　基层教学组织是高等学校组织、执行教学的基本单元。应用型高等学校对于基层教学组织有其特殊要求。目前，还存在教学组织行政职能突出、组织内部缺乏积极性、绩效评估制度不健全等发展困境。这在一定程度上弱化了应用型高等学校的人才培养能力。为此，应用型高等学校应从厘清教学与行政界限、强化组织认同和民主、建构健全的绩效评估体系等方面着手加以完善。

关键词　高等学校　基层教学组织　绩效评估

伴随我国高等教育事业及人才培养目标的确立，在中国教育进入新时代的背景下，基层教学组织的重要性日益凸显。然而，近些年来我国高校内部基层教学组织的边缘化现象日益严重，如何在当前改革背景下重新检视基层教学组织的定位，打破当前存在的系列困境，成为当前应用型高等学校亟待解决的问题。

---

　　* 本文系"2020 年天津市高等学校本科教学质量与教学改革研究计划项目"："一流专业建设视角下完善高校基层教学组织的探索与实践"子课题"域外高校基层教学组织的考察与镜鉴"（课题号：A201006902）阶段性成果之一。

　　① 陈丹，天津商业大学法学院教授。
　　② 单爽爽，天津商业大学法学院宪法学与行政法学硕士研究生。

本文通过分析基层教学组织发展的迫切问题,结合发展的实际情况,进而提出推动基层教学组织架构及功能的相关出路。

一、应用型高等学校基层教学组织概况

近年来,教育部明确指出基层教学组织是夯实人才培养工作的组织基础,在《关于深化本科教育教学改革 全面提高人才培养质量的意见》以及《关于加快建设高水平本科教育 全面提高人才培养能力的意见》的指导下,强调要优化基层教学组织管理,激发基层教学组织活力。在相关政策与项目的驱动下,当前应用型高校基层教学组织呈现出组织建设力度升温、组织内容丰富、组织存量大等特征。可以说当前的基层教学组织与课程教学改革相融合,在各种教改项目上发挥了重要的作用。

我国基层教学组织的发展历史可以追溯至七十年前,最早的基层教学组织形态是"教研室"①,在中华人民共和国成立初期,为解决师资力量薄弱,教学计划、教材缺乏等问题,苏联专家来我国帮助建立了三百多所教研室,那时已经明确规定将教研室作为高等院校的基层教学组织,并且规定了教研室的主要任务就是进行教学,研究教学方法,从事教学研究,培养研究生与加强教师的思想政治工作。② 自此,基层教学组织作为一项"舶来品",在我国高等学校中扎根下来。

传统的基层教学组织是一个综合型基层单位,不仅仅承担着教学任务和科研任务,也承担着一定的行政任务,如待遇福利相关任务以及教学科研评奖等。也正是这一传统,导致了历年来基层教学组织的行政职能突出问题。

进入改革开放以后,高等教育的改革开始转向欧美高等教育模式,大量教研室开始向研究所转型,传统教研室开始走向落寞。教研室以往综合型的事务权力开始弱化,基层教学组织内的成员积极性、凝聚力也开始下降。受到国家教学改革"项目制"的影响,高校开始集中有限资源投向项目发展,对基层教学组织的发展投入更加减少,因此,基层教学组织的困境日益凸显。

---

① 洪志忠:《高校基层教学组织的变革与发展》,《教育发展研究》2020 年第 40 期,第 62 – 68 页。
② 胡锡奎:《中国人民大学学习苏联经验的总结》,《人民教育》1954 年第 6 期。

二、应用型高等学校基层教学组织发展的困境

虽然应用型高等学校在相关政策项目的推动下，迎来了发展的新机遇，但是在新老问题的双重制约下，出现了一些困境；如基层教学组织行政化、事务化问题严重；组织内部民主化不够，教学团队意识不强，组织积极性不高；没有成熟的基层教学组织评估等。这些问题的凸显限制着基层教学组织的良性发展。

（一）职能偏向行政化

在我国高校内部的日常的实际工作中，院系甚至成为高校科层制行政管理的最底端，不仅院系办公室扮演着行政事务忙碌者的角色，部分高校连教研室这种单纯教学组织也会被安排各种行政事务。① 可见高校基层教学组织行政化倾斜严重，这会严重影响大学的学术发展。

在我国大多数应用型高等院校内，从管理系统来分，可以分为行政管理系统与学术管理系统。这两种不同的管理系统依照职能，可以分为行政职能和学术职能。② 这其中的行政职能主要是指行政事务方面的工作，不应该与学术职能相混同。显然，高等院校基层教学组织应当承担的是学术职能，负责的应当是教学、科学研究等事务。但是，自基层教学组织产生发展以来，便已经或多或少携带了行政职能，以及随着高校规模扩大，学生教师的数量增多，使得高校必然将管理重心下放，进而使得高校基层教学组织的职能更加偏向行政化。虽然基层教学组织经过多次改革，但是由于路径依赖性，仍然无法将基层教学组织的行政职能消融。

（二）组织内部缺乏积极性

基层教学组织内部缺乏积极性，原因有三，首先，由于高校内部行政化职能偏向严重，基层教学组织本身是偏向教学职能，因此高校对于基层教学组织的重视程度不高，更多的只是将基层教学组织定位为管理学生、教师③。基层教学组

---

① 陆国栋、孙健、孟琛、吴华：《高校最基本的教师教学共同体：基层教学组织》，《高等工程教育研究》2014 年第 1 期，第 58－65 页，第 91 页。
② 李琳、姚宇华、陈想平：《高校基层教学组织建设的困境与突破》，《中国高校科技》2018 年第 9 期，第 37－40 页。
③ 孙汝甲、邓福康、陈小芳：《基于应用型人才培养的地方本科院校基层教学组织建设》，《宿州教育学院学报》2021 年第 5 期，第 15－18 页。

织常常承接上级指令,久而久之,会出现被动应付上级要求的情形,从而导致基层教学组织缺乏积极性。其次,由于教师本身对于基层教学组织的认知偏差,虽然部分教师认为基层高校内部的基层教学组织为教师学术之间的交流提供平台,但是也有部分老师不认同高校基层教学组织的设定,他们认为高校的教学应是个性化教学,不需要教师对课程教学进行交流,教学成果更多的是依靠教师自身,没有必要专门设置一个教学组织促进教学。最后,由于高校的教学改革,专业设置、课堂教学设计都是由学校组织,学院牵头,并未明确谁具体负责什么,大多数高校的基层教学组织没有发挥出其应当具有的职能,因而,教师对于基层教学组织的积极性并不高,整个基层教学组织团推凝聚力不高。

(三)绩效评估不健全

高等院校基层教学组织评估不健全,主要体现在缺乏自我评估、评估程序不完善、评估标准畸形。首先,缺乏自我评估体现在大多数高校的绩效评估成员主要是由校级行政人员组成,这导致高校绩效评估缺乏代表性,只体现了片面性,抑制了基层教学组织自我评估的灵活性和积极性。只有在基层教学组织内部开展自我评估,才能彰显教学个性,才能评估出教学的全过程、全方面。其次,是评估程序的不完善,评估程序作为整体绩效评估的重要环节,直接影响到整体的绩效评价工作。但当前高校的评估程序缺少监督程序,这不仅使整体的绩效评估不健全,也会导致相关主体评估权力的滥用,会引发评估结果的不公正。最后,是评估标准的畸形,大多数高校教师的评价制度重科研、轻教学,职称评定以及项目评审看重的是教师自身的科研成果而非教学成果。这样的重科研、轻教学的评估标准很容易带来教学科研"两层皮"的后果。

三、完善应用型高等学校基层教学组织的路径

通过了解国内高校基层教学组织,可以得知,目前国内高校基层教学组织架构存在着问题,面对这些新老制约困境,基层教学组织的建设需要在原有工作的基础上继续推进纵深改革,为高水平大学人才培养体系奠定基础,可以从以下路径加以完善。

(一)完善内部章程,划清学术与行政界限

基层教学组织的职能应该是围绕教学而展开的。各高校在学术与行政二者的平衡之中，应当遵循学术本位理念，各基层教学组织应当在其规章中有所体现，各高校在基层教学组织规章中还应有如下规定：基层组织负责人必须具备一定程度的学术资格，该负责人人选应当从该基层教学组织未兼任本校其他单位行政主管之专任副教授以上教师中产生人选。这不仅强调了学术本位，而且也厘清了行政与学术的界限。

高校基层教学组织应当具有非常明显的权力制衡特点，高校一方面切实贯彻"教授治学"方针，尽可能避免学术组织向行政化方向倾斜，避免学术与行政事务混同，另一方面也将学术权力管控在恰当的程度。在高校内部基层教学中，教务会议，院系会议中，均应当设有教师代表席位，教师全面参与进教学管理中来，保证了学术话语权，有利于摆脱对行政管理的依赖。高校应当把学术事务管理权交给资历较深的教授，主要是副教授以上职称的人员，高校在学术管理中，应更多考虑教授的资历和水准，充分体现出"教授治学"的理念，保证学术权力在高校决策中的话语权。

我国应用型高校应立当立足与当下的国际国内实际情况，在章程中要明确规定基层教学组织只能是安排教学、组织开展专业建设与教材建设、组织课程与开展教学研究与改革以及指导教师教学发展等活动的组织，要明确将行政权力与学术权力相分离，避免基层教学组织的行政化职能倾向，把"教授治学"、学术本位的理念落实。

（二）倡导全面参与，强化组织认同和民主

目前我国应用型高校内部基层教学组织存在教师团队意识不强，组织凝聚力差，学生教师参与基层教学活动机会少，或者参与度低，这就造成基层教学组织整体积极性不高。①

高校的基层教学组织应当特别强调组织认同，学校可以在规章中明确规定，各种会议，上至校务会议，下至系所会议，老师、学生必须参与，且有比例要求最低人数。还有在教师评价制度中，也要彰显出浓厚的组织认同感，如在教师评级

① 曹琦林：《构建以学生创新能力提升为导向的高校基层教学组织研究》，《中国现代教育装备》2020年第7期，第108－111页。

制度中应包含这些考察,如教师为基层教学组织的发展所贡献的服务程度等。

同时高校基层教学组织也有必要营造"组织是教师归属"的发展环境,充分发挥教研室的组织功能和平台作用。组织应该激烈那些具有认同感的教师和学生。① 并且在基层组织章程中,应该明确表明教师、学生参与基层教学组织管理的权力与义务,只有这样,组织认同与责任感才能积攒成正能量加以迸发,最终促进基层教学组织蓬勃发展。②

并且,高校无论是在校级层面还是在院系级基层层面,它的各项决策应该慎重考虑各方的意见,对校内的各类人群均应有所涉及,包括校院级领导、教师、学生、工友等,为教师、学生参与学校重大事务决策、参与民主管理提供保障。由于在高校各主体的共同利益基础上而形成的各项决策事项,这将对未来决策的执行减少阻力,既有利于推动高校的相关基层决策,也会对基层决策的落实提高效率,强化了组织认同感和归属感。

(三)建构完善的基层教学组织绩效评价

由于我国高校开展绩效评价起步晚,存在许多问题,如缺乏自我评估、评估程序不完善、评估标准畸形、评估主体单一等。这就造成了高校基层教学组织评估差异性大、不公正等问题③。

我国高校在基层教学组织改革过程中应该形成自己特色的绩效评估。注重评估过程,注重评估的独立性和民主性。

首先,高校应当针对评估主体单一,应当将绩效评估多元主体化④,切实让多元主体参与进来,甚至可以让第三方机构介入,适时可以聘请专家参与整个评估环节,保证其评估的独立性和民主性。⑤ 对于缺乏自我评估,高校在开展基层教

① 高丹:《完善地方新建应用型本科高校基层教学组织运行机制的思考》,《河南教育学院学报(哲学社会科学版)》2020年第4期,第110-113页。
② 陈英、吴文秀:《目标激励视角下优秀基层教学组织的建设实践》,《继续医学教育》2020年第3期,第61-62页。
③ 葛楠:《新时代高校基层教学组织改革与创新》,《吉林工程技术师范学院学报》2021年第37卷第9期。
④ 蔺全丽、黄明东:《新时代高校基层教学组织治理主体的权责边界》,《学校党建与思想教育》2021年第657期。
⑤ 卢红阳:《大学基层学术组织办学绩效评估问题研究》,沈阳师范大学,2016年硕士论文。

学组织绩效评估时,应当在该组织内部进行自我评估,鼓励基层教学组织的教师、学生积极参与,将评估重心放在自身,更加确保评估结果的客观性。为了让绩效评估结果更加合理公正,可以对绩效评估者本身进行培训工作,让评估者更加清晰评估目的以及评估标准。

其次,在原有的绩效评估程序外,应当添加对绩效评估的监督程序。学校可以专门成立相应的监督委员会进行对整个评估过程全方面监督。高校在整个监督评估过程中应注连续性,尤其要注重后续跟踪阶段,不仅监督评估内容、评估方式、评估结果的使用,也要对评估后基层教学组织整改的效果进行监督。

最后,在评估标准上,应该破除"唯科研成果论",将基层教学组织的绩效评估重心放在教学成果和人才培养中来,只有参与教学的教师才可以进行绩效评估,将重科研的绩效评估标准转化为教学科研共同作为评价标准,只有这样的评估标准才能将学术反哺教学①,积极将其学科优势、科研优势和资源优势转化为教学优势,提高人才培养质量,才能真正将基层教学组织落实到以教学职能为本。

参考文献

[1]洪志忠.高校基层教学组织的变革与发展[J].教育发展研究,2020,40(19):62 - 68.

[2]胡锡奎.中国人民大学学习苏联经验的总结[J].人民教育,1954,(6).

[3]陆国栋,孙健,孟琛,等.高校最基本的教师教学共同体:基层教学组织[J].高等工程教育研究,2014,(01):58 - 65 + 91.

[4]李琳,姚宇华,陈想平.高校基层教学组织建设的困境与突破[J].中国高校科技,2018,(09):37 - 40.

[5]孙汝甲,邓福康,陈小芳.基于应用型人才培养的地方本科院校基层教学组织建设[J].宿州教育学院学报,2021,24(05):15 - 18.

---

① 陈东晖、王乐攀、周崇臣、侯立功、鄢文海:《基层教学组织在大学教学改革中的重要作用》,《大学教育,2021(01):23 - 26.

[6]曹琦林.构建以学生创新能力提升为导向的高校基层教学组织研究[J].中国现代教育装备,2020,(07):108-111.

[7]高丹.完善地方新建应用型本科高校基层教学组织运行机制的思考[J].河南教育学院学报(哲学社会科学版),2020,39(04):110-113.

[8]陈英,吴文秀.目标激励视角下优秀基层教学组织的建设实践[J].继续医学教育,2020,34(03):61-62.

[9]葛楠.新时代高校基层教学组织改革与创新[J].吉林工程技术师范学院学报,2021,37(09).

[10]蔺全丽,黄明东.新时代高校基层教学组织治理主体的权责边界[J].学校党建与思想教育,2021,657.

[11]卢红阳.大学基层学术组织办学绩效评估问题研究[D].沈阳师范大学,2016:25.

[12]陈东晖,王乐攀,周崇臣,等.基层教学组织在大学教学改革中的重要作用[J].大学教育,2021,(01):23-26.

实验室建设与实践教学改革

仲裁法实训教学中践行和谐价值观的体会

景富生[①]

依据仲裁法就商事纠纷所进行的争议解决程序,是仲裁法课程教学中主要的内容,课程的内容主要以模拟仲裁实训的方式来进行。该课程与法学专业其他实训类课程教学目标的相同之处,是要训练和养成学生的法律应用能力。依据仲裁法课程内容和属性的特点,在教学过程中,更应当体现商事仲裁属性中所包含并在应用中实现的"以平和的氛围、当事人的预期心理期待和特定的路径解决争议"的和谐价值追求。在商事活动中,维持良好合作关系,创造双赢并实现利益最大化的解决方案,是商事活动当事人对纠纷处理中追求的最高目标,"和谐"即是这一目标实现的具体体现,更是达到这一目标的重要手段。[②] 也因为如此,诸多的仲裁机构均把"和"作为仲裁文化的重要标志,并在仲裁活动中贯彻始终。因而,仲裁法的实训教学将和谐价值观作为教学的内容并在学习过程中予以体现就成为必然。

一、领会仲裁制度中的和谐价值观的内涵

仲裁作为解决合同争议和其他财产权争议的法律制度与诉讼的方式,存在较多的差异,从制度方面的不同可以领会仲裁制度中的和谐价值的体现。

1. 仲裁权的来源是和谐解决纷争的基础

仲裁机构对仲裁当事人的仲裁请求独立行使仲裁权,首先是来源于双方当

---

① 景富生,天津商业大学法学院副教授,经济学学士。
② 郭齐勇、张志强:《培育践行和谐价值观》,《光明日报》2013 年 4 月 12 日。

事人对仲裁机构的信任和授权,仲裁的民间契约性是基础,通过仲裁协议的方式,当事人选择仲裁作为争端的解决方式,选择来自民间的仲裁员组成仲裁庭,选择仲裁适用的程序和法律,以解决当事人之间的纷争。选择仲裁的方式解决纷争是当事人双方合意所表现出的和谐的结果。其次,仲裁的结果被赋予了法律效力或法律意义,也必然以制定仲裁法的方式将仲裁作为一种法律制度予以确立。所以,仲裁权也来源于法律的规定或授权。通过仲裁法的规定,把仲裁纳入法律制度范畴,使民间的这种纠纷机制不至于冲击国家的司法制度,确保司法的权威性和严肃性,这就使仲裁的民间性、契约性上包上了一层司法性的薄膜①,双方合意所表现出的和谐又会得到法律制度的确认和保障。因此,仲裁权来源于当事人的契约,契约性是其本质属性。从仲裁权的来源在仲裁法律制度中的体现,在实训教学中引导学生认识到仲裁当事人在就纠纷做出仲裁方式选择时,分析当事人选择仲裁的方式的心理考量,当事人是欲通过"自决"而非诉讼"他决"的途径,目的就是通过双方信任的第三方以平和的方式判定双方无法自行解决的纷争。纷争解决的出发点和目的均带有极为强烈的"和谐"色彩,进而使同学们认识到,在仲裁过程中,仲裁当事人和仲裁机构均应以"和谐"的理念来处理纷争。

2. 仲裁管辖的特殊性是和谐解决纷争的条件

仲裁所体现的民间性,通过契约性的"自决"解决纷争的方式,导致了这种方式只能适用于以意思自治为根本属性的纷争的解决,即这些纷争仅与涉及的当事人双方之间的利害冲突且与社会秩序不产生直接影响的"私权"领域——合同纠纷及其他财产权纠纷。在这一范畴内,当事人之间完全可以通过对各自固有的财产权利的自主意识的处分以达到双方关系的协调,双方之间的关系不涉及第三方也并不影响社会秩序的和谐。也正因为如此,在仲裁程序制度中也不存在诉讼制度中的第三人。而在其他私权关系中,第三人的关系可能会涉及其他人的相关利益,甚至会影响到社会秩序,因此,在仲裁法律制度中对仲裁管辖做出明确限制,如《中华人民共和国仲裁法》以及我国参加的相关国际条约用否定

---

① 董亚琪:《浅谈仲裁的性质》,《法制博览》2015 年第 1 期。

性列举的方式规定不能仲裁的争议,包括:婚姻、收养、监护、扶养、继承纠纷;依法应当由行政机关处理的行政争议;外国投资者与东道国政府之间的争端。申请人的利益与确定的对方发生冲突时,以不伤害双方的关系基础并取得良好结果为期望,是当事人在此情形下所做出的自然的选择,"自决"解决纷争并保持良好的关系基础,是仲裁管辖制度所能体现出"和谐"的另一个方面。

3. 不公开审理是和谐解决争端的原动力

在互联网条件的背景下,信息的公开和传播对每一个社会个体都会产生非常重要的影响。在审判信息公开的今天,因为一个特定的商业纠纷,如果一方被另一方诉称违反诚实信用原则,存在恶意行为或履约能力不足、资金匮乏等,一旦上述信息通过诉讼中的公开审判过程以及公开司法裁判文书的途径予以披露,必定会在一定程度上给当事人带来负面影响,严重的甚至会影响到当事人与银行的信用关系,导致资金链的断裂。仲裁的不公开性使得在仲裁过程中只与仲裁当事人有关的相关信息不会被泄露给他人。当事人选择仲裁方式解决纷争也是基于"家丑不外扬"的保密性考虑,期望将问题限定在有限的范围内。实训过程中注重领会仲裁不公开审理的内涵和要求,使仲裁过程中所有的问题均局限于仲裁参与人,当事人不必在意考虑除双方关系之外的其他因素,这对于和平解决纷争无疑是最大的动力。

4. 公平审理原则是促进和谐的重要保障

我国仲裁法第七条规定:"仲裁应当根据事实,符合法律规定,公平合理地解决纠纷。"该原则特别强调了公平合理解决纠纷是仲裁所追求的目标,这与民事诉讼法的处理原则是有差别的。这实际上赋予了仲裁庭可以依据公允善良或衡平原则的方法,运用逻辑推理和日常生活经验来判定相关事实,并基于相关事实来适用法律。为达到公平审理的目的,仲裁制度和仲裁实践中的具体做法是促进和谐解决争端的重要保障。如有的仲裁机构在证据规定中要求,对逾期证据在仲裁庭认为该证据可能会影响到对案件事实做出正确全面认定的情形下,可以接受证据并要求进行质证,这一做法的目的更为关注审理中所查明事实的准确,以及由此导致的适用法律的公平,并据此作出裁决。再如,在对于合同的解释问题的处理中,仲裁庭应通过合同订立时的背景条件、合同履行中的具体履行行为来探究合同当事人的真实意思，而不拘泥于合同文字的字面意思。仲裁庭的开庭审理中，给当事人以足够的充分表达意愿的机会和条件。仲裁庭对纷争的责任判定要以合同当事人的合理的利益来推定当事人的意图，并以合同履行的行为表现来推定当事人的意图。这些在仲裁审理中影响仲裁裁决结果的因素均体现出全面、客观还原当事人行为及主观心理状态，并据此实现裁判结果的公平合理。公平审理原则指导下的仲裁程序的全过程，都会使当事人在对争议解决的过程中就事论事、把事情说清的心理平和状态，主观上抱着解决问题的指导思想，在程序进行中乃至在结果的履行上都会抛开只考虑己方利益的偏激情形。审理程序中的和谐氛围也会促使双方都乐于接受心服口服的裁决结果。

二、体验仲裁实训活动中的和谐理念的感受

仲裁法课程的学习以仲裁实训活动中仲裁程序的启动、仲裁庭的组成、仲裁审理、证据的提供与认定、仲裁裁决的作出等各仲裁程序工作来体现。通过仲裁实训活动使参与者体验仲裁实训活动中的和谐理念。

1. 通过仲裁协议的写作与审查感受仲裁合意中所体现出的和谐

选择仲裁作为纠纷解决方式的意思表示，应按照一定形式通过仲裁协议来体现。根据我国《仲裁法》的规定，有效的仲裁协议具备的要件为，请求仲裁的意思表示；仲裁事项；选定的仲裁委员会。模拟仲裁审理中，无论是仲裁当事人还是仲裁机构，都要以仲裁协议的提交和审查作为启动仲裁程序的前提。请求仲裁的意思表示争议双方在事前或争议发生后就仲裁方式进行了选择，选定的仲裁委员会就仲裁事项依据仲裁法和仲裁规则进行裁决。仲裁模拟实训中，以仲裁协议的撰写和审查来体会仲裁是当事人和仲裁机构自主选择的结果，当事人通过自愿选择仲裁机构，按照仲裁规则解决纷争方式，能够更加充分保障自主意愿的表达和实现，仲裁机构以请求的仲裁事项为限，完成基于当事人信赖委托的裁决。各方以信赖的基础自主解决争议并形成具有法律意义或法律效果的处理结果，这些无不体现着和谐的要素和作用。

2. 在庭审活动中感受仲裁的和谐氛围

感受模拟仲裁庭与模拟法庭的不同。虽然模拟仲裁审理与模拟法庭审理都是用于程序理论和制度的实训教学活动，让参与者对各种程序制度有直观的感受,并对程序理论和制度有更为深刻的理解。但是,这两种程序在制度的具体设置上,都有非常明显的区别。

首先,实训中体会仲裁审理参者和当事人的平等地位,是创造仲裁和谐氛围存在的基础。模拟仲裁的实训庭审中,主持仲裁或调解的人员与纠纷争端当事人的地位是平等的,即仲裁庭的仲裁权是以仲裁当事人的仲裁协议选择的结果。仲裁员是仲裁程序的组织者,其主要职责是依据仲裁法和仲裁规则完成仲裁的审理工作,他所享有的仲裁权与法官享有的审判权的性质不同,仲裁员也与纠纷各方具有平等性①,庭审程序在仲裁员的指引下推进。这在模拟仲裁庭的设置上通常为普通的圆桌形式,或者是大型 U 型会议桌这一庭审环境细节上得以体现。

其次,感受仲裁庭审中可以呈现出来的和谐氛围。庭审过程中仲裁请求的陈述,事实依据的主张,抗辩的理由表达,辩论意见的发表以及最后意见的总结。每一个环节和步骤在仲裁规则中都予以了制度保障,且也基于仲裁员与当事人的平等性,仲裁庭庭审过程中以平等的姿态、专业的水准、平缓的方式对每一环节的组织,能使当事人充分表达意思,这既是对当事人的尊重,也是深入细致查明案件事实的保证。当事人的意思自主且充分的表达,为主张和抗辩的成立与否打下了坚实的事实基础的同时,也为当事人和仲裁庭客观地认清案情、分析责任提供了条件。庭审活动的和谐氛围不会激化已有的矛盾,通过追求人性化的程序,以人性化的案审态度,用春风化雨式的解决方法,为法律后果的清晰化进行了必要的铺垫。利益冲突的当事人在和缓的氛围下以平缓的方式解决争议,是仲裁庭审活动可以表现出来的特殊之处。

3. 调解结案是仲裁和谐理念的最丰硕的成果

依仲裁和谐理念的角度看,仲裁要提倡和解,尽量缓和双方的对立,减少对抗,化解分歧,调解、和解的方式会产生更好的法律效果。虽然在诉讼制度中也存在调解制度,有调解程序,甚至还有诉前调解程序,但仲裁程序中的调解,无论是调解的基础还是调解方法、方案均具有先天的优势。也即当事人之所以选择仲裁,就是考虑将纷争的解决控制在当事人之间,避免和减少以后可能会形成持

---

① 乔欣:《仲裁权论》,法律出版社 2009 年版。

续性的影响,同时,选择仲裁机构和选择仲裁员也是对解决纷争的专业能力的信赖。因此从纷争产生的开始,双方就会有和平解决的意愿,为减少或避免纷争对今后合作关系的影响,不破坏双方合作基础的调解方式无疑是最佳的方法。因此,据有关资料分析,在仲裁争议中,以调解方式结案的能够占到四分之一到三分之一的比例。但调解的方法、方案是否能够达到预期的目的,则需考验调解主持者的能力甚至是智慧。以分析合作时各方的美好愿景为铺垫,就产生纷争的主观过错判定责任为依据,对道德困境和法律困境的识别与解决方案的选择,推演不同的结果将给各方带来怎样的影响做出预判分析。这其中任何一个环节和因素,均需要各方在认知和理解以及行动上形成共识和一致。调解是我国传统文化中"和为贵"思想的重要体现,同时也对调解各方的素质和能力提出很高的要求。

4. 裁决文书亲和力是仲裁和谐理念的最终成果的体现

仲裁最终的结果应体现为仲裁庭依法做出仲裁裁决,大多数的仲裁案件最终也要以仲裁文书的方式结案。仲裁因其一裁终局的特性,更加要求仲裁文书的内容能够实现"案结事了"的效果。只有这样才能实现仲裁和谐理念的要求。仲裁文书除了应在论理上透彻、分析上逻辑严密外,更应体现文书的说服力,能够强化当事人对法律的信仰,从而认可仲裁文书,并自觉履行。仲裁文书中文字含义应清晰,词语尽量采用中性、客观的表示。在语气、修辞上应当保持中立的本色,文书的内容最终体现了仲裁程序的和谐。

三、和谐价值观对提升法律实践能力的启示

法律实践能力是法学专业教育面临的实际问题,是教育结果的体现。提升法律实践能力是实现和谐价值观的手段,实现和谐价值观目标又需要以提升法律实践能力为条件。

1. 手段和目的的关系

这里所说的目的是仲裁法的教学目的,或是扩大到法学专业的教学目的,即加强法科教学的实践性、培养学生的法律实务能力的教学目的。将培养应用型法律职业人才作为法学教育改革的重点,强化学生法律职业伦理教育、强化学生法律事务技能培养,提高学生运用法学与其他学科知识方法解决实际问题的能力,促进法学教与法律职业的深度衔接。实现目的的手段则是通过实践性的教学方式。作为实践性教育形式,实践中形成了案例分析、案例讨论、法律诊所以及模拟审理等模式。但对法律思维的训练和培养上仍显不足。就法律思维学者已经有多方位深入的讨论。如从法学教学的目的和手段的认知上理解,法学专业理论知识的学习是要形成法律应用的实践能力。我们是否可以从法的基本属性再做最为概括的理解,法的作用是对社会关系的调整,这种调整以法对权利的保护和责任的确定为实现的途径,法对社会关系调整的最佳效果就是主体之间的权利义务关系的和谐状态。因而,和谐理念下追求社会关系的和谐应是根本性的目标,按照这一理念的要求,包括仲裁法在内的法学实训教学的教学内容、方法等均是实现这一目标的手段。和谐价值观将具体法律问题的分析、处理都放到社会关系和谐这一根本性目标要求下予以考量。

2. 全方位技能锻炼是实现和谐价值观要求的保障

法学教育在专业技能的训练应形成专业基本技能,包括:发现问题;法律分析;法律研究;事实调查;沟通、咨询、谈判;熟练掌握诉讼程序和替代性争端解决机制以及高尚的职业道德等。法学专业培养的法律职业人具有上述职业技能是实现和谐价值观要求的保障。这体现在:第一,专业技能是处理法律问题的基础和前提,如前所述,处理具体法律纷争时为达到和谐社会关系为目标,需以对法律精准的理解、法律适用中的适当为条件的,专业能力和专门问题的处理是因果。第二,专业能力是综合能力需要一个养成的过程,应当是整个法学专业教育贯穿始终的终极目标,且不限于法学专业的培养范畴。第三,实现和谐价值观要求,应当将超脱具体法律问题的局限,实践者应以追求具体法律效果和该法律效果与相关社会关系的协调为最终目标。

物证技术学实验室建设方案探讨

张 晶①

司法实践中的所有案件都离不开两个问题,即事实问题和法律问题。事实认定是法律适用的基础,而事实是建构在证据的基础上的。随着人类社会的发展和科技的进步,我们有了越来越丰富的证据法规范,通过运用科学技术,对于"证据"中的"物证"②认识也越来越深入,人类社会也相应经历了从"人证时代"向"物证时代"的发展,随着计算机和网络技术的发展,有学者将当今这个时代称为"电子证据时代"。物证的重要性越来越多地在立法和实践中得到强调,越来越多的证据表现为电子形式。法学教育需要回应社会和科技的发展,以及司法实践的需要。

我们的法学院不仅应为学生提供"证据法学"的学科设置和专业教育,作为"证据"重要形式之一的"物证",也应体现在我们法学院的专业教育上。天津商业大学物证技术学实验室自 2013 年筹建,在学校的大力支持下,目前物证技术实验室已经初具规模,实验室总面积约 200 平方米,购置仪器设备 162 台件,仪器设备总价值约 287 万元。但因一直困于实验室空间不足,相关师资和实验员缺乏等原因,实验课程所惠及的学生数量一直有限,且购置的仪器设备未能充分利用,在法学实验室建设方面也未能取得长足发展,亟待在现有场地、物力和人力

---

① 张晶,天津商业大学法学院讲师,法学博士。
② 这里指的是广义的物证,而非诉讼法中规定的作为证据法定形式之一的"物证"。

的基础上,开阔思路,整合师资,调动研究生和本科生的积极性,使实验室尽力得到良性运转,使仪器设备得到充分高效的利用,使更多的学生受惠,为提升学院的学科教育水平添砖加瓦,同时回应司法实践对法学人才的新要求,为更多的学生走向工作岗位提供专业助力。

一、物证技术学实验室现状与困境

天津商业大学物证技术实验室自 2013 年筹备建设以来,陆续采购了价值约 287 万元的仪器设备,但一直困于实验室房屋限制,一直没有专用实验室。直至 2016 年改建了法政楼 610、612 室,2017 年改建了法政楼 102 室作为物证技术学专业实验室使用,但空间依然不足,使得一些仪器设备不能处于正式运行状态。

自 2015 年开始至今,仅有一名专任教师固定开设《物证技术学》相关课程。受限于人力和空间现状,预计 2020—2021 学年仅有共计 20 名本科生,14 名非法本法律硕士研究生能够选修该课程。近年来这种空间、人力不足导致开课不足,开课不足又导致难以申请到更多的空间和人力的死结一直在困扰着物证技术实验室的发展。所以在现有条件下,如何整合创新,突破困局,成了天津商业大学法学院物证技术学实验室当前工作的重心。经过调查与思考,本文拟提出以下改革思路。

二、改革思路

(一)日常管理制度建设

建立健全完善的实验室安全管理制度,配合学校安排,对于新入职和新入学的师生进行实验室安全培训、教育和考试。为他们将来能成为有能力安全地进行物证技术实验的人员做准备工作。

完善实验教学管理,编纂实验大纲、实验教学计划、实验课表、实验指导书、实验报告等文件,并根据实验室的具体实验开设条件,不断对以上文件进行更新和完善。

探索建立实验室常规检查制度,例如在学期初清查所有实验设施,对设备故障及时维修,对缺少的耗材及时采购,在学期中定期检查、清扫,保证实验室的洁净与运转安全,保障教学与科研活动顺利进行。

（二）教学团队建设

目前，学院仅能有一名专任教师固定开设"物证技术学"相关课程，但因实验室空间和设备数量限制，为了保障实验效果，单次实验人数不宜超过 20 人。在师资力量和实验空间的双重限制下，大大限制了课程的限选名额，无法使更多学生受惠于物证技术实验课程。

通过思考与调研，建议采用理论课教师和实验课教师相互配合的方式，建设法学实验教学团队。建议吸纳法学系具有实验课指导能力的师资，以及具有丰富的实验课授课经验的心理学系师资，建设法学院实验教学团队。以 2017 版教学大纲为例，32 个计划学时中，共计 24 个理论学时，8 个实验学时。假定选课学生 200 人，需在实验学时部分分为 10 组，若仅有一名教师指导实验课程，仅实验部分该名教师就须在 4 周内承担 80 个学时工作量，将不堪重负。若建设有实验教学团队，可由现有的专任课教师负责理论课部分的讲授，其他 4 位教师参与指导，每位教师在 4 周内仅需承担 16 学时工作量。但可以通过如此的制度设计，在目前难以解决更大实验空间和更多专任课教师的情况下，使得更多的学生能够在物证技术实验室建设中获益。

法学院实验教学团队如果能够同时吸纳法学系和心理学系的相关教师，还有助于打通心理学和法学实验室，通过两个专业间的实验资源共享和师资整合，实现法学院两个专业之间的实验项目互通、师资互通，使法学院的实验资源能够跨越专业限制，让心理学和法学的学生共同受益。

着眼于实验室的长远发展，还应当加强师资培训与人才引进。科学技术发展迅猛，物证技术新设备和新技术层出不穷，且物证技术学学科内的专业划分也非常复杂，从 2009 年国家发展改革委员会、司法部关于印发《司法鉴定收费管理办法》中可以一窥。除去法医类鉴定，微量物证理化检验鉴定，仅就普通高校物证技术课程所涉及的一般项目而言，物证类鉴定中包括文书鉴定和痕迹鉴定项目下的 43 个小项，声像资料类鉴定包括电子证据鉴定和声像资料鉴定项目下的 43 个小项。上述大多数项目的鉴定，依赖天津商业大学法学院物证技术实验室的现有设备基本均可完成，目前发展的瓶颈聚焦在了人力方面。

（三）现有课程改革

在任课教师培训,增加实验人员配合等工作的基础上,最大限度地利用实验室现有设备,为学生开设更多的实验课程。

经过 2020 年下半年的准备与调查,制定了《物证技术学》相关课程的调整计划。并拟在 2021 年秋季学期试执行。具体调整方案为,将相关课程名称由《证据学》调整为《物证技术学》。在课程内容上,把原教学计划中《证据法学》部分内容删除,全部更替为《物证技术学》的理论和实验内容。将计划学时由 32 学时改革为 48 学时,将实验学时由 8 学时改革为 28 学时。课程大纲调整后,将大大提高实验室和实验设备的使用率,也将使学生对物证技术学的理论和实验内容有更全面的了解和掌握。但这一改革方案在运行初期需要任课教师进行大量的探索、研究和准备工作。同时,基于改革后的《物证技术学》课程的实践性,闭卷考试的考核方式也将不再适用,拟将该课程的考核方式调整为过程性考察,在考察的具体环节中,注重考查学生的课堂参与度、动手能力、小组协作能力以及对知识的理解运用能力。

在目前《物证技术学》课程限于实验室空间、硬件和师资的情况下,依然只能限制选课人数。所以结合学院的选修课师生互选方案实施办法,拟制定《物证技术学》课程的选课条件,其中重点考察学生的前期专业课成绩,尤其是该课程的选修课《民事诉讼法》和《刑事诉讼法》的成绩,并以此为依据来选定学生,通过各项制度配合,力争让现有课程既能使实验室和实验设备充分运转,又能让更多对该课程有兴趣的学生充分参与、有效学习。

（四）探索开设新的课程

在新生的《法学导论》课程中增设法学实验室观摩课程。重点达成学生对于学院教学硬件的感性认识,激发学生想象力与创造力,鼓励学生在学期间使用教学硬件,并建议学院出台配套管理制度。根据经验,观摩课的新生分组,以每组 25 人为最佳,兼具效率与效果,参观时长预计 45 分钟较为适宜,既不会出现人员拥挤,也便于教师对实验室和实验设备进行充分的介绍和讲解。

在《刑事诉讼法》课程中探索设立 1—2 个学时的物证技术实验授课内容。《刑事诉讼法》是法学本科生的专业必修课程,如果在课程内设立物证技术实验内容,则可让物证技术实验室建设成果惠及更多的本科生,让学生更为深入地了解学院的教学硬件设施,激发学习兴趣,设定专业学习方向和发展目标。1—2 个学时的设置,则可兼顾师资不足的现状,不会给不足的师资造成不堪重负的教学压力。

（五）探索建立多种方式的实验室开放制度

物证技术学实验室除可作为教学计划内的课程教学设施,还可将其开辟为学生第二课堂的承载基地。相对于依据教学大纲和教材的课堂教学这种第一课堂,第二课堂更具有灵活性,形式丰富生动,更能激发学生的兴趣和创造性。物证技术学实验室开展第二课堂可以依托学生的兴趣爱好自愿成立相关学生组织,按照学生的意愿开设相关实验项目。在第二课堂中,培养学生与人相处的能力、小组协作能力、探索创造能力、理论知识应用能力,以提高学生的综合素质,帮助学生成长,引导学生设立学业目标和发展路径,促使学生成才就业。

此外,可建立面向研究生的实验室开放制度,因研究生具备基本的学科基础知识储备且人数较少,实验室可供有志于物证技术学的法学院研究生日常学习与研究活动使用,使研究生在理论学习外拓展实验与实践能力,物证技术学实验室还可作为诉讼法方向法学硕士研究生的研究基地。探索建立物证技术实验室发展和诉讼法学硕士研究生培养相结合的制度。物证技术学在学科上与法学二级学科中的诉讼法学最为相关,在有的高校（如中国人民大学）,物证技术学专业的硕士研究生毕业时会获得诉讼法学硕士学位。所以结合天津商业大学法学院诉讼法学硕士点的筹建,建议将实验室的日常维护、使用和发展,同诉讼法学硕士研究生的培养方案结合起来,充分利用实验室的优势条件,对法学院诉讼法学的硕士研究生进行物证技术学的必修课培养,并让学生参与实验室的日常运行、科研项目、专题研讨等活动。将物证技术学实验室建设为法学院诉讼法学研究生的培养基地,将物证技术课程作为天津商业大学法学院诉讼法学硕士研究生培养的特色与亮点。同时通过建立日常的诉讼法学研究生值班制度,进行培养计划内的日常实验操作、科学研究,促进实验室更为高效地运转。

三、预期取得的成果

通过以上改革措施,逐步推进,有序进行,相信可以在现有条件下,充分整合创新,突破困局,促成物证技术学实验室的稳步发展,进而逐渐突破实验室在空间、人力上不足所导致的开课不足,而开课不足又导致出现难以申请到更多的空间和人力的死结,为天津商业大学法学院物证技术实验室的发展找到突破口。进而在实验室进一步良性发展的基础上实现更多的师资、空间和设备的投入,最终使更多的学生获益,为天津商业大学法学院学生的综合能力培养做出贡献。

心理学实验室开放与大学生心理健康
教育课程改革

谢国财[①]

  《大学生心理健康教育》公共必修课是高校心理健康教育的重要组成部分,承担着向大学生介绍和普及心理健康知识,增强自我心理保健意识和心理危机预防意识,提高自我认知和自我管理能力、人际沟通能力、心理调适能力和社会适应能力,优化心理品质,预防和缓解心理问题等重要功能。优化和改进《大学生心理健康教育》课程的授课内容和授课形式,对于大学生心理健康教育工作有重要意义。因为拥有多种心理学仪器设备和测评软件等资源,心理学实验室对于大学生心理健康教育工作有着特殊的意义和独特的功能,而这一点在大学生心理健康教育工作及课程改革中没有得到充分重视和挖掘。本文将从加大心理学实验室开放这一角度,对《大学生心理健康教育》课程改革提出建议和思路。

一、我国高校心理健康教育课程发展历程回顾

  我国高校心理健康教育课程大致起步于 20 世纪 90 年代,经历了从部分院校自主开展心理健康教育选修课逐渐过渡到按照教育部规定几乎所有高校普遍开设心理健康教育必修课这样的变化历程[②]。其间,大学生心理健康教育工作越来越受到重视,教育部及有关部门也颁布了一系列指导文件,就如何加强大学生心

---

① 谢国财,天津商业大学法学院讲师,心理学硕士。
② 马建青:《大学生心理健康教育课程 30 年建设历程与思考》,《思想理论教育》2016 年第 11 期。

理健康服务和心理健康教育提出了指导和要求。2005 年,教育部、卫生部和共青团中央联合下发《关于进一步加强和改进大学生心理健康教育的意见》,指出要不断丰富心理健康教育内容,改进教学方法,提高课堂教学效果。2011 年教育部出台《普通高等学校学生心理健康教育课程教学基本要求》,明确提出各高校要开设心理健康教育必修课。2017 年国家卫生计生委、教育部、中宣部等 22 个部门联合印发的《关于加强心理健康服务的指导意见》,要求"高等院校要积极开设心理健康教育课程,开展心理健康教育活动;重视提升大学生的心理调适能力,保持良好的适应能力,重视自杀预防,开展心理危机干预"。对大学生心理健康教育的目标和功能进行了更加具体的定位,提出了明确的要求。

二、当前《大学生心理健康教育》课程存在的问题及原因分析

自从《大学生心理健康教育》课程成为高校公共必修课以来,绝大部分高校都已经开设了该课程,通常都安排在大一上学期。该课程的普及对于帮助大学生尽快适应校园环境、增强大学生的心理保健意识和心理求助意识、提高大学生的心理健康水平、减少大学生心理问题的发生等方面发挥了重要作用,但也存在着部分高校对大学生心理健康教育课程重视程度不够,课程教学内容陈旧,教学方法单一,课程师资力量不足等问题[1]。尤其需要指出的是,在大多数高校,大学生心理健康教育课程是作为大一年级的公共必修课开设的,而高年级学生对心理健康教育方面的需求则明显没有得到充分重视和满足。

导致以上问题的原因有很多。第一,由于大学生心理健康教育作为高校公共必修课的年限较短,不少高校是最近几年才真正落实到位,难免会存在准备不充分的情况;第二,很多高校没有心理学专业,常常是思政课教师兼任大学生心理健康教育课程教师,心理健康教育专业教师缺乏,专业资源匮乏;第三,由于学生数量众多,该课程大多实行大班授课,客观上限制了多种授课形式的灵活使用;第四,在实际执行过程中,由于师资力量不足或者重视程度不够,该课程常常会存在课时安排打折扣、实际授课学时不足、排课时间不合理(如排在晚上或周末)等问题,也容易导致学生出勤率低,重视程度不够,教学秩序混乱等问题;第

---

① 薛松:《大学生心理健康教育课程改革》,《高教学刊》2017 年第 20 期。

五,心理健康类选修课开设不充分,选课名额少,难以充分满足学生对心理健康教育的多样化需求。

三、大学生心理健康教育课程改革的常见思路及不足之处

针对高校大学生心理健康教育课程存在的诸多问题,许多学者提出了各种改进办法。常见的办法包括:加强体验式教学、线上线下教学相结合(如融入"慕课"和微课等)、角色扮演、游戏体验、心理视频、心理测验、案例分享、调查访谈、心理情景剧、课堂讨论、行为训练、分组讨论、混合式教学、户外实践、案例教学、项目化教学、融入绘画心理治疗、团体辅导或者朋辈辅导模式等①。也有不少学者提出,大学生心理健康教育课程应当从大学生的实际需求出发,满足大学生的差异化需求②。

这些举措和授课形式如果能够落实到位,能够丰富大学生心理健康教育课程的教学内容和教学形式,调动学生学习的兴趣和提高学生课堂参与程度,帮助学生理解授课内容,也有助于大学生将所学知识和理论转化为实际应用能力。总的来说,这些改革思路对于完善大学生心理健康教育课程体系和提高大学生心理健康教育课程授课效果具有重要意义,但也存在一个明显的不足,即没有考虑到很多高校设有心理学专业和心理学实验室,因而也就忽略了可以充分利用心理学专业的师资力量和心理学实验室的仪器设备等资源来开展或者辅助开展大学生心理健康教育工作,为大学生心理健康教育课程改革提供支持。之所以存在这样一个明显的疏漏,可能有两个原因。一是因为不少高校没有心理学专业和心理学实验室,缺乏相关的师资及资源;二是尽管不少高校设有心理学专业及心理学实验室,但是心理健康教育课程往往是归属于学工部心理健康教育中心或者思政课部门,与心理学专业教学是分开的,这样的话心理学专业的教师们往往会更侧重于本专业课程的教学和科研,对大学生心理健康教育课程的参与

---

① 哈丽娜、李秋丽:《大学生心理健康教育课程综合教学改革实践》,《医学教学研究与实践》2019年第4期;权方英:《大学生心理健康教育课程改革的教学实践——基于积极心理学的视角》,《教育观察》2019年第16期。

② 于丽玲、张斌:《从医学生的心理需求现状探析大学生心理健康教育课程教学模式》,《卫生职业教育》2018年第2期。

程度较低,而心理学实验室则主要用于满足本专业的实验教学和科研,面向其他专业学生开放程度不足,因而较少在心理健康教育及大学生心理健康教育课程中发挥重要作用。

以天津商业大学为例,该校设有心理学系,并设有应用心理学实验室,该实验室的主要功能是满足心理学系本科生和教师的实验教学和科研,也面向本专业本科生开放,为应用心理学专业本科生毕业论文和大创项目等活动提供支持,并承担着为学校人事部招聘进行应聘人员心理健康测评等任务。虽然心理学系教师参与了学校大学生心理健康教育工作和心理健康教育课程的授课,但是应用心理学实验室几乎从未参与过全校性的大学生心理健康教育活动或心理健康教育课程教学活动。

四、心理学实验室对大学生心理健康教育改革的特殊意义

虽然大部分高校都建立了大学生心理咨询中心或者心理健康教育中心,中心往往会配套建设个体咨询室、团体辅导室和放松或减压室,并且也可能会购置一些心理咨询或心理治疗类仪器设备如音乐治疗仪、生物反馈仪和沙盘等,也会购置一些常用的心理健康测评软件,但是这些仪器设备通常主要用于心理咨询和心理健康普查,并且在实际工作中往往会存在人手不够,专业技能和经验不足,测验结果的解释和应用不充分,工作偏重于问题学生,对于提升学生心理潜能和个人发展等方面的重视程度不够等问题,难以充分满足学生的多样化需要。

相比大学生心理咨询中心,心理学实验室往往拥有许多心理学专业实验设备,这些资源对于心理健康教育工作有着特殊意义和独特功能,却在大学生心理健康教育课程改革中未受到充分重视。以我校应用心理学实验室为例,该实验室购置了时间知觉实验仪、空间知觉测试仪、注意集中能力测定仪、注意分配实验仪、特殊职业能力测试仪、沙盘、生物反馈仪、测谎仪、心理实验台、生物反馈仪、64 导事件相关电位系统和 16 通道生理记录仪等仪器设备,还配备了专门的机房,机房电脑上安装有心理学实验软件和心理测评软件——心理 CT 系统。尤其要指出的是,心理 CT 系统包含了上百种常用的心理学专业问卷和量表,如明尼苏达多项人格测验、卡特尔 16 种人格因素问卷、迈尔斯布里格斯类型指标测验、职业兴趣测验和各种情绪量表等,这些问卷和量表用途广泛,操作简便,并能迅速给出测验结果。一般来说，这些仪器设备及测评软件大部分是高校心理健康教育中心不会配备的，而它们除了能用于心理学专业教学和科研，满足本专业学生和教师的需要外，还具有诸多心理健康教育和服务功能，能够在大学生心理健康教育工作中发挥独特作用。心理学实验室的开放，能够为大学生心理健康教育课程教学提供其特有的教学工具和资源，丰富授课形式，给学生提供更多的实际体验的机会，提高学生的学习兴趣，提高教学效果。

因此，对于那些设有心理学专业，并建有心理学实验室的学校，完全有条件、有资源也有必要在大学生心理健康教育工作及大学生心理健康教育课程改革中充分发挥心理学实验室的独特作用。

五、作为大学生心理健康教育课程改革重要途径的心理学实验室开放的具体思路

（一）开放对象

心理学实验室可以对有心理健康教育、心理健康服务和心理测评等需求的本科生和研究生开放。

（二）开放模式

有两种比较适合的开放模式可供选择。第一种模式是采用"自选实验课题型"开放形式，实验室每学期或者每学年发布可供选择的实验项目列表，学生根据个人兴趣自主选择实验项目，实验室安排教师进行指导和解释。第二种模式是开设《大学生心理健康教育》课程之外的全校选修课，其中包含一定数量的实验或者实训学时，或者开设专门的实验或实训课。该选修课的课程题目可以灵活多样，关键是要能突出特色并增加吸引力，比如可以叫作《大学生自我认知与自我成长》或者《自我认知与人际交往》。该课程总学时以 32 学时为宜，其中安排 8—16 学时左右的实验或者实训课。为了保证教学效果，建议采用小班授课为宜，人数在 20—40 人为宜。开课时间最好放在大一下学期。首先，因为《大学生心理健康教育》课程通常安排在大一上学期，授课教师可以在授课期间适当向学生提示和推荐下学期有这门选修课，以便那些对该课程感兴趣的学生就可以提前做好选课准备；其次，大一阶段课业负担通常比较轻，学生们有足够的时间和精力来学习这门课程；最后，在大一阶段开设这样的课程，能够更早地满足学生的需要,为后面的大学生活做好充分准备。当然,也可以考虑在大三或者大四年级针对高年级学生的特殊需要开设另外的选修课。

第一种模式较为灵活,但不便于管理;第二种模式相对固定,便于管理。考虑到教学内容的完整性和教学对象的相对稳定以及管理的难易程度,个人认为采用第二种开放模式较为适合,或者采用第二种模式为主,第一种模式为辅的开放模式。

(三)开放内容或开放实验项目体系构想

心理学实验室的开放应当贴近大学生的需求。有调查发现,大学生对于"认识自我""恋爱指导""人际交往""情绪调节""压力应对""人格心理"以及"职业生涯规划"等方面的需求最为普遍,并且低年级学生和高年级学生的需求也有差异[①]。

针对学生的需求,心理学实验室可以开设多类实验或实训项目:(1)心理测评类实验项目,如各种人格测验、智力测验和性格测验等;(2)减压或情绪管理类实验或实训项目:情绪测验、生物反馈、放松训练、减压训练、情绪管理等;(3)人际交往和恋爱指导类实验或实训项目:沟通技巧训练、T敏感小组训练、自信心提升训练、倾听技术、面谈技巧等;(4)职业生涯规划类实验和实训项目:职业兴趣测验和职业生涯规划、特殊职业能力测试、面试技巧训练、团队沟通、团体沙盘等;(5)自我认识类实验或实训项目:释梦、个体沙盘等;(6)其他类实验项目,如记忆实验、学习实验、注意实验、从众实验等。

(四)时间安排

在满足应用心理学专业学生和教师的教学和科研等活动需要的基础上,其他时间应用心理学实验室可以面向其他专业的学生开放。

(五)管理和组织

为了保障实验室开放的顺利进行,心理学系应组织有关教师编写课程大纲、授课计划、实验大纲、实验项目书等教学基本文件和材料,并安排在大学生心理

---

① 李素梅、杨静:《大学生对心理健康教育课程的态度及需求分析》,《教育教学论坛》2015年第8期;刘海燕、宁淑芬:《大学生心理健康教育课程教学需求的调查与思考》,《思想理论教育导刊》2010年第9期。

健康教育、心理测评、社会心理学、管理心理学、人格心理学、发展心理学以及心理咨询方面经验丰富的教师作为授课教师或者实验指导教师。另外，实验室管理人员或有关教师需要在开课学期初或者上个学期末发布有关的选课信息和实验项目开放信息，并做好有关的管理和协调工作。

（六）其他应考虑的问题

第一，要采取多种措施充分调动教师的积极性；第二，要加强心理系及心理学实验室与学校心理咨询中心或学校心理健康教育中心的合作，取长补短，互通有无，共同做好心理健康教育工作和心理健康教育课程改革；第三，可以考虑设立有适当差异的心理健康教育系列选修课；第四，要加强对实验室的管理，维护教学秩序，保障学生人身安全及仪器设备安全。

面向商科类高校创新创业人才培养
实践教学体系的构建与研究

——以天津商业大学为例*

安　鹏①

一、创新创业教育的时代背景及意义

党的十九大报告指出,我国社会主义经济建设的发展模式由高速增长型向高质量发展方向转变,进入新时代,我国社会的主要矛盾转变成人民日益增长的美好生活需要和不平衡不充分的发展之间的矛盾。经济结构的转型以及社会主要矛盾的转变对高质量人才的需要越来越迫在眉睫,因此对高等教育人才培养提出了新的挑战,国务院相继引发了一系列关于创新创业教育的相关文件。创新教育与创业教育是两个不可分离的教育理念,二者的价值取向目标是一致的,均是对受教育者创新精神与实践能力的培养,创新教育以创业教育为最终目标,创业教育以创新教育为本质与核心,创新教育是素质教育的重点,其目标是培养具有创新意识和精神,成为创新型人才,以适应国家经济发展,创业教育是全面推进素质教育的重要突破口和实施的关键。

*　项目来源:天津商业大学青年社科基金(2014QNJJ36)。
①　安鹏,天津商业大学助理研究员。

二、目前商科类高校创新创业人才培养实践教学体系面临的主要问题

（一）学校层面缺乏顶层设计，资源合理分配以及整体优化

目前，在我国高校层面中，绝大多数以教务处或者学生处为中心负责全校的创新创业管理工作，有些高校成立了创新创业学院，这些单一的部门多数难于统筹管理学校创新创业工作，缺乏系统化的顶层设计和持续化发展的考虑，不符合人才培养规律，很难培养出合格的创新创业人才[①]。创新创业属于人才培养中的重要组成部门，是培养学生走向社会的标志性成果，也是培养学生今后成长的必经之路。它需要一个系统的合理优化结构，达到统筹管理、资源的合理分配。需要高校、社会、企业以及政府等多重因素的构建才能够达到预定的效果。

（二）高校学生创新创业能力低下，教师创新创业能力严重不足

当前，我国经济的发展正在向高质量发展模式转型，党中央和国务院高度重视人才培养工作，特别是对大学生创新创业工作提出了新的要求，教育部也出台了一系列措施来鼓励和引导大学生积极投身创新创业。虽然从国家层面将创新创业工作摆到一个很突出的位置，但是当前我国高校学生对创新创业的意识和理念总体上还不是很突出，只有少量人群投身到创新创业的大潮中，大多数学生的学习依旧是书本知识，对创新创业实践能力依旧是纸上谈兵，缺乏实践能力，广大学生对创新创业的认识多数是从互联网上了解，多数了解了某些成功人士的经验，缺乏有效和系统的理解，对创新创业仍旧认为高不可攀，缺乏创新以及敢于拼搏的精神。有些学生虽然参加了一些创新创业课程和实践，但对创新创业的深度理解不够，学校对培养大学生创新创业的意识仍旧模糊不清，没有一个准确把握创新创业的机制。

广大教师绝大多数没有创新创业的实践能力，对创新创业的课程把握不够准确，不能深刻理解创新创业对人才培养的特殊性和持久性，在教书育人过程中，多数仍停留在传统的书本知识，缺乏创新创业意识和经验，对创新创业社会实践把握得不够准确，往往书本知识过于死板，很难有效带动广大学生的创新创

---

① 张鹏：《基于实战型的工商管理类创新创业人才培养的实践教学模式研究》，《学科探索》2018 年第 29 期。

业热情以及系统学习的能力。

（三）创新创业教育课程与实践教学体系有待进一步提高

1. 创新创业教育课程体系不完善

当前我国高校从事创新创业教育的教师以从事学生工作和就业工作的辅导员为主，即使专门从事创新创业教育课程的教师也是从其他专业改教创新创业课程，从事创新创业教育体系的课程教师缺乏系统和专业的创新创业训练以及成果，有些高校虽然聘请了社会上从事创新创业教育的企业家或者创新创业工作者，虽然他们的创新创业的实践能力能够胜任对高校学生创新创业能力的指导，但是受限于自身社会上的身份不能对学生进行系统和全方位的指导。同时高校在创新创业的课程开课上，多数在一年级进行开设，虽然创新创业意识需要早起步，但是对于新生来说，自身刚从高中毕业，很难有创新创业意识，对大学全面人才培养和创新创业能力的培养更无法准确理解，高校对创新创业课程体系的开设应该合理安排，如果将这些课程体系布置到高年级，对于学生的深刻理解以及激发创新创业的意识和培养创新创业的能力将起到事半功倍的效果。一些高校由于从事创新创业能力的教师严重不足，对创新创业的资源配置没有合理布局，大量购买一些"慕课"，或者一些"翻转课堂"。但是对于学生网上"慕课"学习的效果以及"翻转课堂"的效果，老师们很难进行科学系统的反馈。

2. 创新创业教育与专业教育分离，实践教学系统有待完善

创新创业教育是一个系统的教育，创新创业教育的目的是为了提高大学生的创新精神、创业意识和创业能力，多数创新创业教育与专业教育是割裂开的，彼此之间缺乏有效联系，多数都把创业教育中的商业模式设计作为创新来进行讲授，很难理解创新创业教育实际上是和专业教育相融合的，彼此之间缺一不可。二者之间需要相互融合，并与社会需求有效对接。

创新创业实践教学系统需要一个系统的、科学的体系，不仅需要高水平的实践教师队伍，同时还需要实验室、实习基地、社会实践基地、创新创业实践中心、创业中心以及产学研中心等实践教学系统。当前实践教学系统资源严重不足，多数高校重工科实验室建设，轻商科实验室建设，对于专业的创新创业实验室建设更是严重缺乏，同时对工科实验室建设更多基于科研等用途，学生的创新创业

性与专业实验室建设的有机结合更是少之又少,商科实验室建设虽然涉及创新创业内容,但多数往往以商业模式设计为主,很少结合人工智能、物联网、大数据等现代化平台建设,同时 AR/VR 等实验室更是纸上谈兵。创新创业教育又是社会实践教育,校外创新创业平台教育往往需要高校、企业、政府间的相互合作,政府往往仅提供有效的或具有典型的开放性的产学研创新创业平台,虽然能够将极少数或者具有代表性的创新创业项目进行孵化,却不能够满足广大创新创业优秀项目的逐层落实。企业中的校外实习平台以及创客空间,虽然能够给学生提供平台,但由于企业主要以盈利为目的,多数又不以孵化和人才培养为目的,实习岗位不能全覆盖,很多学生仅仅自己寻找实习单位,实习质量、效果和人才培养的目的都大打折扣。

目前,高校中的创新创业实践教学以校内实验教学和校外实践为主要教学目标,由于教师在创新创业实践教学能力的严重不足,在课程理论中很少用自身优秀的实践成果来进行教授,在学生进行课外科技活动中或参与学科竞赛等第二课堂教学活动中,也缺乏优秀的专业教师进行系统性的指导,教师在社会进行产学研的科技成果转化项目活动中,极少让本科生进行参与产学研,多数都是以自己的研究生进行参与,这样严重影响了本科生参与社会产学研实践以及学生的创新创业能力。

(四)创新创业教育成果孵化以及后续专业性服务有待提高

多数高校对于创新创业教育理念过多的集中于在校期间培养后能够顺利地帮助学生开公司进行孵化作为最终目的。对于广大创新创业的学生在毕业后很少能够进行持续关注,学生一旦有了创新创业的初步能力后,对于知识的需求和对人才、技术、教师后续指导的要求会越来越高,创新创业教育是一个系统的教育,而高校对于在毕业后进行创业的学生很少问津,缺乏对高校毕业学生创业者的持续关注和进一步的专业性服务。

很多高校对于创业中心场地等硬件设施非常重视,但实际应用效果如何却鲜有人关心,这种重场地、轻应用的思维,导致整体设计缺乏系统性、全面性①。

---

① 孙姗:《高校服务大学生创新创业"生态圈"模式的构建》,《教育与职业》2019 年第 9 期。

有些高校对国家给予的创新创业的资金建设过于浪费,钱没有花在刀刃上,形成了办公场所闲置、孵化基地闲置和科技产业中心的浪费。

三、面向商科类高校创新创业人才培养实践教学体系的构建措施

作为商科类高校,创新创业人才培养以培养学生的创新精神和创业能力作为目标,符合当前我国经济社会"大众创业、万众创新"的现实需要,也是从商科人才角度支撑我国推进供给侧结构性改革和实施创新驱动发展战略的必然选择①。商科创新创业人才实践教学要从"高度、广度和深度"全方位立体角度去完善和加强②。高度上要形成以商学素养为中心,以培养创新创业人才为目标,切实提高商科专业作为学校的主体地位。广度上要把商科创新创业实践教学系统贯穿所有专业,整合所有校内外资源,培养具有创新创业能力的复合型人才,深度上大力提高教师的创新创业教学能力,在课程上和实践教学体系上进行深度创新,提高学生的创新创业水平。

（一）深化商科类高校大学生创新创业人才培养水平,形成合理科学的机制性政策

商科类高校人才培养和其他高校对于人才培养的目标不同,办学定位不同,商科类高校培养在于突出一个"商"字,即具有商学素养的创新创业人才。因此所有商科高校中的其他专业都应围绕商学素养和创新创业人才的培养模式。也就是说其他专业都要融入"商"字的特点,比如天津商业大学就将把培养具有商学素养、复合型创新创业型人才作为培养目标。创新创业人才培养属于实践教学,因此在实践教学环节上要给予政策倾斜,特别是学校各部门形成联动机制,加大对实践教学的比重,形成"理论教学＋实践教学＋创新实践＋社会实践＋专业孵化"的创新创业人才培养模式。高校的各个部门都应以教务处创新创业中心作为引领,在人才培养机制上形成一系列保障机制和政策落实。像天津商业大学出台了《天津商业大学"大学生创新创业训练计划"管理办法》《天津商业大学本科生参加学科竞赛管理办法》《天津商业大学评计本科生竞赛与科研类学分

---

① 付百学、吉淑娥、于春鹏:《构建应用型本科院校实践教学体系》,《黑龙江教育(高教研究与评估)》2018 年第 10 期。

② 陈学卿、高凡:《实践教学基地建设和管理评价指标的探索》,《教育观察》2018 年第 10 期。

的若干规定》《天津商业大学人才考核管理办法》，其中都有教师对于指导学生学科竞赛与创新创业项目等考核分数的规定，对于创新创业教育形成了自身的建设体系。

（二）营造创新创业文化环境，培养学生创新创业意识

商科高校人才培养要以培养学生的创新意识和创业能力作为主要目标，商科高校有别于其他高校的培养模式，特别是商科类高校的"商"学素养要优于其他高校，同时其他非商科专业也要以"商"学进行围绕，把专业建设和商学素养的人才培养机制带动，营造商学氛围，培养创新创业商学素养和文化底蕴。

创新创业文化的熏陶对于培养学生创新创业意识起到举足轻重的作用，所以在校园内营造创新创业文化环境显得尤为重要。如天津商业大学在创新创业文化氛围上形成自身的特点：

（1）学校通过各类学科竞赛、创新创业训练营、社会实践、科技节、创业节、校园商业策划、创新创业经验交流会和事迹报告会等活动，培养学生积极主动、勇于承担、开拓创新的人格特征，宣传创新创业教育理念。

（2）设立"天商创新创业大讲堂"，邀请科学家、企业家及相关领域的政府官员到校讲座，使学生接受创新创业普及教育，培养学生的创新创业意识和企业家精神。

（3）校园媒体（天商广播台、天津商业大学报、阳光网站、大学生研究与训练网）要在创新创业文化的建设中发挥重要的作用，制作出大批以创新创业为内容的节目和板块，对于政府相关的政策进行解读，组织相关的专家与创业成功者与大学生进行交流，解答他们所面临的种种问题，增强创业信心，消除疑虑，创造宽松和谐、允许失败和全社会关注大学生创新创业的良好社会氛围，推动正确的创新创业文化形成。同时，倡导媒体积极报道大学生创新创业的成功案例，依靠榜样的力量激励大学生走上创业之路。

（三）重视商科高校创新创业人才实践教学环节，培养学生创新创业技能

构建立体式商科实践教学体系，就是要在充分利用校内实践资源的基础上，

借助政府和企业的力量,积极拓宽实践教学资源渠道,整合校内校外资源①。天津商业大学在创新创业人才培养实践教学上结合学校区域优势,形成了自身的培养具有商学素养的创新创业实践教学体系。

(1)以创业基地为依托开展创业沙龙。依托校级、院系级创业实践基地、校内实训基地和大学生创业园,开展形式多样的创业沙龙、创业讲坛等活动,目的在于使学生将创业知识的学习与实践相融合,在实践中塑造学生的创业人格、创业能力和创业心理品质。

(2)基于项目开展创新创业实践。结合国家、市、学校三级创业实践计划项目,组织学生开展创业实践活动。通过项目的调研、运行与团队管理训练,促进组织认同、提升组织效率,对提高大学生创业团队的创业能力和激发大学生的创业潜能有着十分重要的作用。

积极推进校企共建各类实验室、产学研联合体。通过校企合作把更多的开发项目、产业化课题引入高校,让更多企业家、工程技术人员、市场开发人员与大学生融合,为大学生创业实践助力。

(3)以创业俱乐部为平台开展创业实践。通过将有创业意向的学生组织起来,建立"创业者俱乐部",展开头脑风暴,识别分析校园商机,进行一些简单的创业项目,并逐渐形成品牌,扩大延续。通过以创业俱乐部为平台开展创业实践,培养学生勇于探索、不畏失败的创新精神,坚定、果断、敢闯敢干的风险意识,把握商机、洞察市场的创业技能,团结合作的创业者精神等。

(4)加强各类创新创业计划竞赛的组织,推进创新创业实训活动开展。以组织参加"挑战杯"大学生创业计划竞赛为龙头,积极组织学生参加全国各类"创新创业大赛",如"创新创业杯"全国管理决策模拟大赛、中国大学生服务外包创新创业大赛、中国"互联网+"大学生创新创业大赛、全国大学生电子商务"创新、创意、创业"挑战赛,天津市创业大赛以及各企业组织的创业与公益的挑战赛,旨在全校范围内宣传创业理念,普及创业知识,培养创新精神、创业技能,从而推动高

---

① 陈微微、陈芳:《基于"循环互动"模型的高校文科类专业实践教学体系构建》,《教育理论与实践》2012 年第 32 期。

校创新人才的培养,形成了以研究性实践性的创新创业人才教学培养体系。

四、结语

创新创业教育的核心就是要进行创新创业实践,商科创新创业人才培养的关键是实践教学①。商科高校在创新创业人才培养上要形成自身的特点,在加强理论教学的前提下,尤其在实践教学环节上更加突出,形成以创新创业为培养目的的专业实践体系,学科之间融会贯通,商科实践教学往往存在实验室、校内实习平台、校企合作平台等实践平台资源不足,实践优秀教师短缺,能力不足,学生对商学关于培养创新创业人才理念理解不够到位等多重环节。因此在完善商科高校创新创业人才培养体系建设上,要学校、教师、学生以及社会企业统筹兼顾,在顶层设计上,办学理念上以及实践环节上采用更为科学的体系进行建设,积极扩展国际视野,引进消化吸收世界优秀高校对创新创业人才培养的实践教学体系,努力打造出一支有影响力的创新创业师资队伍。

---

① 王文华、王卫星、沈秀:《基于商科创新创业人才培养的实践教学探究》,《实验技术与管理》2016年第33期;舒伟斌:《高校创业教育中服务性法规的应用研究》,《黑龙江高教研究》2017年第1期;宋丽娜:《基于博弈论的创业教育与专业教育融合困境及对策》,《教育评论》2017年第10期。

"三全育人"理论与实践

论我国高校思政教育工作的三个维度[*]

才　圣^①

　　我国的高校教育,承当着"专业培养"与"价值塑造"的双向功能,并且,就对未来国家建设重要性程度而言,价值塑造甚至要强于专业培养。因为,中国自古以来就强调才人需是"德才兼备"者。我国北宋时期著名政治家司马光在《资治通鉴》中曾言:"才德全尽谓之圣人,才德兼亡谓之愚人,德胜才谓之君子,才胜德谓之小人。"而在我国传统的人才划分观念中,通常将"德才兼备"者列为第一,"有德无才"者次之,"才德兼亡"者再次之,而被列为最末等、也是最值得警惕和摒弃的,则是"有才无德"者,因为,一个价值观扭曲和偏失的"能人",往往会对社会造成极大的伤害。

　　特别在当今全球化浪潮和日益激烈的国际竞争环境下,高校这块培养中国特色社会主义事业接班人的重要阵地,其思政工作的质量与成败就显得格外关键。因此,高校如何能够在当今众多纷繁复杂、眼花缭乱的意识形态、价值取向中,杀出一条血路,将正确的政治观、人生观、价值观引导给学生,培养社会主义事业接班人,乃是我国高校思政工作的难点和重点所在。欲将这一艰巨任务高质量地完成,必须从以下三个维度和方向努力。

---

　　*　本文系 2019 年天津商业大学"金课"建设项目——"国际法"金课建设项目阶段性研究成果之一。

　　①　才圣,天津商业大学法学院讲师,法学博士。

一、第一维度：思政课程

高校的思政课程，乃是高校思政工作的传统阵地，以马克思学院开设的高校系列通识课程为载体，包括"思想道德修养与法律基础""马克思主义基本原理概论""毛泽东思想与中国特色社会主义理论体系概论""中国近现代史纲要""形势与政策"等。这些思政课程涵盖了哲学、政治学、伦理学、历史学等主要文科门类，开设在大一与大二，是过去高校思政教育的主要路径（甚至可以说是唯一路径）。

但是，我们不得不承认，这些思政课程的收效并没有达到预期，学生们对这些思政课程的热情度，始终处在不温不火的状态，甚至有些抵触和逆反。笔者认为，这一现象的产生来自以下两个原因：

第一，边际效益的递减。目前我国高校开设的思政课程，学生们并不是首次接触和学习。可以说，其中的大部分内容，学生们从中小学时代就开始学习。例如，我国小学普遍开设的思想品德课、历史课；初中、高中开设的政治课、历史课等，都涵盖了高校思政课程中的绝大部分内容。因此，受经济学边际效益递减作用的影响，当学生们来到大学，被要求再次研习这些他们已经从小到大反复学习的课程时，早已丧失了新鲜感和兴趣感，其学习过程必然是索然无味，这也在情理之中。

第二，教育逻辑的颠倒。思政课程的核心目标，是塑造学生正确的价值观。然而，就常理而言，一个人价值观的形成是需要"认同"，而不是"灌输"而来的。即价值观的形成，应当是一个从"具体"到"抽象"，由"例"到"理"的过程。学生们在一个个活生生的事实、事例中，受到鼓舞和感染，进而认同这些事实、事例中所提炼出来的价值观——借用史学的术语来说，即"论从史出"。也因此，笔者始终主张"寓教于例"远胜于"寓教于理"。而思政课程的逻辑，恰恰相反，即它们先给学生预设了一个正确的价值观，灌输给学生，然后为了论证这一价值观的正确性，挑选一些事例去佐证和说明。这种"以车拖马"叙述逻辑，必然对学生们的说服力不强，难以产生内心中的认同感。

所以，面对当下高校思政课程的困境，一个崭新的思政教育理念应运而生——"课程思政"。

二、第二维度：课程思政

课程思政，即"将思想政治工作贯穿学科体系、专业体系、教材体系、管理机制体系之中，在传授课程知识的基础上引导学生将所学到的知识和技能转化为内在德性和素养"①。笔者认为，当下各高校轰轰烈烈展开课程思政建设工作，对于高校的整体思政教育工作而言，可谓意义非凡。因为，课程思政能够很好地解决过去思政课程所面临的困境。

首先，不同于思政课程，课程思政乃是以各"专业课程"为平台和载体，因此，不易滋生边际效益递减规律下的学生抵触心理。

其次，课程思政，强调的是在专业课程的教学过程中，以具体的专业知识为起点，潜移默化地层层引出价值塑造内容，做到了先"寓教于例"，再由"例"到"理"，进而形成"认同"的价值塑造的逻辑常态。

因此可以说，从"思政课程"到"课程思政"，这是我国高校思政教育工作的一次重要转型。某种程度上说，未来高校课程思政建设的成败，直接关乎高校思政教育工作的成败。而结合课程思政的具体特点和制度目标，笔者认为，课程思政的成功建设必须做好以下两个工作：

第一，做到"专业培养"与"价值引领"的"有机结合"。比起思政课程，课程思政的核心优势就在于，它并非以预设好的"价值灌输"的面貌出现，而是在专业知识的培养过程中，潜移默化、自然而然地带出价值塑造。因此，课程思政绝不是专业知识与思政内容的简单拼接——即在专业课堂上，一半课程讲专业，一半课程讲政治——果真如此，不过是将思政课程搬进了专业课程的课堂上而已。真正的课程思政是要做到"专业知识"与"价值塑造"的"有机结合"，而这种"有机"意味着"相互融合"，具体体现在——价值塑造的内容是从专业知识的讲授中自然地推导出来的。价值塑造成为了专业课程的有机组成部分，使学生在不知不觉中完成了价值洗礼，形成"认同"。借用"诗圣"杜甫的名句，课程思政的价值塑造要能够做到"润物细无声"。

第二，努力发掘每门专业课的"思政"素材。既然在课程思政中，价值塑造部

① 《构建课程思政的育人大格局》，《光明日报》2019 年 10 月 18 日第 15 版。

分是从专业知识中自然而然地引领出来的,那么,我们可以说,专业知识正是价值塑造部分的逻辑起点。因此,努力发掘每门专业课程中能够引领价值部分的素材内容,是课程思政的基础性工作。而在这一基础性工作中,有些专业课程具有天然的优势——例如,笔者在高校本科教学中所承担的"国际法"课程,即为典型例证。

众所周知,国际法,乃是国家从事国际活动、展开国际交往、维护国家权利、进行国际斗争的重要武器。特别在国际竞争和冲突日益激烈的当下,国际法课程可以成为"爱国主义教育"的天然平台。例如,在"国家领土"一章中,笔者会向学生们讲述中国陆地领土争端的历史与现状;在"海洋法"一章中,笔者会向学生们讲述中国海洋争端的历史与现状;在"国际组织"一章中,笔者会向学生们讲述中华人民共和国重返联合国的艰辛历程。在笔者给同学们讲述——中国人民解放军是如何在不同历史时期给侵略者以迎头痛击,保卫祖国的领土;新中国的外交前辈,是如何通过长达22年的不懈努力,终于重返联合国,使中华人民共和国获得世界普遍承认——这一过程中,学生们的爱国情怀,在专业知识的学习中,会自然而然地被激发出来,从而达到课程思政"润物无声"的价值引领效果。

在"发掘素材"的这一工作中,有些专业课程似乎具有天然的劣势,比如理工科专业,思政素材相比文科专业会少很多,但绝非无从发觉。2019 年,笔者曾在天津商业大学聆听清华大学土木工程系李威老师的一场讲座——《上好一门课:一些关于课堂教学的思考与实践》。李威老师曾说:任何课程,不论文理,都会或多或少地涉及价值塑造的部分,他继而讲述其在清华大学《现代工程结构抗火》一课中,列举美国世贸大厦在"9·11 事件"中遇袭坍塌的实例,在从理工科专业角度分析了世贸大厦为何会坍塌之后,他进而引申出一个价值引领的内容:他对学生们讲述,在"9·11 事件"众多的恐怖分子中,有一人曾是德国汉堡科技大学的硕士。由此可见,正确的价值观,对于每个人,尤其是掌握了重要科技知识的人才而言,是多么的重要!

任何专业课程,只要耐心、细心地发掘,都会或多或少地提炼出"思政"的素材,也都可以达到"专业知识"与"价值塑造"的"有机结合"。

三、第三维度:活动思政

从"思政课程"到"课程思政",彰显了我国高校思政教育工作理念上的巨大创新。但笔者认为,若我国高校思政教育工作仅停留在这种层面上,则仍然是不完善的。因为,比起思政课程,课程思政的形式固然更易于学生们接受,但其毕竟是以高校的"专业课程"为平台和载体的。孔子说"知之者不如好之者,好之者不如乐之者"(《论语·雍也》),从学生的角度来进行教育心理学的分析,"专业课程"的形式,恐怕只能让学生达到"好知",而不能达到"乐知"的境界,毕竟,以上课为乐的学生少之又少。因此,如欲进一步深化完善我国的高校思政教育工作,追求更高更佳的理想效果,我们有必要在课程思政之外,开辟一种以学生"乐知"的形式载入"价值引领"内容的思政活动——活动思政,即高校以学生喜闻乐见、乐于积极参与的形式,来展开思政教育工作。笔者认为,当前各高校可以从以下三个形式入手,来构建"活动思政"体系:

第一,校外专家的学术讲座,特别是名校名家的讲座,对于学生而言尤其具有吸引力,比起校内的必修专业课,其参与的积极程度和热情程度明显提高。

第二,集体观影活动。看电影恐怕是当今大学生最喜爱的一种课外娱乐形式,而有时一部优秀的电影作品对学生的教育效果,绝不亚于一堂成功的思政课。例如,2017年《战狼2》公映后,在国内引起了巨大反响,电影中的男主角,中国特种兵冷锋,在海外维护国家利益,保护祖国人民生命财产安全的英雄之举,不知感动了多少人,激发出了多少人的国家自豪感与爱国主义情怀。2018年上映的电影《红海行动》也是如此。像这些题材契合、质量过硬的优秀电影,高校不妨组织学生集体观看,相信其教育效果绝不亚于课堂。

第三,集体户外实践学习活动。古人说,读万卷书、行万里路,组织学生进行户外实践学习活动,既能提高学生的学习兴趣,更能对学习内容记忆深刻。当然,户外实践学习活动的地点选择,不必完全局限在那些严格意义上的"红色教育基地"。所有能够激发国家历史自豪感与爱国主义情怀的基地,均可作为参观教育基地。像天津市,既有平津战役纪念馆、周邓纪念馆、觉悟社旧址、中共中央北方局旧址等红色教育基地,也有大沽口炮台遗址博物馆、吕祖堂——天津义和团纪念馆、望海楼教堂等近代中国人民反抗帝国主义侵略的爱国主义教育基地,更有黄崖关长城、中国大运河——天津段、文庙博物馆等传承并彰显中国优秀历史文化，能够塑造学生祖国"文化自信"的精神殿堂。

如果说，课程思政是让学生们在专业课的课堂上，在专业学习中接受价值的洗礼，而活动思政，则是让学生们在轻松的气氛、欢乐的活动中接受价值的熏陶，真正达到"乐知"的境界。

四、结语

结合目前严峻的国际形势和中国所处的国际环境，如把当下的高校思政教育工作比喻成一场没有硝烟的战争，并不为过，而上述高校思政教育工作的三个维度，即可被看作这场战争的三个战场。未来，我国高校思政教育工作需要继续巩固第一战场——思政课程；大力建设第二战场——课程思政；同时还要开辟出一个侧翼第三战场——活动思政。三个战场，三个维度同时联动，方能使高校思政教育工作稳步向前，取得胜利的成果。

浅谈新形势下以党建促就业工作举措

郝　娜①

近年来,高校毕业生人数屡创新高,2020 届高校毕业生人数达 874 万人,与之相对应的,是日益复杂的国际关系和经济结构调整,加上 2020 年以来疫情的冲击,就业形势复杂严峻,稳就业任务艰巨繁重。2020 年,中央把保就业作为"六保"之首,两会《政府工作报告》开宗明义指出"今年要优先稳就业保民生",一万多字的报告中 39 次提到了"就业",直击当前我国面临的最突出经济问题和最重大民生问题。在此背景下,国务院办公厅印发《关于应对新冠肺炎疫情影响强化稳就业举措的实施意见》,拓宽高校毕业生就业渠道,提出鼓励中小微企业吸纳就业,扩大国有企业、事业单位、基层服务项目、应征入伍等招聘招募和硕士研究生、专升本招生规模,扩大就业见习规模等举措。所以,如何利用好高校各方面资源,保障好高校毕业生就业,是每个高校都面临的重要课题。基于此,本文通过本专业毕业生就业现状、党建带动就业的可行性、具体举措等方面的分析,浅析以党建促就业的工作思路。

一、应用心理学专业学生就业现状

2020 年 7 月,麦可思公司正式发布《2020 年中国大学生就业报告》,该报告自 2009 年首度发布以来,至今已是第 12 次发布。报告区分了"绿牌专业"和"红牌专业",绿牌专业指的是失业量较小,就业率、薪资和就业满意度综合较高的专

---

① 郝娜,天津商业大学法学院助理政工师,工程硕士。

业,为需求增长型专业。红牌专业指的是失业量较大,就业率、薪资和就业满意度综合较低的专业。应用心理学和绘画、音乐表演、法学等专业一起,入选红牌专业,值得注意的是,2019 年的就业报告中应用心理学专业同样上榜红牌专业。分析本专业就业率较低的原因,主要有以下几个方面:

(一)专业认可度不高

应用心理学专业在国内起步较晚,学生和家长在入学前对于应用心理学专业并不了解,由于高考报志愿的种种因素,部分学生是通过调剂进入本专业的,对于专业的认识不足,认可度不高,学习兴趣不够高涨,毕业后对于继续从事本专业信心不足,就业方向不明确。

(二)专业课程针对性不足

由于本科阶段学习的特点,本科教育旨在引导学生全方面了解本专业,为学生打好知识基础,学习的内容覆盖较为全面,但是对于特定方向的领域缺乏深度探讨,学生在学习中对于自己感兴趣的方面难以有针对性地进行深入,容易对学习的主观能动性造成影响。

(三)高质量就业门槛较高

应用心理学专业的毕业生如果准备从事心理咨询师工作,需要 5 年左右的专业技能和从业经验积累,而应届本科毕业后,只能暂时从事咨询师助理、教研教辅、推广销售、心理设备研发、售后技术支持、人事行政岗位等工作。大学生对于能从事的岗位接受度不够,往往选择慢就业、缓就业,对于就业率的统计也会造成一定影响。

(四)就业观念存在一定误区

有的学生缺乏合理的职业规划,不愿意从基层和一线岗位做起,一味地将工作目标放在一线城市、龙头企业,但是往往资源集中的地方竞争也更激烈,很多学生就业竞争力不够,就业目标定得太高难以实现,手边的机会也会在犹豫中溜走,错过了真正适合自己的发展路径。

(五)缺乏实践导致与社会需要脱节

目前本专业学生的实践平台比较单一,在校学习的知识距离市场需求较远,加上专业就业市场本来就比较小,又缺乏与相关企业的沟通渠道,部分学生无法找到适合自己的实践平台,综合素质提升受到影响,进入社会之后的知识利用率低,难以胜任高层次职位的需要。

二、党建带动就业的可行性分析

分析本专业 2020 年本科毕业生就业情况可以发现,在 75 名毕业生中,中共党员 19 人,占 25.3%;从毕业去向看,就业 54 人,升学 9 人,待就业 12 人,就业率 84%。中共党员中,除 1 人计划考研继续深造外,其余 18 人均实现就业或升学,就业率达到 94.7%,其中 5 人考取研究生继续深造,值得一提的是,有 3 名党员响应党和政府的号召,参加了全国大学生志愿服务西部计划,分赴新疆、西藏开展工作,体现了学生党员的爱国情怀和担当作为精神。

可以看出,党员毕业生无论考研还是就业,成功的概率均大于非党员毕业生,这反映了学生党员对本专业有着更积极的追求、具备更加扎实的知识水平、在就业中也有更多样的选择,愿意扎根基层,从小处做起,这充分体现了党的教育对学生的正向引导和塑造,说明了做好党建工作,对于就业工作具有巨大的促进作用。同时,学生党员在学习工作中能力强,积极性高,能够在学生当中起到榜样作用,发挥党员的"传帮带"作用,对于提升整体就业率和就业质量大有裨益。党建和就业工作有以下几个共通之处:

(一)做好党建工作和就业工作是一项政治任务

高校是培养人才的摇篮,就业工作是高校工作的重点,2020 年以来,习近平总书记多次强调要把稳就业、保居民就业作为"六稳""六保"第一位的工作,彰显了就业在全局工作的重要位置。做好学生就业工作不仅是一项重点工作,更是一项政治任务,近年来,党建工作在各高校发展很快,基层党组织构建完整,所以,要充分发挥党支部的堡垒作用,在做好党员日常教育的同时,加强对大学生就业创业的政策宣传,引导大学生树立正确的择业观,在党和人民需要的地方挥洒青春热情。

(二)党建工作和就业工作相互促进、相辅相成

"党政军民学,东西南北中,党是领导一切的",高校毕业生就业是稳就业工作的重中之重。习近平总书记指出,要注重高校毕业生就业工作,统筹做好毕业、招聘、考录等相关工作,让他们顺利毕业、尽早就业。党和政府针对大学生就

业创业出台了很多积极的普惠政策，做好党建工作，有助于宣传贯彻各项就业方针政策，为就业工作的开展指明方向；同时，开展好就业工作，也会为党建工作做好强力支撑，有助于引导大学生自觉接受党的教育，学习党的思想，坚定大学生报效祖国、服务人民的宗旨意识。

（三）党建工作和就业工作依托共同的组织构架

虽然在学校层面，党建和就业分属不同的部门，但是在下属学院，党建工作和就业工作都是由学院主要领导主抓，基层工作中，直接面对学生的辅导员往往兼任所在党支部的书记，同时也会负责分管学生的就业，在工作中具有天然的一致性，不存在部门间协调产生的摩擦内耗，有助于提升工作效率，统筹推动党建工作和就业工作共同前进。

三、以党建促就业的具体举措

（一）以党建促进就业宣传工作

在完善基层党组织构架的基础上，要进一步丰富党建活动类型，不仅要做好日常的"三会一课"等工作，也要立足高校的特点，做好就业政策的宣传工作，为大学生就业指明方向，尤其是有毕业生的党支部，在日常党建工作中，要注意对党和政府相应就业创业政策的宣传讲解，有必要时，可以邀请相关的教授、讲师等举办专题讲座，让大学生在接受党员教育的通知，学习最新的政策方针，了解最新的就业信息，从而有针对性地提升自我，更好地适应社会需要。

（二）以党建树立正确就业观念

中国共产党的初心和使命，就是为中华民族谋复兴，为中国人民谋幸福，作为新时代的青年，也应继承艰苦朴素的优良作风，树立为人民服务的意识。现在，很多学生的就业观念存在误区，一味地追求大城市，不愿意到基层一线、不愿意到偏远地区，实际上，基层广阔天地，大有可为，大学生到基层工作，不但能够充分发挥自身的知识优势，更能锻炼自己的综合素质，积累基层工作经验。因此在党建工作中，要善于运用青年党员扎根基层、服务基层的生动事例，激励带动学生将个人发展和祖国需要结合起来，树立正确的就业观念，更好地融入社会，服务社会。

（三）以党建发挥榜样带动作用

大学生党员群体一方面有较高的政治觉悟，一方面在学生中也有一定的群众基础，学生之间彼此相互了解，立场一致，同学间的带动作用往往比老师的教育管理效果更直接有效，因此，要依托党建工作，充分发挥优秀学生党员的榜样作用，树立优秀典型，在学生中形成"以榜样人物为动力"的良好氛围，利用经验分享、支部团建等活动，让党员现身说法，引导其他同学接受正向宣传，开阔择业视野，带动就业工作的开展。

（四）以党建搭建丰富就业平台

毕业校友是高校重要的资源和财富，学生进入社会后，经过了一段时间的工作，会对本专业就业有着更清晰和准确的认识，也掌握了更直接的资源，所以，要做好就业工作，不仅要树立正确的就业观念，提高综合素质，也要利用好高校的平台作用，要坚持长期联系毕业党员，为已就业的校友和在校生搭好桥、牵好线，利用校企合作、党员活动等多种方式，加强在校生的对外联系，依托企业、校友等资源，给予同学长期的职业发展培养和规划。

（五）以党建带动高效工作模式

坚持以党建带动就业，坚持以上率下，推动党建与就业深度融合，在就业工作中，要早介入、早行动，为毕业生顺利就业保驾护航。一是要充分发挥组织优势，全面强化基层党组织服务能力，通过互助引领、结对帮扶等形式，把党的基层组织优势转化成推进就业优势，及时掌握就业信息，积极拓宽毕业生就业渠道，激发毕业生们的就业热情，帮助毕业生"早就业、就好业"。二是要充分发挥教师党员作用，利用本专业知识和资源，在学生进入社会前，因材施教，有针对性地进行全方位的就业指导，解决学生就业中的难点问题。

四、结语

综上所述，新形势下的就业工作面临着多重复杂考验，高校毕业生的就业压力很大，就业问题也不同程度地反映在各个维度，探索促进大学生就业的模式十分重要。在此背景下，通过分析党建工作和就业工作的共通性和联系点，提出了以党建促就业的可行性和具体举措，旨在构建"党建＋就业"的良性工作模式，提升工作综合效能。在此基础上，也要结合高校的自身特点和实际工作中发现的问题,不断创新工作模式,开拓工作思路,真正发挥党建的引领作用,做好就业工作,更好地教育学生,服务社会,实现党建工作、就业工作、学生价值实现的有机统一。

党团共建视角下入党积极分子培养路径分析

李　慧①

大学生入党积极分子的培养教育是高校党建工作至关重要的部分，对于指导和培养入党积极分子、提升学生党员质量以及提升高校党建工作水平具有重要意义。② 因此我们要结合大学生党员发展工作实际，对标"控制总量、优化结构、提高质量、发挥作用"，着力培养一支量多质优、作用突出的积极分子队伍，保持学生党员队伍的活力。

一、现阶段入党积极分子培养教育中面临的现实问题

（一）质量参差不齐，难于匹配数量上的要求

随着近年来高校招生规模的扩大，且大学生作为社会中素质较高的阶层一直以来都是重点发展的群体，对其发展计划的数量要求也越来越高，而对质量的把关难以同步匹配上数量的增长。对党员数量所提出的更高要求，实际上使得党员发展工作上面临了更大的新的挑战，为党员队伍的先进性和纯洁性注入了一定的风险。当代大学生已步入"00后"时代，他们更崇尚自由和注重自我，所处环境的不同使得其即便已被确定为入党积极分子，但在思想认识和行动上仍处于不同的水平，质量参差不齐。

（二）现有培养教育模式较为单一，难以与新时代大学生产生共鸣

高校对现有的入党积极分子的教育培养以灌输式的课堂教学、试卷考试为

---

① 李慧，天津商业大学法学院辅导员，硕士。

② 商冰聪、张贝：《"双一流"高校入党积极分子培养教育策略研究》，《侨国》2020年第9期。

主,明确规定是不少于 24 学时的党课培训,更注重理论的讲授,而在实践上占比不足。新时代青年大学生具有其自身的特点,他们紧随时代的脚步,但面对相对传统的党课教育模式,有些同学只是人到了课堂而已。一些大学生以为只要成了入党积极分子就必然会得到发展;另一些则抱着重在参与的心态,认为能否继续发展随缘。党课中部分学生仍处在被动接受知识的层面,也不乏出现迟到、早退的现象,当党课培训与个人安排在时间上出现冲突时,往往选择舍弃党课而将个人事务放在首要位置。

(三)积极性高但入党动机复杂

当前,国家招录选调生、公务员以及大学生村官等时提出了"中共党员"等诸多限制条件,原本是为国家选拔优秀青年干部,反而使得对机关单位趋之若鹜的个别人急于入党,把对入党的认识停留在个人利益层面,入党动机不再单纯是为共产主义事业奋斗,不再是将集体利益放在首位,成了为入党而入党。从当前来看,比较典型的不正确的入党动机主要有以下几种类型:锻炼型、荣誉型、利益型、随大流型、被动服从型等①。入党成为找工作的敲门砖、争荣誉的体面、个人能力的证明、父母劝说之下的选择,甚至是看他人入党而产生入党意愿等诸多因素,而真正从思想上入党的人数占比相对较低。

(四)缺少对党的理论知识学习的自觉主动性

对党的价值体系认知不足,依赖高校或者校院两级设置的党课教育,此类教育不少为大班集中授课,属于被动接收。授课过程中,讲授者与接收者之间直接的互动和交流相对缺乏,导致其对党的认识及对党的价值体系的把握浮于表面,不仅难以提高自身的综合能力,而且无法有效发挥作为入党积极分子对其他同学的引领和带头作用,大局观和集体意识尚有一定程度的缺乏。

二、培养过程中存在问题的成因探析

(一)培养过程中评价体系不够健全

支部书记、年级辅导员和班主任日常所写的定性评价,主观因素影响的成分

---

① 刘文德、马涛、闫清波、彭永涛:《新形势下提升大学生入党积极分子教育培养质量的问题和对策研究》,《长江丛刊》2019 年第 23 期。

较大,没有形成一套可参照的入党积极分子评价标准,使得有些同学在其被确定为入党积极分子之后,没有行为准则上的引领,不能很好地发挥出应有的先锋模范作用,党员质量难以达到整体上的提升。

(二)培养教育与大学生需求结合不到位

客观条件所限,党课学习存在时间短且过于集中的特点,党性教育的连贯性和经常性得不到很好的体现。新时代"00后"大学生具有独特的性格特点。不少入党积极分子只是被动接受组织安排培养联系人,而一名正式党员,往往需要同时担任十几位甚至二十几位积极分子的培养联系人,培养内容单一,作为培养联系人的高年级学生党员精力明显不足,难以在真正意义上将入党积极分子培养到位。

(三)思想层面认识不足

部分大学生对入党积极分子身份认识不够到位,关注个人利益,以自我为中心,世界观、人生观、价值观尚未完全形成,且其政治素养普遍不高,在入党动机上易受周围人的影响,无论是为促进自身进步、盲目跟风、评奖评优需要,还是为就业做铺垫,都是入党积极分子责任感与使命感淡化的表现,缺乏远大的理想与抱负。

(四)与所学专业结合不够紧密,个人价值体现不足

在培养过程中,入党积极分子存在对身份认同感低的问题,归根结底还是对自我价值的认识不足,忽视个人的力量,没有使所学专业发挥出有效的作用,在面对实践活动时不能够将主动性展现出来。

以上是现阶段入党积极分子培养教育过程中存在的比较突出的问题和成因,有些互为因果,很难单独将某一问题简单明确为成因和问题,因此要正确分析和看待,多维度探索出合理可行的培养路径。

三、党团共建下入党积极分子培养的可行路径

(一)构建考核评价体系,量化评价标准

对于入党积极分子分子而言,明确、可视的量化标准不仅可以作为自身进步的方向和准绳,而且能够将其质量的提升落到实处,不再是仅仅依托支部书记、年级辅导员、班主任等的主观评判,更要求具有科学性和公平性,为后续发展工

作提供依据。要做到质量优先,兼顾数量。每个季度进行量化评价,在基于培养联系人定性的文字评价上,多维度、全方面。基于看得见的成绩,在党团共建的大前提下,通过学业成绩、作用发挥、日常表现、支部评价及民主测评,建立行之有效的评价体系,多方位对其进行评价,以"成熟一个,发展一个"为原则,净化后备力量,做到价值引领,切实保证学生党员队伍的先进性和纯洁性。

（二）结合学生实际需求,创新培养教育模式

1. 多种形式丰富党课内容,使培养教育趣味化

将时事分析课程纳入党课培训内容,以与当代大学生相关的时事政策为切入点,例如大学生群体关注的就业、入伍等政策,阐明党和国家的大政方针政策,帮助其养成关注时事的良好习惯,开阔视野,从精神层面激发其学习和为祖国做贡献的内生动力,由被动接受转变为主动汲取,不仅能够使其在耳濡目染中养成良好习惯,更加有助于大局意识和大格局的形成。

2. 开展多种形式的实践活动

将定期组织参观爱国主义教育基地纳入教育的必要组成部分,带领其深入实地,真切感受和体会爱国主义教育和老一辈无产阶级革命家的理想与信念,在实地走访中培育党性修养,改变以往由团支部组织开展团日活动或团课活动等形式,在党团委的共同推动下提升综合素养。

3. 大班党课的基础之上,进行结组交流

结合正式党员、预备党员和入党积极分子的数量,制定小班党课交流,形成正式党员带预备党员、预备党员带入党积极分子的"双带"模式,以每组为最小单位,组内互相进行党课讲授,通过在一定范围内对主题的选取和备课、从形式和内容上互相进行全方位点评,深化自己对党史、党的理论知识和形势政策的认识,使学习贯穿培养考察的全过程,进而增强党性教育的连贯性和经常性。

4. 将预备党员纳入对入党积极分子的自主培养当中来

预备党员认领入党积极分子,按照1∶2或1∶3的比例定向培养,分享个人成长历程,包括学业上、学生工作经验、日常生活压力疏解等,不仅可以发挥朋辈关怀的作用,在最大程度上用经历引路,同时也是对预备党员积极性、认同感的培养以及对责任意识、担当精神的锤炼。党建带团建,高年级带低年级,划分班

级团支部到各党支部,定期参加支部大会。

（三）加强引领,逐步认识"自我教育"重要性

自我教育、自我追求是入党积极分子进步的内生动力,要从思想上提高认识,尽管党团是强大的后盾,但自我教育观念是前提,充分发挥出大学生自身的主观能动性,使其认识到独立个体的强大生命力。制定入党积极分子成长手册,手册中列明任务清单,院校在培养教育中起到引导、引路的作用,不强行安排任务,可自选完成各自擅长的内容以积累相应学时,将被动推进转变为主动发挥优势,将不够端正的入党动机转移到自我教育、自我管理、自我服务、自我监督中来,帮助其树立"自愿积极"的理念,引导其你追我赶,争做思想上的生力军和行动上的带头人。

（四）校内外联动,增强身份认同感

一方面,邀请已毕业的优秀党员校友回校,结合自身工作经历讲授个人事迹和感悟,以身边的榜样为标杆和精神引领,以榜样的力量深化荣誉感、认同感。另一方面,组织入党积极分子出校,以志愿服务为抓手,提高入党积极分子的责任感和服务意识。基于不同类别的高校进行分层分类团队志愿服务①,例如艺术学院通过舞台表演或其他形式的艺术表演为孤寡老人送去温暖和欢乐,法学专业学生走进社区进行普法宣传等,以专业方向强化个人奉献、服务意识的烙印,学校学院作为培养方搭建供其展示自我价值的舞台。

四、结语

新形势下,党中央正在不断加强党的建设,高质量高水平发展,这对高校学生党建工作提出了新要求。大学生入党积极分子的教育和培养是确保学生党员发展质量的重要环节,他们既是共青团中的佼佼者,又是为学生党员输入新鲜血液的重要后备库,我们要在党团共建的大前提之下,充分认识到其重要性,并不断引导其提高思想觉悟,实现自我教育、自我管理,为党组织提供可靠的人才保证。

---

① 吴艳:《分类分层培养下大学生入党积极分子在"四自"教育中作用探析》,《教育教学论坛》2019年第49期。

地方本科院校法学学生
就业困难成因及对策研究

王　璐[①]

一、引言

麦可思研究院 2017—2019 年发布的就业统计数据中显示，毕业生半年后就业率最低的学科门类均为法学，2016—2018 届法学学科就业率分别为 85.1%、85.3% 和 84.9%[②]。同时，法学专业连续三年被列为本科就业红牌专业。如果将时间拉到更早的 2010 年，则可以发现法学专业在近十年中一直是红牌专业，红牌率高达 89%，位居各专业之首。

法学专业就业为何如此之难？是生源的因素吗？以笔者所在学校为例，近三年法学专业录取情况如下：一志愿报考率分别为 136.51%、161.66% 和 138.58%，一志愿录取率分别为 72.91%、81.89% 和 72.94%，调剂录取率分别为 0.8%、0 和 0.39%，这三个维度可以反映出考生的报考热度和对专业的认可度，报考率超过 100% 说明考生报考踊跃，生源较为充足。此外，录取的学生中一本线上生源比例分别为 56.73%、62.6% 和 85.1%，生源状况逐年提升。一本线上生源可以反映出考生的学业水平，一般来讲，学生高考分数越高，其学习能力和综合素质就越高，进入大学后学习能力和学业表现就可能越好，因此，一本线上

---

① 王璐，天津商业大学法学院副书记。
② 《2019 年中国大学生就业报告（就业蓝皮书）》，搜狐网，2019 年 8 月 29 日。

生源越多,学生整体质量越高。通过以上数据可以看出,在笔者所在的天津商业大学,就业问题与生源因素没有直接关系。

既然就业问题与生源无直接关系,那么成因到底为何? 本文中,笔者以天津商业大学为例试图对就业困难成因进行剖析,虽然该校并不能代表国内全部法学专业的实际情况,但是这种"解剖麻雀"仍然有价值,特别是对于同类地方本科院校具有一定的借鉴意义。

二、法学专业就业困难成因分析

(一)毕业生数量供大于求,且区域间分布不均衡

法学教育经历了"文革"期间的衰落后,到了 20 世纪 80 年代开始恢复,90 年代初随着改革开放和市场经济对法律人才的需要进入了快速发展期,在这期间,国内高校纷纷兴办法学系,后成立法学院,法学专业招生规模与数量突飞猛进。从 20 世纪 90 年代末开始,随着高考扩招,高等教育进入大众化阶段,全国高校都普遍呈现出兴办热门专业的趋势,据相关研究表明,早在 2007 年普通本科学校的专业设置中,50% 的本科院校设置了法学专业①。以天津为例,截至目前,17所本科院校中有 10 所高校开设了法学专业,2019 年招生计划从几十人到数百人不等,如果再加上三本等独立院校,每年的专业总招生规模在 1000 人以上。除去考研、出国等继续深造的学生,每年也有大约近千名法学本科毕业生进入就业市场,若再加上往届生中未就业的毕业生,则数量相当可观。

在强调高校特色发展、内涵建设的今天,不结合自身实际情况和办学定位,盲目兴办热门专业以及扩大热门专业的招生规模所带来的种种弊端开始显现,学科专业设置的不合理影响了学校的资源配置和整体发展,毕业生就业率低成为影响学校发展和社会声誉的重要因素。然而,与部属高校不同,地方本科院校教育经费来源主要为财政拨款,因此招生规模的稳定性对学校发展至关重要。砍专业或调减专业计划等动态调整方式牵扯的因素太多,最直接的影响就是专业任课教师的"生存"问题,而其他专业也未必有能力来接纳法学专业减掉的计

---

① 陈国良、董业军、王秀军:《我国高等教育布局结构面临的挑战及对策建议》,《复旦教育论坛》2011 年第 9 期。

划,因此,对于高校管理者而言,完全按照市场需求调整专业设置或招生规模,实施起来并不容易,动态调整的实施难以与政策要求同步,这就导致法学专业毕业生的绝对数量过大。

另一方面,毕业生就业地区分布不均衡,表现为东部地区过剩,无法满足毕业生充分就业,而中西部地区严重不足,呈现出一岗难求的局面。这种状况由来已久,早在 2005 年,申爱山的一项调查中显示,全国不仅还有 206 个县没有任何律师,更多的中西部省、区每个县往往只有一两位律师,甚至不能建立一个律所①。甚至到了 2013 年 7 月,全国共 174 个县(市、区)没有律师,其中 132 个县(市、区)既无律师事务所又无律师,42 个县(市、区)有律师事务所而无律师,涉及 16 个省(区),无律师县绝大部分在西部贫困地区。虽然司法部 2014 年的相关报告中指出,到 2014 年 6 月,全国 174 个县无律师问题已全部解决,但就历史基础和经济发展现状看,中西部地区与东部地区相比,律师规模仍然存在较大差距,这在刘思达、梁丽丽、侯猛等人的研究中均有所体现。就本校法学专业而言,每年大约有 70% 的生源来自中西部地区,30% 的生源为包括东部省份在内的其他地区,但近三年对毕业生的就业追踪数据显示,70% 左右的毕业生留在京津冀地区,只有 30% 的毕业生回到原籍就业。从全国的情况看,西部地区高校数量比东部地区少,西部地区学生到东部高校求学,毕业后不回原籍就业,这就进一步加剧了不同地区间毕业生分布的结构性失调。

(二)高校人才培养质量无法满足社会需求

一是高校办学同质化,人才培养特色不突出,学校"烙印"不明显。例如查阅天津市绝大部分高校招生简章,很难看出 A 校与 B 校的法学专业在培养目标和课程设置上有什么差别。如前所述,进入 2000 年后,在高校扩张的过程中,办学成本低、收益大的专业在几乎每所高校都会出现,进而完成综合型大学的升级。但是这些新增的专业因为与学校办学定位、学科布局、历史积淀关系不大,很难形成相互支撑的特色学科群。地方本科高校的办学定位和主要任务通常为服务地方经济社会发展,因此,在这类高校中法学专业如果不能借助学科群优势办出

---

① 《西部律师状况堪忧》,《法制日报》2005 年 9 月 8 日。

专业特色,就很难对接行业需求进而解决就业问题。专业没有特色最明显的体现便是毕业生的学校"烙印"不明显,以天津商业大学为例,学校的办学理念是培养具有深厚商学素养的复合型应用型创新创业人才,但法学专业近三年毕业生中在金融行业就业的学生比例为4.46%,自主创业的比例为1.78%,"面向和服务现代商业系统"在专业人才培养成效上体现得并不充分。

二是学生就业能力缺失,难以胜任岗位需求。王霆、曾湘泉早在2009年的研究中指出,结构性失业是当前高校毕业生就业的核心问题,而大学生就业能力缺口是导致结构性失业的主要原因①。十年过去了,学生就业能力不足的情况不仅没有得到改善,反而越加突出,在一定程度上反映出部分地方高校对学生就业工作的重视和投入不足。在硬件投入上,有的地方高校甚至没有固定场所用于举办招聘会,无法为学生和招聘单位提供有效沟通的场地。在软件投入上情况更加堪忧,在十多年前高等教育刚刚进入大众化阶段时,应该预见到在一定周期过后,毕业生数量激增和学生就业能力缺失导致的就业率低的问题会愈加明显,而很多高校并没有主动提前谋划学生就业能力的培养和提升工作,有的高校尚未将就业或生涯规划方面的课程列入必修课,仅仅开设了选修课供学生自主选择。具体到专业,虽然有专业培养目标,但对学生完成专业学习应该达到或具备的专业素养和能力无从检验,以致学生进入工作岗位后无法胜任岗位要求,导致有些岗位如公司法务,基本不进行校招。

(三)学生普遍缺乏对就业的正确认识

一类学生就业观存在偏差。表现为对自身评价过高、对岗位的期望值过高、倾向于在经济发达省份就业以及过分强调专业对口的现象,主要集中在学业成绩较好的学生群体上。复旦大学的陆优优在针对本校法学专业学生的调查中均体现了这几点现象。天津商业大学也是如此。择业期的学生最为关注薪水问题而非发展前景、上升空间、岗位匹配度等因素,4000元以下的岗位对学生缺少吸引力;近三年毕业生中70%留在京津冀地区,对于待遇优厚的基层就业项目少人问津;近三年,59.8%的毕业生中,选择法律相关行业就业(含法院、检察院、律师

---

① 王霆、曾湘泉:《高校毕业生结构性失业原因及对策研究》,《教育与经济》2009年第1期。

事务所及政府部门、事业单位）。这可能是受传统思维影响，认为法学是智者之学、治人之学，从事的大都是检察官、法官等社会地位高、收入稳定的职业，因此，学生择业面窄，不甘心也不情愿"学了四年法律去做其他工作"。

还有一类学生存在着"懒就业""慢就业""怠就业"等不正确的想法，主要集中在学业成绩不佳、自我评价较低，以逃避的形式回避就业的学生群体上。"90后"大学生普遍存在以自我为中心的现象，强调个人感受，缺乏吃苦精神和担当精神，当外部条件达不到自己的预期时，不是通过努力来改变现状，而是选择逃避。加之家庭因素的影响——笔者与未就业学生聊天时，有相当一部分学生表示"家里说如果没有找到合适的工作就先等一等，不着急随便找一份工作"——导致学生就业观错位，责任感缺失。市场经济的发展使得很多家庭经济状况得到改善，已成年子女不再作为家庭经济的重要来源，父母的影响使一部分学生在就业问题上出现"慢就业"现象。

（四）我国法律职业考试制度制约毕业生一次就业率

我国现行的国家统一法律职业资格考试，其前身为国家司法考试，2018 年国家司法部对该考试进行了改革。改革后，除律师、法官、检察官等传统法律职业从业需要通过该考试，其他与法律相关的行业也需要通过考试方可从业，这一变化无疑提高了法律相关行业的从业准入标准。该考试因每年通过率极低而被称为"中国第一大考"，即便是高校法学专业学生的考试通过率普遍高于国内平均水平（一般为 10% 左右），但仍然有相当数量的学生无法在毕业前通过该考试，需要在毕业后继续复习来年再考，这在很大程度上影响了当年的初次就业率。而毕业前已通过法考的学生中又有相当一部分因为准备法考而来不及准备同年的研究生考试，选择来年考研，放弃了就业，又拉低了当年的一次就业率。笔者曾经向很多通过法考而未就业、转年"二战"的学生调研，为何不选择先考研，研究生期间再准备法考？学生普遍认为如果考研没成功就"一无所有了"，如果先通过法考至少可以有就业的资格，求稳保底的心态占据了主要方面。法学专业就业的特殊要求是初次就业率低的重要因素，无法回避。

三、对策与思考

毋庸置疑，地方本科院校毕业生在就业市场上的竞争力、对企业的吸引力都无法与部属高校相比,这在不同层次学校来校招聘企业的质量,以及毕业生进入世界 500 强企业的比例这两个维度中都能得到印证。因此,对于地方本科院校而言,认真分析研判就业困难成因、寻找破解之策成为亟待解决的问题,否则将会严重影响地方高校的发展和法学专业教育的发展。对此,笔者有如下思考:

(一)根据市场需求合理控制专业招生规模,结合学校特色办出专业特点

根据市场需求合理调控专业的招生规模不仅适用于法学专业,也适用于所有专业,能够从根本上改变供大于求、产出滞留的局面,但是仅靠高校办学一方恐怕很难完成这一任务。因为高校在制定专业招生计划即确定某一专业规模时,既没有行业现有规模、年需求量、未来发展走势等数据作为参考依据,各高校之间也无法相互协调统筹地区总体招生规模,这就使得市场的调控作用失灵。想要发挥市场的调控作用,就必须市场、政府、高校三方共同发挥作用。市场、行业要规范发布行业相关数据,笔者从网上查询律师行业的各地分布、某一地区年需求量等数据,几乎查不到相关信息;教育主管部门要发挥调控、监督与指导作用,在确保高校办学自主权的同时,协调好行业与高校的信息对接、高校与高校间的统筹分配,在高校制定招生计划时确保有据可依;地区人力主管部门要做好供给侧改革的精准服务,为毕业生与市场精准对接提供平台,牵好线搭好桥;高校要主动关注国家经济发展情况,关注市场动态,做好行业发展研判,对于就业率低、市场需求量小的专业,及时调整招生计划和招生计划在各省的分布。

此外,高校一定要突出专业办学特色,依托学校优势学科加强专业建设。从学校的角度,这样不仅可以使学科建设形成互相支撑的学科群,发挥更大优势,利于学校的办学发展;从专业的角度,也能够依托学校优势,实现学生的更广泛就业。但现实中,除了传统法学院校以外,法学专业在地方高校中依托学校优势的办学成果并不明显。以本校法学专业为例,培养具有商学素养的高素质法律人才是专业培养目标,但学生商学素养的达成度并不容易检验,学生可能只是选择了一些经济类、管理类、财会类课程完成了学分,并没有对于其后续就业产生影响,很多学生在择业时仍然倾向于选择传统法律职业,对于新商业领域出现的新行业,如法律人工智能、"互联网+"产业等其他行业,则关注度相对较低。可见,地方高校法学专业想要满足社会需求,必须差异化发展,只有每个学校培养

出的法律人才都具有其他学校没有的优势,形成各具特色的生动局面,才能满足各个行业对法律人才的需要。

（二）将就业作为人才培养的核心,提升学生就业能力

就业是人才培养的重要环节,对于地方本科高校而言也是关键环节,因为地方本科高校大多以教学型、应用型为主,培养的是适应社会需求的劳动者,因此,评价专业人才培养质量,如果不考虑就业是不完整的,如果就业情况不佳,毕业生不能充分的、高质量的就业,也不能说明人才培养是合格的。要从人才培养的角度出发,科学制定提高学生就业能力的实现途径,打通人才培养的"最后一公里"。西方国家从很早就注重学生就业能力的培养,从自身劳动力市场特点出发提出劳动者就业能力模型。近年来,国内开始重视专业认证工作,对学生达到毕业要求所应具备的知识、能力、素质提出明确而具体的要求,并对实现途径做出具体描述,如广东省地方本科院校五邑大学就已经完成了对全部本科专业的专业认证,具有非常强的可操作性和借鉴意义。更多地方高校应该通过专业认证好好梳理论证学生的"培养目标达成度""毕业要求达成度"和"就业能力达成度",在人才培养方案中得以体现。

此外,要重视学生生涯规划意识和职业技能的培养,通过课堂教学的形式加以强化。要教给学生必备的求职技能,这不应仅仅是面向各个专业的通识知识,更应该根据不同专业所面向的行业进行有针对性的培训,让学生在求职之前就掌握必备的职业技能和求职技能,而非通过自己不断的"试错"来积累经验。2020 年 3 月出台的《中共中央国务院关于全面加强新时代大中小学劳动教育的意见》里明确提出,高等学校要围绕创新创业,结合学科和专业积极开展各类劳动教育和实践,使学生积累职业经验,提升就业创业能力[①]。相信随着劳育重新被重视起来,对大学生就业意识、就业能力提升会有很大的促进作用。

（三）加强思想教育,提高学生就业责任感

近年来,很多地方本科院校就业工作人员都普遍感受到,就业指导工作到最后往往成了思想教育工作,不是岗位供应不足,而是岗位与毕业生心理预期不匹

---

① 新华社:《中共中央国务院关于全面加强新时代大中小学劳动教育的意见》,2020 年 3 月 26 日。

配,学生不想就业。如何让学生从不想就业变成主动就业? 首先要树立学生的就业责任感和使命感。从学生个体角度讲,虽然现在大部分本科毕业生不需要承担家庭的经济负担,但就业是一个人成长过程中必须经历的,是个体成长成熟的标志,经济独立是人格独立的基础,经济独立只能通过就业来实现。对于社会需要而言,在实现中国梦的新的伟大征程中,需要这一代青年人的接续奋斗,青年学生通过就业来实现自立、通过奋斗来实现成功就是对责任和担当的最好诠释。

其次要形成家校配合的工作合力。当前"90后""00后"学生的家长基本上是20世纪70年代生人,这一代中相当一部分人的成长伴随着国家政治稳定、经济复苏、物质精神生活繁荣发展的过程,奋斗的意识在这一代人身上已经开始模糊,他们教育子女的理念已然与从前大不相同。很多时候,老师们苦口婆心的劝导抵不上家长的一句"家里养你"的承诺。因此,要转变当下学生的就业思想,唤醒他们的就业意识,仅做学生的思想工作还远远不够,还要取得学生家长、家庭的通力配合,与校方共同努力方能起到作用,这也需要全社会共同营造积极向上的良好氛围。

(四)科学统计就业率,真正发挥就业统计对高校办学的指导作用

一是要建立就业率科学合理的统计方法。2019年5月,教育部发布的《关于进一步加强高校毕业生就业状况统计核查工作的通知》释放出强烈信号,对毕业生就业状况的追踪被越来越重视,不仅就业数据的真实性至关重要,对毕业生就业状况的持续追踪也逐渐制度化、完善化,目前天津市高校按照上级主管部门要求通常是从毕业生离校起一年内分阶段进行4—5次追踪。但是这些阶段性的就业数据并没有纳入专业整体就业率的考量中,教育主管部门进行各类决策以及面向社会发布就业数据仍然以8月底的初次就业率为准(目前看,未来还有提前的趋势),这对于法学专业而言不仅仅是不公平,更缺乏科学性。2018年改革后的法律职业资格考试规定,未取得法学专业本科学历不得参加考试,这就意味着从2018年入学的学生开始,最早只能在毕业的当年参加考试,届时将会进一步拉低初次就业率,显然这个时间节点的就业率对于法学专业而言并不能说明毕业生的就业状况。根据天津商业大学法学专业就业追踪的情况看,学生在毕

业后一到两年内基本陆续实现就业，相当一部分学生实现了高质量就业，如果对毕业生的就业状况进行三到五年的持续追踪，相信法学专业学生的就业状况（职业的稳定性、收入水平、毕业生对工作的满意度等因素）是比较乐观的。因此，就业率的统计方法不应该仅以初次就业率为准，还应充分考虑不同专业的特点、不同专业的就业特点，进行全方位、多时段的综合考量，以平均值或阶段性数值作为评估一个专业的依据。

二是要科学使用就业率。不同学校、不同专业情况不同，就业工作的基础和难度也不同，将就业率作为专业评价、就业工作人员考核、工作经费划拨的依据，无形中加重了就业工作人员的精神压力和心理负担，对于促进专业建设和就业工作有序开展会产生不利影响。因此，应该注重对就业率使用的科学性导向，对就业工作人员给予应有的人文关怀。

第二课堂视角下党团建设的工作路径探析

王　畅①

第二课堂包括除了主渠道第一课堂外的学生教育、管理、服务等各个方面的内容,贯穿学生培养的全过程。加强第二课堂建设对于提高人才培养质量具有十分重要的意义。党团建设作为第二课堂建设的重要组成部分,对于高校校园文化的形成,以及学生价值观的养成具有引导作用。因此,在第二课堂视角下加强高校党团建设具有十分重要的意义。

一、第二课堂的内涵及意义

(一)第二课堂的内涵

“第二课堂”包含除第一课堂教育外方方面面的内容。“第一课堂”是传统的教学方式,根据人才培养方案科学开展人才培养,教师有系统的教材以及教学设计,并根据人才培养目标考察教学效果。但第二课堂并没有相应的教材,其形式多样,内容丰富,贯穿于大学生学习生活的方方面面,包含爱国主义教育、志愿服务、实习实践等众多内容。②

在第二课堂中,教师更多为辅助作用,由学生自发组成群体,进行课堂设计,利用所学的理论知识进行方案设计以及活动实施,达到自身思想素质、综合能力的提升,并影响参与活动的其他同学,扩展活动效果。在第二课堂建设中,学生

---

① 王畅,天津商业大学法学院辅导员,硕士。
② 韩笑、饶先发:《第二课堂背景下提升团员青年价值观引领实效性的价值理路和践行策略研究》,《高校共青团研究》2020 年第 1 期。

组织和社团发挥着重要作用,并占据主体地位,各类学生社团、学生组织组织的不同主题的讲座、演讲、合唱、手抄报等活动均为第二课堂的内容,并影响着校园文化建设。

(二)加强第二课堂建设的重要意义

在现阶段,较多的学生在进入大学校园前将大部分的精力用于课堂学习,并且课业压力延伸到了学生日常生活的其他时间,学生较少有时间进行兴趣培养、自我探索,提升综合素质。大学的教育目标是培养高素质综合型人才,第二课堂给予了学生更多的发展空间和自主性。学生可以根据自己的兴趣爱好和专业特点加入各类社团,也可以加入团委、学生会等学生组织进行锻炼,为学生日后的职业发展打下良好基础。

第一课堂根据教学大纲开展教学活动,在学生思想政治教育以及实践锻炼等方面需要"第二课堂"进行有益补充,二者是相辅相成的系统整体。第二课堂可以对第一课堂的内容进行拓展和延伸,更加全面地开展素质教育,提升学生综合能力,培养新时代社会所需的创新创业人才。

第二课堂包括创新创业、比赛竞赛、志愿服务等众多内容,学生在参加相关活动时,不仅可以提升综合素质,同时可以获得自身荣誉。这些荣誉奖项可以作为"第一课堂"评价机制中的重要参考,对学生奖学金、荣誉称号的评定以及考研、就业产生积极作用。

二、加强党团建设的必要性

(一)丰富第二课堂内涵

第二课堂是开展大学生思想政治教育活动的重要途径,但目前的发展仍然存在一定的局限性。主要表现在缺乏科学完善的培养计划,师资力量不足,教师与学生对于第二课堂重要性的认识不到位等,导致第二课堂"三全育人"的作用发挥在某些方面达不到预期的效果。现阶段高校中的青年学生大部分为共青团员,基层团组织对其价值观的培养具有重要作用。基层党组织作为广大青年学生接触最多的党组织,可以直接影响广大同学对党的认识,并对其价值观的塑造产生影响。因此,将党团的引领作用深入到第二课堂建设中,可以帮助广大青年更好地树立人生观、世界观、价值观,并能将第二课堂的思想引领作用更好地发挥出来,加强党团组织对第二课堂活动开展的思想指导。

（二）新时代思想政治教育的需要

现阶段,高校在校生以"00"后为主要群体,他们成长于21世纪,生活环境更为舒适安逸,在价值判断、思维方式等方面更为多元化,容易受到多方思想的影响。高校学生的社会化程度不高,进入大学使得其直接暴露在了社会环境中,但价值观的塑造尚未完成,情感表达更加感性化,缺少社会实践,更加容易受到一些不良环境的负面影响。青年是"时代最灵敏的晴雨表,表征着时代最为深层的精神状态",各级党组织和党员干部都肩负着履行好培养新一代青年的政治责任。将党团建设与第二课堂建设不断融合,可以加强党团组织的组织引领作用,加深青年对党团组织的情感和信任,令青年学生在党团组织中不断学习党的先进理论知识,培养社会主义核心价值观。

（三）党团组织自身建设的需要

高校党建为高校日常教学工作以及学生的教育管理等多方面的教育工作提供指导,解决"培养什么人,为谁培养人,如何培养人"这一根本问题。加强党团组织建设是贯彻党的教育方针的重要保障,党团工作要与教学工作紧密结合。但目前大部分党支部活动局限在支部内部,并以理论学习为主,学生党员的学习积极性、主动性不高,导致党员教育活动实效性不佳;团支部活动虽覆盖了大部分的青年学生,但缺乏有效的指导,不能有效达到思想政治教育的目标。将党团建设与第二课堂建设相融合,可以丰富党团活动的形式与内容,调动党团干部的积极性,加强党团组织自身建设,同时可以发挥党团干部对于青年学生思想价值引领的朋辈帮扶效应,创建党团引领创新性人才培育新模式,增强人才培养实效。

三、第二课堂视角下的党团建设工作路径探析

为加强党团育人效果,法学院充分将第二课堂建设与党建建设相融合。近年来,法学院学生工作始终以育人效果为导向,大力推进"党建育人"与"专业育人"相结合的"双育"模式,服务学院中心工作。在建设过程中,不断总结工作经验,对第二课堂视角下党团建设的工作路径进行了初探。

（一）抓实党团队伍建设，引领青年积极向上

正确理论是正确行为的先导，积极抓实党团队伍建设，提升青年思想政治素质，提高学生整体素质。朋辈帮扶是大学生日常教育的重要形式，由于朋辈间年龄、认知等多方面的相似性，其在思想政治教育领域往往会有意想不到的效果。党团队伍学生干部分布在各个年级的学生群体中，因为其身份特性，接受了更多的理论知识学习，也更容易在教师的引导下，端正自身价值观，对学生队伍整体素质的提高具有带动作用。因此，加大党团学生干部队伍的思想政治素质培养具有重要的意义。在培养的过程中，我们不仅可以通过党日活动、团日活动、党课、团课等形式加强学生干部的理论学习，还可以通过实践的形式，如带领学院青年学生干部参观中国女排精神展、抗击新冠疫情纪实展等具有丰富精神内涵的实践活动，不断增强学生干部的责任意识、大局意识，提高了学生干部的理论水平和综合素质。

（二）加强思想动态调研，提高党团活动质量

思想动态调研是了解学生思想的重要途径，可以帮助高校工作者更好地深入学生群体，了解学生的所思所想。在对学生的调研中发现，现下学生思维活跃，更愿意通过一些新颖的形式接受思想政治教育。基于法学院学生思想行为特点，我们有针对性地开展了党团教育活动，开展了一系列形式新颖、内容丰富的爱国主义教育活动，录制"今天是你的生日，我的中国"爱国歌曲MV，举办经典阅读活动，穿军装重走长征路等，都受到了广大同学的热烈欢迎和积极参与。由于学院学生党员多，未来的职业对于思想品德和纪律修养有比较高的要求，学院学生工作在学生思想道德和行为规范教育方面，加强了党团建设的工作力度，在爱国主义教育、廉政警示教育方面着力去培养。此外，还有一些学生日常安全管理方面的讲座，防范校园暴力节目录制、民警进校园等活动，力争用新颖的形式达到教育的效果。在党团建设引领思想政治教育的同时，针对法学专业特点，就热点的法律问题或法律知识进行专业讲解，开展讨论，拓展思路，将思想教育与专业教育相结合，让思政工作在潜移默化中引导学生。

（三）挖掘资源平台，提升党团教育针对性

现阶段，法学专业毕业生存在二次考研者群体比重大、公务员考试群体比重

大、慢就业缓就业群体比重大等诸多特点,导致法学专业就业情况相较于其他专业不容乐观。究其原因,除了法学专业特点的原因外,同学们较少接触外部环境,缺少职业规划也是一个重要原因。为提升党团教育针对性,落实党团教育实效,我们要不断挖掘平台和资源,带着广大党团干部以及青年学生尽可能多地走出去了解行业,了解外面的世界,开阔学生眼界。在校期间,便为学生埋下职业生涯的种子,打造党团干部就业先锋,发挥党团组织的引领作用,在党团干部的带领下,树立学生正确的就业观,帮助学生尽早就业。

（四）党建业务相融合,锤炼责任担当

党建业务融合,合力推进人才培养工作取得实效,以党风促学风,抓好学风建设,指导实践活动。在学生进行专业学习的同时,社会实践对于学生综合素质的发展具有重要的作用。党团组织要将党团建设与学生的发展相联系,鼓励学生积极投身到国家的建设中,锤炼自身品德,不断担当作为。因此,在学生日常培养过程中,我们要积极鼓励学生参加暑期社会实践等志愿服务活动,并在党日活动、团日活动中积极组织学生进行志愿服务,将志愿服务思想融入学生的日常学习生活。在就业观的树立方面,鼓励学生毕业后参加西部计划、"三支一扶"、社区工作者等基层项目,不断提升自我价值。

压力情境下心理韧性
对大学生心理健康的保护效应[*]

王　丛[①]

2018 年,教育部在印发的《高等学校学生心理健康教育指导纲要》文件中明确要求"将心理健康教育纳入学校改革发展整体规划,纳入人才培养体系、思想政治工作体系和督导评估指标体系""培育理性平和的健康心态,加强人文关怀和心理疏导"。尽管教育部高度重视大学生的心理健康问题,然而大学阶段是个体从青少年向成年的过渡阶段,个体无可避免要面对新环境的适应、人际网络的重建、课业负担、继续深造和选择就业等诸多压力,因此关于焦虑、抑郁、社会退缩和心理韧性低下等心理健康问题越来越多地出现在有关大学生群体的报告中。

与其同时,在高等教育环境中,心理韧性因其对大学生压力的缓冲、学业成绩的改善作用而备受关注。已有证据显示,心理韧性是大学生成功适应大学生活、提升自我效能感和学业成功的重要因素,它能削弱负性事件的影响并使大学生成功应对逆境[②]。基于此,本文将抓住这一焦点问题,从心理韧性"激活—缓

　＊　本研究系天津市教委科研计划专项任务项目(心理健康教育)一般项目"压力情境下心理韧性对大学生心理健康的保护效应"(项目编号:2020ZXXL – GX30)阶段性成果之一。
　①　王丛,天津商业大学法学院讲师,心理学博士。
　②　Allan J F, McKenna J, Dominey S. Degrees of resilience:Profiling psychological resilience and prospective academic achievement in university inductees[J]. *British Journal of Guidance & Counselling*, 2014, 42(1): 9 – 25.

冲—重整"的动态视角出发,系统梳理压力情境下心理韧性对大学生心理健康保护效应的相关研究,科学把握压力情境下认知重评与正念对大学生心理韧性的作用路径,为培育大学生理性平和的健康心态、加强对大学生的人文关怀和心理疏导提供借鉴思路。

一、大学生心理韧性的研究现状

心理韧性(resilience)也译为心理弹性、复原力或抗逆力,指成功地适应威胁自身功能、生存能力或自身发展的重大挑战的能力系统。尽管传统上心理韧性被描述为一种稳定的人格特质,但最近的研究认为它是一种过程或一种动态的心理资源,通过个人与环境中新出现的风险/机遇的交互作用而形成[①]。心理韧性是个体心理健康的保护因子,心理韧性较强的个体能够灵活应对压力事件、处理消极情绪,心理韧性能够正向预测个体的主观幸福感和生活满意度[②]。因此,具有较强心理韧性的个体更有可能从压力中"反弹"。

现有的对大学生心理韧性的研究主要集中在以下三个领域:

(一)考察大学生心理韧性的潜在影响因素

探索自尊和社会支持对大学生心理韧性和创伤后成长的积极作用[③];学习成就动机、科学学习的享受感、科学话题兴趣、学习动机等对大学生心理韧性的预测效应[④]。

(二)考察大学生心理韧性的过程与机制,分析内外保护因子与危险因子的交互作用

提出心理韧性视角下的大学生自杀干预策略[⑤];心理韧性对大学生心理健康

① Lundberg J, Johansson B J. Systemic resilience model [J]. *Reliability Engineering & System Safety*, 2015, 141: 22 – 32.

② Tugade M M, Fredrickson B L. Resilient individuals use positive emotions to bounce back from negative emotional experiences[J]. *Journal of Personality and Social Psychology*, 2004, 86(2): 320 – 330.

③ 周海明、时勘、李志勇、马丙云:《贫困大学社会支持对创伤后成长的影响——有调节的中介效应》,《中国特殊教育》2014 年第 1 期。

④ 刘乾铭、黄素君:《寒门学子如何突破困境——香港抗逆学生的影响因素及启示》,《教育学术月刊》2018 年第 11 期。

⑤ 同雪莉、彭华民:《抗逆力视角下高校学生自杀原因及干预路径探析》,《中国青年研究》2014 年第 8 期。

的预测效应通过积极情绪这一中介变量实现[1]；心理韧性对大学生幸福感的预测效应通过积极情绪的部分中介作用实现[2]。在遭受童年逆境经历的大学生中，抑郁与心理韧性成反比[3]；心理韧性和当前压力事件是童年逆境经历和大学生抑郁之间的中介因素[4]；心理韧性作为中介缓冲了父母拒绝与大学生抑郁症状之间的相关性[5]；此外，与没有寻求帮助的大学生相比，因心理健康问题而寻求帮助的大学生表现出较低的心理韧性水平[6]。

（三）研究大学生心理韧性的培育途径

针对大一新生开展培育心理韧性的团体辅导活动[7]；利用网络互动和网络支持提高大学生的心理韧性水平[8]。

现有研究仍存在三方面的可扩展之处：一是研究内容——现有研究多基于心理健康的个别积极或消极指标，而缺少心理韧性对大学生整体心理健康保护效应的研究。且大多数研究只考察了压力情境下大学生个体的心理或行为指标，缺少对生理指标的考察。二是研究对象——当前研究多以某个特定的大学生群体为对象，例如贫困大学生、有焦虑、抑郁问题甚至自杀倾向的大学生群体，难以展示大学生心理韧性的全貌。三是研究手段——缺乏压力情境下心理韧性对大学生心理健康的保护效应的纵向研究和实验研究。短时间的横向调查无法

---

[1]　赵晶、罗峥、王雪：《大学毕业生的心理弹性，积极情绪与心理健康的关系》，《中国健康心理学杂志》2010 年第 9 期。

[2]　王永、王振宏：《大学生的心理韧性及其与积极情绪，幸福感的关系》，《心理发展与教育》2013 年第 1 期。

[3]　Howell K H, Miller - Graff L E. Protective factors associated with resilient functioning in young adulthood after childhood exposure to violence[J]. *Child Abuse & Neglect*, 2014, 38(12): 1985 - 1994.

[4]　Kelifa M O, Yang Y, Herbert C, He Q, Wang P. Psychological resilience and current stressful events as potential mediators between adverse childhood experiences and depression among college students in Eritrea[J]. *Child Abuse & Neglect*, 2020, 106: 104480.

[5]　Sart Z H, Borkan B, Erkman F, Serbest S. Resilience as a mediator between parental acceptance-rejection and depressive symptoms among university students in Turkey [J]. *Journal of Counseling & Development*, 2016, 94(2): 195 - 209.

[6]　Hartley M T. Assessing and promoting resilience: An additional tool to address the increasing number of college students with psychological problems[J]. *Journal of College Counseling*, 2012, 15(1): 37 - 51.

[7]　许静：《大一新生抗逆力团体辅导的实证研究》，《心理科学》2010 年第 2 期。

[8]　刘冬：《"互联网＋"时代网络互动对大学生抗逆力的影响：网络支持的中介作用》，《黑龙江高教研究》2017 年第 12 期。

展现慢性压力情境下心理韧性保护效应的长时性以及心理韧性的动态发展过程,并且大学生需要面对的不仅有慢性压力,还有突发的急性压力,但鲜有研究使用实验法探查急性压力情境下心理韧性的保护效应。基于此,研究压力情境下心理韧性对大学生心理健康的保护效应,具有重要的理论价值与实践价值。

二、慢性压力与急性压力情境下心理韧性对大学生心理健康的保护效应

大学生面临的压力可依据其持续时间的长短,划分为慢性压力和急性压力两种情景。从测量的角度出发,以主观幸福感、生活满意度和积极情绪作为大学生心理健康的积极指标,以状态焦虑、抑郁和消极情绪作为大学生心理健康的消极指标,构建心理韧性对大学生心理健康保护效应的理论模型。尽管慢性压力和急性压力是威胁大学生心理健康的重要因素,然而并非所有经受压力的大学生其心理健康都会受到不良影响,不同个体受压力影响的程度并不相同,这取决于个体的心理韧性的"激活—缓冲—重整"过程。

作为输入刺激的慢性压力和急性压力,打破了大学生个体内部的动态平衡,心理韧性过程因此被激活。来自家庭、学校、同伴群体、社区乃至文化的压力源对大学生的心理健康造成威胁。在压力情境下,大学生个体的认知—情感单元(如认知重评和正念)通过人—环境的交互作用,形成一套稳定的应对机制,最终影响个体的心理韧性。人—环境的交互作用过程是动态的,大学生个体或主动或被动地尝试对面临的威胁、挑战或困难进行认知重评,并通过正念的四个机制,即对内在经验的意识、情绪调节、执行控制以及自我与他人的关联,大学生个体努力建构一个更具保护性的环境系统。此后大学生个体的心理韧性运用认知能力、精神特征、社会能力、身体能力和情绪管理能力缓冲、抵抗慢性压力或急性压力对心理健康的不利影响。心理韧性对大学生心理健康的保护过程或长或短,大学生个体经由逆境逐渐接触习得了压力应对技巧,帮助其从压力中回弹实现心理韧性重整,其反面结果则是适应不良。最终,适应结果可以预测大学生个体以后再遇压力时的心理韧性重整。基于此,探究压力情境下大学生心理韧性的"激活—缓冲—重整"动态过程对心理健康指标的保护效应,可以为大学生心理韧性的培养提供重要依据。

三、压力情境下认知重评与正念对大学生心理韧性的作用

认知重评是一种涉及主动反思事件或情境以改变相关情绪反应的策略。认知重评发生在情绪感知阶段，个体通过转换视角、焦点、参照系等方式，从认知性质重评、正性重评、乐观重评及理性信念重评四个方面对负性事件进行意义重建。对高等院校本科生的研究发现，认知重评能够产生更高水平的心理韧性，激发一种更具适应性的情绪，这一过程能够帮助个体在创伤或逆境中"反弹"并回到心理功能的适应水平①。

已有研究发掘了另一个与认知重评在调节情绪方面同样有效的变量——正念。正念和认知重评涉及相似的神经回路，即内侧前额叶皮质和杏仁核②。正念本质上是一种意识品质，包括对当下事件和经验的接受性关注和觉察。正念的结构也被证明与心理韧性，尤其是暴露于创伤后的心理调整有着重要的关系。自我报告正念水平更高的个体表现出更强的心理韧性③。此外，基于正念的心理干预措施（MBIs）采用率的增加证明了许多有益效果的触发，包括更高水平的心理韧性。正念训练可以降低抑郁和焦虑水平，最终改善心理韧性和心理健康。当然，正念与心理韧性之间的关系与高等教育背景下的大学生更为相关，一些针对大学生的相关研究已经证实了正念特质、心理韧性和心理健康之间的显著关系④。

值得关注的是，关于大学生情绪调节干预的一些最新证据表明，与认知重评相比，基于正念的调节策略更能减少负面影响。与单独的认知重评相比，综合的"正念的积极认知重评"（mindful positive reappraisal）方法产生的消极影响得分显

① Zarotti N, Povah C, Simpson J. Mindfulness mediates the relationship between cognitive reappraisal and resilience in higher education students[J]. *Personality and Individual Differences*, 2020, 156: 109795.

② Opialla S, Lutz J, Scherpiet S, Hittmeyer A, J? ncke L, Rufer M, Brühl A B. Neural circuits of emotion regulation: A comparison of mindfulness – based and cognitive reappraisal strategies[J]. *European Archives of Psychiatry and Clinical Neuroscience*, 2015, 265(1): 45 – 55.

③ Garland E L, Gaylord S A, Fredrickson B L. Positive reappraisal mediates the stress – reductive effects of mindfulness: An upward spiral process [J]. *Mindfulness*, 2011, 2(1): 59 – 67.

④ Galante J, Dufour G, Vainre M, Wagner A P, Stochl J, Benton A. A mindfulness – based intervention to increase resilience to stress in university students: A pragmatic randomized controlled trial [J]. *The Lancet Public Health*, 2018, 3(2): e72 – e81.

著降低①。这表明,认知重评通过更高水平的正念与心理韧性有关系。然而,到目前为止,尚没有研究探索认知重评、正念和心理韧性三者之间的关系,尤其是在大学生群体中。

四、未来研究展望

积极心理学的蓬勃发展促使大学生心理治疗的重心从疾病症状转移到提高个体幸福感和加强生活质量的积极方面,如乐观、快乐、创伤后成长和心理资本。在众多有价值的积极属性中,心理韧性是最受关注的因素之一。心理韧性与大学生的健康状况密切相关,它是帮助大学生个体从压力甚至灾难中恢复过来并成功应对逆境的关键因素。因此,研究人员和临床医生越来越感兴趣通过开展各种类型的社会心理项目来挖掘提高心理韧性的机制。一些团体咨询模式已被证实是增强心理韧性的有效方法,如 CBT 模式团体干预和团体艺术治疗②。然而心理韧性是一个动态的发展过程,其对压力的缓冲时效具有长期性。因此,未来研究如何科学地使用纵向追踪研究方法(如追踪时长、时间间隔、测量次数的设置等),是能否全面了解慢性压力、大学生心理韧性以及心理健康动态发展特点,以及在动态发展变化中变量之间的关系的关键环节。此外,在急性压力的实验设计中,如何综合测量被试的生理指标(如心率和唾液皮质醇)和心理指标(如知觉到的压力和状态焦虑),选取哪些指标作为心理健康的实时指标,对于大学生心理韧性分析的全面性和研究结果的推广性具有重要影响。

基于此,未来研究可从两个方面寻求突破。第一,研究内容方面,突破以往以静态视角研究大学生心理韧性的局限,从心理韧性的"激活—缓冲—重整"动态过程视角,分别考察慢性压力和急性压力情境下,心理韧性对大学生整体心理健康的保护效应。既要考察大学生心理健康的积极指标与消极指标,又要兼顾大学生个体的心理指标与生理指标。全面展示大学生心理韧性的动态保护机

---

① Pogrebtsova E, Craig J, Chris A, O'Shea D, González-Morales M G. Exploring daily affective changes in university students with a mindful positive reappraisal intervention: A daily diary randomized controlled trial [J]. *Stress and Health*, 2018, 34(1): 46-58.

② Jang H, Choi S. Increasing ego-resilience using clay with low SES (Social Economic Status) adolescents in group art therapy [J]. *The Arts in Psychotherapy*, 2012, 39(4): 245-250.

制,从认知重评、正念训练、心理韧性重整等策略层面出发,对大学生基于心理韧性的压力应对策略以及为制定有针对性的大学生压力干预策略提供依据。第二,研究方法方面,综合使用横向调查法、纵向调查法与心理学实验法。横向调查的重点是考察各变量之间的横向关系,探查认知重评与正念对大学生心理韧性的作用路径。纵向调查用于探明心理韧性的"激活—缓冲—重整"动态过程,明晰慢性压力情境下心理韧性对大学生心理健康的长期保护效应。同时,由于急性压力往往由突发事件引起,持续时间短暂,现实生活中的急性压力事件不具有可重复性,并且受无关变量的影响较大,因此未来研究可以在实验室情境中,开展急性压力情境下心理韧性对大学生心理健康的保护效应研究,使用实验法揭示心理韧性如何减弱急性压力诱发的心理反应和生理反应。

高校基层党支部建设与学风建设的
实践探索研究

谢　峰①

　　高校党支部是党员教育培训的重要基地,是党的先锋队的重要输出堡垒。高校基层党支部的学风建设水平高低,在很大程度上代表了全校的学风最高水平,优秀的学风建设又为新鲜的学生党员注入新的活力,也能发展更高水平的大学生党员,这在一定程度上反映了大学的建设水平。

　　一、高校基层党支部建设与学风建设现状

　　大学的主要任务是培养有利于社会的人才,为谁培养人？培养什么人？是我们首先要明确的问题。学风建设的水平高低,直接关系到毕业学生的综合素养,其中最主要的是培养良好的思想道德素质。优良的学风是高校建设的必要条件,且已成为高校建设工作中的重中之重。

　　这些建设方式见效快,反应迅速。但也有受限的一面——没能使学生主动地吸收,而是被动地接受。② 短时间会起作用,但很难持久地坚持下去。高校学生基层党支部可以说是先进的学生组织,通常其成员在学风方面也表现较为突出。

　　随着改革开放的不断深入,经济科技发展更为迅速,高校学生群体也越发规

---

① 谢峰,天津商业大学法学院组织员。
② 刘庆涛、周安忠、陈浩:《"互联网 ＋"下的高校学生党建工作探究》,《山东农业工程学院学报》2018 年第 11 期。

模宏大,高校基层党支部已成为学风建设不可或缺的重要组成部分,为提高学生综合素质和营造良好的学习氛围起到了重要的引领作用。

二、当前存在的问题

学风建设已成为各高校的常规工作,受到各部门重视。在学业上有所建树、在技能上有所提高,是当前大学生学习的重要目标。全球化、网络化的深刻变革,也对大学生这一群体影响深刻。大学生的活力旺盛,容易接受新思想,并受到社会环境、网络信息、周边生活、家庭教育等综合因素的影响,高校的学风建设也呈现出复杂性。

(一)远大的理想信念长期缺失

相当一部分学生在学习阶段并没能树立起远大的理想,某些人在西方思潮的影响下没有形成正确的人生观、价值观。[①] 大学前教育阶段多数仍是以成绩为主,老师和家长主要从成绩高低评判学生的发展好坏。这在一定程度上使得学生进入大学后就放松了学习劲头,特别是没有养成主动学习习惯的学生,不少人丧失了学习的动力,甚至沉迷于网络和游戏。对整体的学风建设,造成相当恶劣的影响。

(二)培训手段单调

高校对于学风建设的重视程度与日俱增。多是以老师、班主任或者辅导员牵头开会、宣讲、心理辅导等方式进行。学生作为被动接受者并不能充分认识到学风的重要性,往往只能被动接受。这就导致上热、中温、下冷的尴尬局面,很难从内心深处扭转学生对于学风的重视程度,只能在有限的范围,改变部分学生。

(三)缺乏创新引导

学风建设是高校发展的重要评价标准,各高校也都大力推进探索新的理念及思路。但是作为长期发展的核心部分,当前并没有速成或者见效快的新方法。我们要立足长远,用发展的眼光层层推进,坚持制度的持久性并不断完善改进。[②]

[①] 于冠华、张建宝:《地方高校专业使命教育实践探索——以北京物资学院为例》,《学校党建与思想教育》2017 年第 20 期。

[②] 张燕华、郭玉丽:《"党建 +"视角下高校教工党支部建设路径探究》,《现代商贸工业》2018 年第 35 期。

三、高校基层党支部建设与学风建设的相关影响

我国高校的基层党支部是党员教育的重要基地,与学生社团不同。学生社团是自发组织的,具有鲜明的自主性。基层党支部必须遵照党中央的会议精神,严格宣传贯彻落实。团负责人在自愿的基础上选拔推荐,并且承担社团的组织和管理活动。基层党支部书记和委员要经过全体党员大会投票选举。高校社团讲究的是多样性与广泛性,而基础党组织多是讲究规范性和原则性。

正是因为基层党支部具有以上特点,所以基层党支部的成员在全体学生中往往是比较优秀,且具有上进心,对于想要加入党组织的学生来说,无疑能够激发学习动力,也间接地就提升了学生的学习氛围,也就会影响到整体的学风建设。

高校基层党支部的支部书记或者支部委员通常都是品学兼优的学生代表,对于同龄大学生他们往往更容易打成一片,也更有利于沟通学习。基层党支部在"三会一课"中也有比较多的时间在一起相处,支部书记或者支委以身作则、言传身教,对于新加入基层支部的学生来说往往能产生好的引导作用。

毫无疑问,学风建设是高校建设的重要组成部分,如何更好地利用党建平台这一巨大优势,更好地发动大学生建设祖国,发挥"工程师红利"这一契机尤为重要。[①] 加强学风建设一方面能够提高大学生自身本领,另一方面只有大学生在政治思想上与党中央保持一致才能为社会进步提供动力,而不是阻力。

高校党支部在学生党员的思想教育工作中发挥了重要作用,为党组织发展提供了新鲜血液,在推动党建工作发展的同时,也带动了学风建设的协同发展。我们要把基层党建和学风建设结合起来,形成良性循环,相互促进,相互发展。

当然,当前也存在一定的问题和发展空间。例如:基层党建工作多为会议学习、党课学习、党日活动等传统教育。一方面通过此类活动可以让学生党员及时地了解国家的方针政策,但是另一方面,被动的学习灌输并不能使学生把学到、听到的理论应用于实践当中,往往会出现学得多做得少的局面。如何让大学生

---

① 陈立娥:《高校学生党建与学风建设相互促进机制实证剖析》,《知音励志》2016 年第 18 期。

更好地实践他们所学到的理论也是当前面临的重大课题。①

四、基层党建和学风建设的方法探究

（一）探索新方法

当代大学生思想活跃，基层支部建设学习如果单纯利用会上交流，无法提高学生们的参与热情。通过调研发现，大学生普遍喜欢实践活动，在实践交流方面，我们可以利用好有关场馆，例如博物馆、展览馆、革命圣地等红色资源，更有利于学生党性培养和提高积极性。也可以组建党建办，通过学生"自治"部分放权锻炼一下学生的管理能力和自觉性。

（二）探索新形式

学习强国 App 就是很好的网络形式，我们通过每周得分评比，通过挑战答题等方式，不仅拓宽了学生的知识面，也利用了碎片时间，使得学生们可以随时随地学习，时刻关注重大新闻。网络的迅速发展使得信息传递越来越迅速，党员可以及时了解国内外大事，党组织也可以通过网络平台及时掌握学生的思想动态，有利于及时发现问题、解决问题。有了网络这一发达载体，我们可以尝试知识竞赛、主题演讲、征文写作等形式来充实学生的实践活动，发挥学生的个人强项，提高学生的参与热情。

（三）师生共发展

现在越来越多的学生支部由辅导员或者组织员老师担任支部书记，开展支部活动。一方面有利于教师对于学生的管理和及时纠偏；另一方面学生遇到的问题可以及时向老师请教，及时解决。有老师引领，也更宜于融学风于支部建设，老师就是很好的榜样，可以讲述自身的经验、经历启发学生的学习热情，改善学生的学习氛围。支部委员可以选举品学兼优的学生，成为支部的有力抓手，也能带动学生的学风建设。

（四）长期严要求

形式上可以多样，内容上可以丰富，机制上一定要长期并严格执行。在创新

---

① 谢春琼、邱汉、胡锡彪：《高校学生党支部组织力提升路径研究——自省型党支部构建的探索》，《法制与社会》2019 年第 19 期。

方式方法的同时我们也要守住底线,给想要参与想要进步的学生空间,对于落后的、长期无故缺席的同学,一定要予以警告及惩罚。有了惩罚的威慑力才能守住底线,才能让学生健康地向上发展。

五、结论

只要能够长远规划,坚持执行,高校基层党支部建设与学风建设就能相互促进、相互提高。基层党组织的战斗力高低决定了学校学风的水平高低。学风建设的氛围如果也从侧面反映出基层党组织的风貌和风气。二者互为影响,我们要努力引导学风向好的方向发展,严格落实基层党组织基础制度,把基础做实,把地基打好,一步一个脚印地落实好教书育人的责任,为社会培养建设者和接班人。

新时代思想政治教育和大学生事务
管理协同发展研究

徐 杰①

思想政治教育与大学生事务管理,是我国高等学校学生工作的重要组成部分,新时代开展高校思想政治教育工作必须紧紧围绕立德树人的目标,这决定着培养什么人的问题。大学生事务管理工作作为除课堂教育外的重要补充,在学生的成长过程中具有不可替代的作用,本文主要从辅导员的学生事务工作视角,探索新时代思想政治教育的新动力。

一、高校思想政治教育和大学生事务管理的内涵

高校辅导员作为思想政治工作者的主体之一,理应紧跟时代步伐,开辟富有时代特色的第二课堂活动,在开展大学生事务管理工作的同时,扎实推进大学生的思想政治教育,为实现立德树人目标助力,然而,如何将思想政治教育和大学生事务管理工作有机结合,将决定着怎样培养人的问题,也给本文研究提供了动力与方向。

(一)高校思想政治教育的含义和面临的问题

高校思想政治教育是指思想政治专职教师依托"思政课堂"主渠道,通过理论教学,传递社会主义核心价值观,帮助大学生坚定理想信念,树立社会主义共同理想和共产主义信仰,从而为社会主义现代化建设不断提供有理想、有信念、

---

① 徐杰,天津商业大学法学院辅导员,硕士。

有担当的合格建设者和接班人①。

当前我国高校思想政治教育面临的形势不容乐观,主要表现在三个方面:第一,西方敌对势力利用互联网手段不断向国内渗透、传播唯利是图、享乐主义、拜金主义等西方社会不良思想,对于尚未形成正确价值观的大学生来说十分危险,严重影响了我国的高等教育质量。第二,随着社会主义市场经济的发展,攀比心理引起的过度消费现象越来越多,诚信缺失问题随之而来,导致很多学生唯利是图,游走在法律的边缘。第三,随着我国高等教育的深入发展,也出现了一些新的问题,如学业成绩差、求职压力大、心理抑郁、感情以及人际交往矛盾等。无论是国际还是国内环境,都对我国高等教育提出了新的挑战,仅仅依托课堂教育的方式已经无法适应时代发展的需求,这就要求全体思想政治工作者尽快转变思路,而高校辅导员通过开展大学生事务管理,探索第二课堂育人渠道,将大学生事务管理工作与思想政治教育工作协同发展,有利于提升高等教育育人成效。

(二)大学生事务管理的内涵

大学生事务管理是指高校为帮助学生快速适应大学生活、正常开展大学学习生活,有序参加各种校园活动,促进学生全面发展,保证大学生健康成长成才的系列管理工作。主要包括以下三个方面:一是对学生的成长进行辅导和帮助,帮助学生解决学习生活以外的疑惑,特别是在职业发展、人生规划等方面给予指导,让学生逐渐树立正确的择业观,将个人发展与国家发展的大势相结合;二是对学生的日常在校行为进行规范约束和管理,督促学生按时上课、维持宿舍卫生及安全管理,组织学生开展班级、社团活动等;三是学生生活事务管理,主要体现在服务方面的功能,比如开展评奖评优、各类助学金评选活动以及对学生住宿开展精心服务等②。

可以看出,大学生事务管理工作起着补充作用,主要是从侧面对学生进行教育管理,而课堂教学是直接、正面、系统地进行主流价值的教育。其中,在两者关系中,从国家对高等教育的工作与要求来看,思想政治教育课贯穿于大学生的整

① 侯诗宜:《心理健康教育在高校思想政治教育中的作用探析》,《卫生职业教育》2019 年第 1 期。
② 王琪:《基于学生发展的高校学生事务管理创新研究》,南京工业大学 2017 年硕士毕业论文。

个学习生涯,一直以来起着主导作用,对学生事务管理工作起着引领作用。而大学生事务管理工作能够在大学生成长的方方面面施加影响,辅导员通过日常管理工作正面引导学生、促进学生健康发展。然而,过去很长一段时间两者平行发展多于联动,思想政治课专任教师忙于课堂教学任务,无法贴近大学生生活,辅导员平时忙于大量事务性工作,无暇顾及思想政治教育。长期以来不仅没有形成协同发展,更多的是各司其职、平行开展。

二、新时代思想政治教育和大学生事务管理的协同发展

(一)转变学生事务管理的理念,提升育人效果

长期以来,我国高校辅导员在开展学生工作时,更加侧重于管理,虽然在一定时期内保证了教学秩序的顺利开展,但是未能发挥思政育人的目标。特别是进入新时代以来,党中央对新时代思想政治教育工作提出明确目标:为党育人、为国育才。以往这种重管理、轻教育的思政格局在开展思想政治教育中阻力越来越大、对学生的思想引领效果越来越弱,也无法适应当前学生的特点。"00后"伴随着互联网时代成长,思想上更加灵活、思维更加开阔,过去单一的管理方式容易让学生产生抵触,更无法搭建起辅导员与学生沟通交流的桥梁①。因此,"单一管理"转向"多元服务"的工作理念势在必行。在工作中要从学生发展的角度进行各种制度和政策的制定,确保让学生管理工作更加个性化和具有针对性,同时充分发挥学生的主观能动性,帮助学生进行自我管理和自我约束,形成健全的人格,进而为新时代思想政治教育工作打开切入点。

"服务"理念已经深入各个行业,作为新时代高校辅导员应与时俱进,通过为刚刚步入大学的新生提供思想、学习、生活、心理健康教育、奖助以及宿舍等方面的服务,让学生从入学时便与辅导员建立起信任的桥梁,在今后的工作中辅导员可以借助学生事务管理工作,对学生进行思想政治教育工作。如开展奖学金评审会时,可以充分发挥优秀学生的榜样作用,通过开展优秀学生事迹分享会,让更多学生增加学习的内生力,以点带面助力学风建设。在发展党员过程中,可以

---

① 林仁强、孙艺铭、张明星:《新时期下大学生事务管理与思想政治教育的融合途径》,《山东农业工程学院学报》2018 年第 12 期。

发挥优秀学生党员的模范带头作用,以身边人讲好身边故事,不断传递正能量,挖掘学生爱党、爱国的优秀品质。

走进学生宿舍、走进学生课堂是辅导员开展思想政治教育的另一重要途径,通过拉近与学生的距离,帮助学生切实解决困难,逐渐成为学生的知心朋友,在陪伴中培养学生独立思考、解决问题的能力,在无声中传递时代强音,真正成为学生成长路上的引路人。

践行"以学生为本"的服务理念。相信随着服务理念的转变,不仅能够提高学生事务管理工作的效率,而且有利于与思想政治教育协同发展。服务理念的践行要充分结合学生在校不同阶段的特点,抓住学生每个时期的特点开展思想政治教育工作。对于新生注重培养爱校情怀,通过新生入学教育让学生尽快适应大学生生活的同时,融入班级与学校中;对于在校高年级学生注重培养学生独立思考、明辨是非的能力,结合社会热点、身边故事,不断培养学生的爱党爱国情怀;对于毕业年级学生注重培养学生积极的就业观、择业观,通过推荐就业招聘信息帮助学生树立家国情怀,投身到社会主义现代化建设进程中。

(二)将思想政治教育融入学生事务管理的各个环节

新时代对高校思想政治教育工作提出了新的更高要求,思想政治教育与学生事务管理协同发展为面向社会、面向时代发展的实际需求。思想政治教育工作和大学生日常事务管理工作的有机结合,不仅能够有效地增强学生思想的变化和行为上的熏陶,拓宽新时代高校思想政治教育的方式方法,而且将思想政治教育融于学生事务管理工作中,能够让学生事务管理工作焕发活力,从而达到事半功倍的效果。

首先,将思想政治教育贯穿于学生事务管理的各个环节。在开展大学生事务管理工作时,辅导员要正确认识进行思想政治教育的必要性,利用工作以外时间及时学习思想政治理论知识,提升自身理论知识水平。对学生的教育要形成有目的、有方式、有方法的影响,特别是抓住特殊时点、特殊事件、特殊人物,讲好身边故事,让学生从内心产生价值认同感,从而不断巩固思想政治教育的成果,逐渐达成"行走的思政课堂"的目标,让思想政治教育变成持续进行时。

其次,建立思想政治教育和大学生事务管理工作的协同发展机制。一方面,对学生进行学业方面的指导时，要鼓励大学生用科学辩证的思维方式解决学业中的困难，在学习和考试过程中坚持诚信为先；在进行就业指导时，将理想信念、国家利益与职业道德教育相结合，使大学生树立崇高的信仰和远大的抱负，到祖国最需要的地方去。对学生进行贫困补助和资金扶持时，不仅是单纯的帮助，也要帮助学生培养诚实守信的精神和自立自强的性格。另一方面抓住"关键少数"，一是抓住学生干部群体，要加大对学生干部的培养，培养一批有担当、有能力、有创新思维的学生干部，通过他们自身的人格魅力带动身边同学；二是抓住学生党员群体，要利用党课、主体党日活动对党员进行持续的党性教育，培养他们的奉献精神与服务意识，在学习、工作以及生活等各方面展示他们的先进性，以他们自身的人格魅力、党员身份去影响身边同学。

三、结语

新时代赋予了高校思想政治教育工作者更多的责任和使命，高校辅导员应该紧跟时代步伐，以高标准、严要求开展学生事务管理工作，始终以思想政治教育指导各项工作，充分发挥第二课堂育人效果。在开展学生教育管理工作时，一是要强调人文关怀、因材施教，让学生得到成长的同时提高自身格局；二是要不断提高政治理论知识储备、不断增强本领，始终围绕立德树人目标，不断提升思想政治工作的感染力和影响力，成就学生的同时成就自己，不断将思想政治教育渗透到学生事务管理的各个环节，赋予学生事务管理新的使命和动力。